本书由香港青松观资助出版

# 《域外道学》

## 第一辑

赵卫东　主编

山东大学出版社
SHANDONG UNIVERSITY PRESS
·济南·

**图书在版编目(CIP)数据**

域外道学．第一辑/赵卫东主编．--济南：山东大学出版社，2024.10

ISBN 978-7-5607-8089-4

Ⅰ．①域… Ⅱ．①赵… Ⅲ．①道教-文集 Ⅳ．①B958-53

中国国家版本馆 CIP 数据核字(2023)第 255385 号

责任编辑 李 港
封面设计 王秋忆

**域外道学**
YUWAI DAOXUE
第一辑

| | |
|---|---|
| 出版发行 | 山东大学出版社 |
| 社　　址 | 山东省济南市山大南路 20 号 |
| 邮政编码 | 250100 |
| 发行热线 | (0531)88363008 |
| 经　　销 | 新华书店 |
| 印　　刷 | 济南华林彩印有限公司 |
| 规　　格 | 720 毫米×1000 毫米 1/16 |
| | 2 插页 15.5 印张 270 千字 |
| 版　　次 | 2024 年 10 月第 1 版 |
| 印　　次 | 2024 年 10 月第 1 次印刷 |
| 定　　价 | 88.00 元 |

# 《域外道学》编委会

# 编者的话

本辑包含九篇译文与三篇学术动态。

作为《域外道学》辑刊的创刊号，本辑希望从纵向与横向展现海外道教研究的代表性成果，因此在时间上不仅收录近几年的新作，也收录了百年前的经典成果，在空间上涵盖了法国、德国、日本、美国、澳大利亚五个国家。这九篇译文从不同的角度关注了道教的历史与文献，在教派上包含正一与全真两派，研究年代从道教诞生不久的六朝延伸到中西相遇的晚清，在研究主题上，不仅有传统的文献考据，也有对旧问题的新反思，以及性别研究、神圣地理、中西交流等当前研究热点。

我们按照研究主题的年代先后排列九篇译文。

第一篇文章是海因里希·弗里德里希·哈克曼著、孙菲译、秦国帅校的《中国道教的三百戒律》。海因里希·弗里德里希·哈克曼（Heinrich Friedrich Hackmann，1864—1935）是一位德国神学家与汉学家，长期旅居上海，负责当地德国人社区工作，对中国的语言与文化多有研究。《中国道教的三百戒律》一文发表于1931年，是对道教戒律的开创性研究，带有鲜明的早期欧洲汉学色彩，即对经典文献的逐句翻译与解读。这篇文章细腻地阐释了《中极戒》中的三百戒律，展现了道教教团的理想标准。

第二篇文章是贺碧来著、郭鼎玮译的《道教仙人：光与影、天与地之间的“弄臣”》。贺碧来（Isabelle Robinet，1932—2000）在上清经研究领域成绩斐然，她通过极其精细的文献考据揭示了上清经派隐秘的信仰世界，特别是剖析了存思的技术与来源。这篇文章从光与影、升与降、阴与阳的角度讨论了早期道教仙人的形象与修行方式，展示了贺碧来深厚的文献功底与独树一帜的研究视角。

第三篇文章是松本浩一著、刘雄峰译的《〈无上黄箓大斋立成仪〉之普度》。日本筑波大学教授松本浩一长期研究道教普度仪式的历史与现状。普度是对无祀灵魂的祭祀，这篇文章通过《无上黄箓大斋立成仪》阐释了普度仪式的过程，并与佛教的仪式过程进行对比，揭示了道教普度科仪的特色。

第四篇文章是松下道信著，安思琪、张强译的《再论“新道教”：对全真教研究框架的再思考》。松下道信是日本皇学馆大学文学部教授，主要研究内丹道南宗。大渊忍尔、秋月观暎等日本学者为推进全真教研究作出了重要贡献，作为《宋金元道教内丹思想研究》一书的序章，松下道信对此前的研究成果做出了总结与反思，集中探讨了“新道教”这个概念，对于我们了解二十世纪日本的全真教研究具有重要意义。

第五篇是高万桑著、张琬容译、秦国帅校的《全真教历史文献整理与述评：内部文献》。高万桑(Vincent Goossaert)是法国高等研究实践学院教授，也是当前法国汉学的领军人物。这篇文章来自他的博士论文《近代道教之建立：1170—1368年的全真道》第二卷，对全真教的内部文献进行了系统的整理与考证，这项工作在全真教研究中当属首例，虽然完成于1997年，但至今在书目整理和文献述评方面依然极具参考价值。

第六篇是阿琳娜著、胡劼辰译的《贺龙骧〈女丹合编〉中的男性与女性》。阿琳娜(Elena Valussi)是当前美国道教学界最活跃的学者之一，特别是在道教与性别研究方面。她2002年的博士论文《斩赤龙》是西方学者研究女丹修炼的重要成果。这篇文章通过贺龙骧《女丹合编》中的女丹传统，讨论了与性别、身体相关的一系列问题。

第七篇是志贺市子著、胡常春译的《近代罗浮山与岭南道教》。茨城基督教大学教授志贺市子的研究重心是华南地区的道教与民间信仰，突出成果是对香港道教与扶乩信仰的研究。这篇文章讨论了清代罗浮山在岭南道教史上的重要地位，是道教史研究与洞天福地研究的重要论作。

第八篇、第九篇是裴凝著、朱明川译的《遇见天师》与裴凝讲述、李裕晨译、朱明川校的《天师、教宗庇护九世与意大利1848年革命》。澳大利亚国立大学裴凝(Benjamin Penny)教授涉猎广泛，研究方法多样，他同时关注中古时期的道教、近代在华传教士以及当代华人社会中的宗教。这一组文章展现了裴凝在90年代末对道教的一大特色——“天师”的研究。晚清在华传教士中不乏对此道教特色感兴趣者，裴凝分析他们对天师的理解与诠释，由此讨论百余年前西方汉学对道教史的不同叙事模式。西方世界对中国(作为宗教的)道教的早期认知，显然受到当时时代背景及社会思潮的影响。

在学术动态方面，本辑包含一篇研究综述，一篇书评，以及一篇书目。陈嘉礼的《西方学界对道家出土文献的方法论探讨——兼论对中国出土文献研究的启示》围绕麦笛(Dirk Meyer)对《太一生水》与《老子》的讨论，综述目前西方学界有关出土文献研究方法论的讨论。秦国帅作为《明代藩王与道教:王朝精英的制度化护教》(王岗,Richard Wang,2012)一书的译者,为我们带来了书评《何谓制度? 制度何为?》。最后,为了介绍近年海外道教学研究的新成果,本辑也编辑了《2020—2023 年域外道学著作简目》,整理了最近三年海外出版的道教研究著作。

在译者方面,本期的译者或审校者大多是研究道教的学者。道教领域与外语专业的学者合作完成译文,保证了论文的学术性与语言的流畅性。我们尤其邀请了有海外学习经历的青年学者翻译其导师的作品,以便于准确地传达作者的学术思想。本辑译作语言平实,既适合研究道教的专业学者和学生,也适合道教信仰者和对中国传统文化感兴趣的普通读者。

# 目　录

# 中国道教的三百戒律*

海因里希·弗里德里希·哈克曼(Heinrich Friedrich Hackmann)　著
孙菲　译　　秦国帅　校

**作者简介**:海因里希·弗里德里希·哈克曼(Heinrich Friedrich Hackmann, 1864—1935),德国新教神学家、宗教历史学家和汉学家,著有三卷本的《佛教》(*Der Buddhismus*,1905—1906)、《中国哲学》(*Chinesische Philosophie*,1927)等。

**译者简介**:孙菲,齐鲁工业大学(山东省科学院)外国语学院(国际教育学院)讲师。

## 一

道教是中国三大本土宗教之一,此外还有佛教以及深受文人和官员眷顾的国教[①]。所有其他教派,如伊斯兰教、摩尼教、帕西斯教、基督教、犹太教或其他任何称得上是教的教派,都是外来宗教。

道教得名于《道德经》的核心教义"道"。《道德经》是公元前6世纪哲学家老子所作,这部著作直到今天仍然受到道教信徒们的尊崇。然而,道教却在其历史发展过程中与之相去甚远。它已经从哲学变成了宗教,一种有祭祀礼仪、道士、宫观、画像、教义、经书、节日和祭品的宗教。所以,时至今日,道教仍然存在于中国。

很长一段时间以来,道教一直以两种形态存在,即自由的散居修炼和有组织的宫观修炼。道教修炼的职业化发展,要归功于公元2世纪一个叫张陵的人(后世称为张道陵)及其孙子张鲁。根据原始资料记载,高延(J. J. M. de Groot,

* Heinrich Friedrich Hackmann, *Die dreihundert Mönchsgebote des chinesischen Taoismus*, Amsterdam: Koninklijke Akademie van Wetenschappen, 1931.

① 此处的国教,可能是指儒教。——译注

1854—1921)[①]对此二人称赞有加，认为他们在道教发展中发挥了重要作用。张氏家族一直掌控着道教中的一个派别，并延续到今日已传至第64代。该教派所在地是江西省贵溪市上清镇。该教驻地也经常以附近的龙虎山命名，张陵的墓地就在此山上。每年都有许多寻求帮助的香客前来拜访张天师（即"张，天上的大师"），以抵御邪灵和其他不幸[②]。张天师是这个大教团的核心，其宗教权威来自他收入教团内的道士。道士们会从天师那里获得一张箓牒，分为两个级别，一个较低，一个较高。有了箓牒，道士便会在一个地方定居下来，并试图以法事招徕香客，法事则基本是以驱魔为主。就外表看来，他们如普通人一样，穿着普通的服装，也结婚生子。只有在做法事，如念咒等活动时，才会穿上特定的道袍。人们认为他们拥有一种力量和能力，是神秘的艺术和内修的智慧，特别是拥有对抗邪灵和掌握神秘疗法（道力）的能力。

除了以龙虎山"天师"为首的道教教派，中国还有另外一个教派，即宫观道教。

道教住观修行的起源仍不明确。若想明晰起源，必须仔细研究早期的道观历史。然而，在今天看来，此教派住观修行的根源，很有可能是早期道士们追求从喧嚣世界退至隐僻自然的倾向。而另一个根源，则可能是对佛教寺院模式的效仿。最古老的道教的一个基本特征是对生命的基本原则——道——的研究。人们认为，道是一种能够获得神奇功效的力量（精髓），一方面可以从生命历程中修炼出来，另一方面，通过内化自然之道可以达到个人的充实与满足。为此，人们必须从麻木、盲目的世间轮回中超脱出来，正如《道德经》中某些地方提到的那样。因此，道教修行者会归隐山林，以达到他们的最终目标，对他们来说，这是很自然的事情，而且他们也在一遍又一遍地讲述这种做法。有个汉字，意思是通过道的内化而成为拥有神力的人，这个字由"人"和"山"构成，即"仙"。一人一山，身隐山林。所以，归隐的原因在于道教倾向于对自我的认知。由于受佛教的影响，道士的生活变成了集体住观修行。毫无疑问，佛教的制度和习俗对道教产生了强烈而多样的影响。无论从技术上还是从教义的表达上道教都受到了佛教的影响，证据充足，无人质疑。但是，此处我们不会更深入地讨论这个问题。当然，

---

① 参见 *Transactions of the Third International Congress for the History of Religions*, 1908, I, p.138及后文。前此亦可参见 C. IMBAULT-HUART 在 *Journal Asiatique* (Nov.-Déc., 1884, pp.389-461)中发表的内容。

② 关于此处提到的这类活动的特性，参见《东方学报》(*Acta Orientalia*)第七卷中我翻译的一篇中文报告，第293—304页。

如果道教中处处可见佛教的影子，那么人们可以这样认为，从隐居生活到宫观生活的转变，也必须将佛教的影响考虑其中。

道观组织非常松散。每个道观各自独立，不存在更大的组织形式，只听命于国家。宫观道教原则上并不反对源起于“天师”的教派，也不排斥其弟子，而是完全自主和独立的，且不需要任何一方的认可。各道观按照自己的规则和习俗接纳新弟子，规定其生活方式和修行目标。隐居于道观是为了让道士们心无旁骛地研究道教典籍，并完全按照道教的原则来生活。

因此，所有道观中都有一部经文集，其价值和规模差异很大。经文总集叫作《道藏》，是由道士仿照佛典编纂而成的，戴遂良(Léon Wieger)在其书中曾提到过相关内容①，而且很可能只有一两所大型道观中才拥有《道藏》，例如北京的白云观，戴遂良所使用的两份副本中的一份就出自此观。

虽然，宫观道教展现了道教的一种非常清楚明确的形式，人们或许也认为研究者们的精力主要集中在此，但事实并非如此②。到目前为止，从宫观道士的习惯到生活规则，从祭祀礼仪到道士们的兴趣和活动，几乎都一无所知。直到1911年，戴遂良在他的《道教》第一卷中给我们初步概述了这个宗教团体的神圣文献，但书中并没有向我们介绍道士们的组织和生活方式。若想了解更多，则必须在这样的道观中住一段时间。

有鉴于此，我在1910年至1912年访问中国时花了一些时间住在道观中，并收集了一些信息。基于一些目的，我选择了一所中等规模的太清宫，它位于山东省的崂山，距离以前德国占据的青岛北部仅有一天的路程③。崂山上有很多庙宇，大多是道教的。在风景如画的山峰和山谷中俯瞰汪洋大海，有洞穴，有巨石，有峡谷。这些都深受道士们的喜爱，这样的环境也为他们感知自然提供了可能。

---

① 参见 Léon Wieger, *Taoïsme*. Tome I. Bibliographie générale. 1. Le Canon (Patrologie); 2. Les index officiels et privés. 1911。

② 据我所知，唯一一个已经在各方面说明宫观道教及其组织的是法国人 ALBERT DE POUVOURVILLE(别名 Matgioi)。他出版了一本册子 *Le Taoïsme et les sociétés secrètes chinoises*, Paris, Luc. Channel, 1900. 32 S.，它与其他两册(前两册)的内容包含了《道德经》的翻译，并在序言中对宫观道教进行了评论。但整部作品有些奇特，还有一些倾向性，而且大多只抛出了一些名字和看法，也很难据此来做些什么。

③ 有关崂山景观和道观的更多信息，参见卫礼贤(R. WILHELM)编写的《崂山》手册。此手册源自一部中国著作(详其内容，当据明朝黄宗昌的《崂山志》翻译改编而来。——译注)，H. WIRTZ 也为此作出了贡献(青岛，1913 年)。手册中(第 26 页开始)也有一些关于太清宫的细节。我在我的游记中描述了我对道观的印象，参见 *Welt des Ostens*, Berlin, Curtius, 1912，其中还涉及其他领域的一些内容(第 112—144 页)。

卫礼贤(Richard Wilhelm)的《崂山》[①]中列出了24座道观,但总数还要更多。它们小而简朴,位于隐蔽的角落和岩石间,有的像挂在山坡上。太清宫是崂山最大的道观之一,位于山脚下的海边。1911年1月26日至3月29日这段时间,我在这里度过。

住观期间,我得到了一部手册,此手册分为三小册,它让我更深入地了解了宫观道教的习惯和理念,因此非常值得我们关注。这部手册很特别,不面向公众,因此在《道藏》中没有提及,在书店也买不到。它是道士们的私有物,在入教即举行授职仪式时,作为个人证件授予他们。因此,除了印章外,每本册子上都有手写的个人记录,这些记录写在册子的留白处。在书的末尾页,也有手写的授职日期和持有人名字,上面还有一个红色的大印章。

道教有三个连续的修道阶次或等级,以及对应的三次授予仪式,也可以称为传戒,即初级阶、中级阶和天仙阶。三次授职仪式分别对应着三本册子,第一本册子题为《初真戒》,第二本题为《中极戒》,第三本题为《天仙大戒》。册子上加盖印章,手写个人信息内容,册子的授予象征着获得了相应级别的头衔,即:(1)妙行师,(2)妙德师,(3)妙道师。这些册子是一种个人证明文件。这就很容易理解,为什么道士不愿意把他的册子交给别人,特别是外国人。他们甚至刻意把册子藏起来,不让陌生人知道。我也是偶然得知这三本册子的存在,并且花了很大工夫才将这三本册子拿到手。如果没有太清宫住持韩谦让的帮助,我肯定是做不到的。事实上,住持也拒绝了我很长时间。

在出版于柏林的夏德(Friedrich Hirth)纪念文集[②]中,我对第一本册子的内容进行了翻译和更详细的描述。在此,我要介绍的是第二本,即上文中提到题为《中极戒》的册子。其他两本册子在标题中也提到了"戒",但内容更多讲到的是关于生活状况、饮食、衣着、宫观设施和正确理解道教的教义等方面的规定,而不是具体的戒律,这些具体戒律在另外两册中只是偶尔出现。[③] 第二册内容则完全不同。除了一些开场白和结束语之外,内容几乎全是戒律,每条都很简短,总共

① 参见 Richard Wilhelm, *Der Laushan-nach chinesischen Quellen*, Missionsverlag, Tsingtau, 1913。——译注

② "Mönchsregeln des Klostertaoismus", *Festschrift für FRIEDRICH HIRTH zu seinem* 75. *Geburtstage*, 16. April 1920, Berlin, 1920, pp.142-170.

③ 参见上一条脚注中引用到的"Mönchsregeln des Klostertaoismus"第149、150页及后文。

有三百条。最前面的戒律(gebote)[①]是狭义上的道德要求,阐明了道教的道德目标和道教的善恶观。随后,他们所做的所有算得上是良好品德和生活方式的行为,都是为了最后与道教教义产生关联。所以,这本册子充分阐明了道士在理论上存在的道德评判和宗教追求,而这也是这部作品的意义所在。

## 二

如前所述,这是一本进入中级阶次的凭证,上面有持有者的个人信息。原文[②]如下:

受戒弟子张贤岳,年三十六岁,己酉相正月二十一日卯时(早上5—7点)建生,叨蒙中天大圣北斗第四宫玄冥文曲纽星君,主照身命于山东省青州府寿光县人氏,在本省莱州府即墨县崂山太清宫度师赵谦近名下出家。今在京都敕建白云观全真律坛嗣天仙正宗第二十代上明下峒高大律师门下,拜受中级净戒玄都律文一部,终身佩奉,勿得违反,须至通知。

临坛证盟师:王明达(印章)

纠仪师:李圆魁(印章)

监戒师:刘明印(印章)

提科师:李圆山(印章)

保举师:姚明瑞(印章)

登箓师:李圆丰(印章)

演礼师:范明启(印章)

引请师:赵圆领(印章)

上元道化真君,中元护正真君,下元定志真君。

主坛:高(印章)

承诰奉行。

戒牒正文至此结束,以下为“中极戒”戒律,标题特别正式且相对较长:

中极上清洞真智慧观身大戒经

---

① 我们原本应将中文“戒”翻译为“verbote”(禁令),因为在众所周知的佛教十戒和菩萨十重戒或摩西十诫中,所有的戒条一开始都是消极的。然而,在最后三分之一,内容大多变成积极的,这就是为什么在整个翻译中都保留了“gebote”(戒律)这个词。

② “原文”本为“翻译”。——译注

智慧观身大戒，流景散漫，映焕太虚。积三千余劫，其文始出，乃是元始天王授之太上高圣道君。于是相与登洞真之堂，说而诵之，以传太微天帝及太极高仙。天王口口相传，不书于文，太微天帝受戒时颂[①]曰：智慧起本无，朗朗超十方；结空峙玄霄，诸天挹流芳；其妙难思议，虚感真实通；有有无不有，无无无不容；智慧常观身，学道之所先；眇眇任玄肆，自然录我神；天尊常拥护，魔王为保言；晃晃金刚躯，超超太上前；智慧生戒根，真道戒为主；三宝由是兴，高圣所崇受；泛此不死舟，倏欻济大有；当此说戒时，诸天来稽首。

以下为三百条戒律的内容。前面的一些戒律，会令人想起佛教的十戒和犹太-基督教的十诫。

第一戒者，

不得杀害一切众生物命。

第二戒者，

不得啖食众生血肉。

第三戒者，

不得饮酒。

第四戒者，

不得啖五辛[②]。

第五戒者，

不得绮语两舌不信。

第六戒者，

不得恶口骂詈。

第七戒者，

不得以未得妄言为得，未证妄言为证。

第八戒者，

不得窥阚妇女，稍生淫念。

第九戒者，

---

① 这里的秘颂模仿了某些佛教的神秘产物(尤其是密宗)，其中的一个例子，参见 M. W. de Visser, *Ākāşagarbha*, p.13。

② 五辛是指五种葱属或与葱属相近的植物。根据汉语词典《辞源》(上海，商务印书馆)：(1)葵，锦葵属；(2)藿，菜豆叶子；(3)薤，百合科葱属植物；(4)葱，石蒜科植物；(5)韭，香花蒜，中国蒜。其他人对此定义略有不同。参见 J. J. M. DE GROOT, *Code du Mahāyāna en Chine*, p.42; Giuseppe Tucci, *Studio comparativo tra le tre versioni cinesi e il testo sanscrito del I e II capitolo del Laṅkāvatāra*, Roma: R. Accademia, 1923, p.189。

不得窃盗人物。

第十戒者，

不得妄取人一钱以上物。

第十一戒者，

不得图谋一切人物。

第十二戒者，

不得横求人物。

以上是一些基本戒律。这些戒条从禁止杀害生灵开始，对应佛教-婆罗门教中的"不杀生"(ahiṃsā)。禁止饮酒，禁止吃五种荤菜，此戒律亦借鉴了佛教的规定。禁止食用肉类的内容超出了原始佛教的立场，但这一规定已经在大乘佛教(mahāyāna)中普遍存在，因此，这条戒律很可能源自此。另外，禁止恶言、禁生淫念、不得偷窃等戒条，显然都能与佛教的规定产生呼应。道教的基本戒律还与犹太-基督教十诫的内容非常相近，即反对对他人财产产生渴望和妄想暗中占有。

基本戒律之后，内容转向道德规训。首先涉及以下关系：师徒之间、上下级之间以及同学之间。

第十三戒者，

不得恚怒师长。

第十四戒者，

不得背师恩爱。

第十五戒者，

不得嫉贤妒能。

第十六戒者，

不得不忠其上。

第十七戒者，

不得罔略其下。

第十八戒者，

不得欺罔老幼。

第十九戒者，

不得欺诳同学。

第二十戒者，

不得嫉妒同学。

第二十一戒者，

不得轻慢弟子。

第二十二戒者，

不得嗔恚弟子。

第二十三戒者，

不得视弟子偏颇。

第二十四戒者，

不得溺爱弟子。

这一组戒律显然与道观中的共同生活和日常活动有关。在道观里，年轻人被收为弟子，并把他指派给特定的道士，该道士作为其师父。再者，根据资历，道士之间的地位是有差别的。在道观里，住持管理着整个道观的事务。乍看之下，第十八条戒律不属于此，但却也与道观人际关系相关，因为在道观中也会有年长和年幼之人，而这两类人群可能会因为其智力衰退或者尚未发育完全而被诱骗从事欺诈行为。

此处以下的戒律没有特定类别。有时，一些邻近戒律内容是相关联的，但这只是偶然。从整体上看，下面这些戒律没有具体分类，想法会随意地出现在各处，而内容接近的戒律又会在不同地方重复出现。

第二十五戒者，

不得说人过恶。

第二十六戒者，

不得轻慢老人。

第二十七戒者，

不得富厚忘师。

第二十八戒者，

不得口是心非，内[1]怀阴恶。

第二十九戒者，

不得贪利，入己无厌。

第三十戒者，

不得多积财物，不思散施。

第三十一戒者，

不得私蓄刀杖兵器。（私蓄，私藏以为己用，参见 Herbert Allen Giles，

[1] “内”本为“丙”，据清同治十二年王信祉领受《中极戒》改。——译注

*A Chinese-English Dictionary*)

第三十二戒者，

不得身带刀杖兵器。

第三十三戒者，

不得豢养六畜[①]。

第三十四戒者，

不得鞭打六畜。

第三十五戒者，

不得有心践踏虫蚁。

第三十六戒者，

不得观玩钓弋，以为娱乐。

第三十七戒者，

不得上树，探巢破卵。

第三十八戒者，

不得羡慕富贵，希图逸乐。

第三十九戒者，

不得用金银器食饮。

第四十戒者，

不得营谋身后，厚葬体骨。

第四十一戒者，

不得以食物投水火中。

第四十二戒者，

不得烧败成功现物。

第四十三戒者，

不得埋葬器物。

第四十四戒者，

不得贪着滋味。

第四十五戒者，

不得以粗物易人好物。

第四十六戒者，

① 即牛、羊、马、狗、猪、鸡。

不得訾毁人物为恶。

第四十七戒者，

不得自誉己物为好。

第四十八戒者，

不得妄作书与人。

第四十九戒者，

不得投书赞人。

第五十戒者，

不得以书字器物投埋[①]秽处。

第五十一戒者，

不得求知军国事务。

第五十二戒者，

不得占卜军国事务吉凶。

第五十三戒者，

不得评论国事。

第五十四戒者，

不得设权变谋。

第五十五戒者，

不得无故见王侯贵人。

第五十六戒者，

不得数往来富贵之家。

第五十七戒者，

不得妄说天时，指论星宿。

第五十八戒者，

不得习天文、星相、占卜等艺。

第五十九戒者，

不得北向小便。

第六十戒者，

不得便溺虫蚁上。

第六十一戒者，

---

① “埋”本为“理”，据清同治十二年王信祉领受《中极戒》改。——译注

不得便溺生草上。

第六十二戒者，

不得便溺人所食水中。

第六十三戒者，

不得笼罩鸟兽。

第六十四戒者，

不得惊散栖伏。

第六十五戒者，

不得无故采摘花草。

第六十六戒者，

不得无故砍伐树木。

第六十七戒者，

不得以火烧田野山林。

第六十八戒者，

不得冬月发掘地中蛰藏。

第六十九戒者，

不得偏众独食。

第七十戒者，

不得择美食。

第七十一戒者，

不得预世间婚姻事。

第七十二戒者，

不得破人间婚姻事。

第七十三戒者，

不得观看妓乐。

第七十四戒者，

不得持人长短，更相嫌恨。

第七十五戒者，

不得闻人恶事，猜疑百端。

第七十六戒者，

不得泄人阴私。

第七十七戒者，

不得妄求窥人书疏。

第七十八戒者，

不得夺人暗室中火。

第七十九戒者，

不得避众独行。

第八十戒者，

不得与女人独语独行。

第八十一戒者，

不得男女群居。

第八十二戒者，

不得与女人同食，交错衣物。

第八十三戒者，

不得亲教女人。

第八十四戒者，

不得说人亲长过恶。

第八十五戒者，

不得面誉世人，阴毁善人。

第八十六戒者，

不得隔壁探人家室。

第八十七戒者，

不得误以毒药投诸水中。

第八十八戒者，

不得疏宗族、亲异姓。

第八十九戒者，

不得阿党所亲。

第九十戒者，

不得教人落子伤胎。

第九十一戒者，

不得教人轻离家室。

第九十二戒者，

不得因公报怨。

第九十三戒者，

不得亲近异类。

第九十四戒者，

不得妄聚众人。

第九十五戒者，

不得多聚会众，饮食狼藉。

第九十六戒者，

不得妄受人礼敬。

第九十七戒者，

不得与恶人交游。

第九十八戒者，

不得夺人所好物。

第九十九戒者，

不得自骄自贵。

第一百戒者，

不得任性自用。

第一百一戒者，

不得怀怨，思报于人。

第一百二戒者，

不得以秽物戏人。

第一百三戒者，

不得怒目视人。

第一百四戒者，

不得吐舌向人。

第一百五戒者，

不得妄作忌讳。

第一百六戒者，

不得希望人物。

第一百七戒者，

不得塞井及沟池。

第一百八戒者，

不得竭陂池水泽（参见孔子所说“竭泽而渔，则蛟龙不处其渊”，Richard Wilhelm，*Kung-tse：Leben und Werk*，p.36）。

第一百九戒者，

不得妄入江河中浴。

第一百十戒者，

不得以秽物投井中。

第一百十一戒者，

不得裸形露浴。

第一百十二戒者，

不得热水泼地，致伤虫蚁。

第一百十三戒者，

不得高声发笑。

第一百十四戒者，

不得薄贱人老病残疾。

第一百十五戒者，

不得弃薄乞人。

第一百十六戒者，

不得恃威势以凌世人。

第一百十七戒者，

不得与父母兄弟别门易户。

第一百十八戒者，

不得评论师友才思长短。

第一百十九戒者，

不得嗔怨师长。

第一百二十戒者，

不得轻慢师尊，违背盟誓。

第一百二十一戒者，

不得轻慢经教法言。

第一百二十二戒者，

不得攻击善人。

第一百二十三戒者，

不得嗔责善人。

第一百二十四戒者，

不得骂人为奴婢畜生。

第一百二十五戒者，
不得谩骂，使令挞其四体。
第一百二十六戒者，
不得快人过失。
第一百二十七戒者，
不得快人家灾祸[①]。
第一百二十八戒者，
不得敛告，烦扰世间。
第一百二十九戒者，
不得为世俗人作礼主。
第一百三十戒者，
不得为人图山立宇。
第一百三十一戒者，
不得占知世间吉凶。
第一百三十二戒者，
不得去就背向违道。
第一百三十三戒者，
不得倡和词讼官事。
第一百三十四戒者，
不得与俗人群党，更相嘲毁。
第一百三十五戒者，
不得假借人物，以为礼赂。
第一百三十六戒者，
不得为人作中保，契卖交易。
第一百三十七戒者，
不得在人中多语，恭预流俗。
第一百三十八戒者，
不得驰骋流俗，求竞世间。
第一百三十九戒者，
不得与俗庆吊。

① “祸”本为“礼”，据清同治十二年王信祉领受《中极戒》改。——译注

第一百四十戒者，

不得掩他人功，以为己德。

第一百四十一戒者，

不得为人往来传送恶言。

第一百四十二戒者，

不得多用使令之人。

第一百四十三戒者，

不得与兵率为侣。[①]

第一百四十四戒者，

不得与淫佚之家往来。

第一百四十五戒者，

不得自炫能医。

第一百四十六戒者，

不得轻慢官长。

第一百四十七戒者，

不得预世间，议论曲直事。

第一百四十八戒者，

不得施惠追吝。

第一百四十九戒者，

不得游遨无度。

第一百五十戒者，

不得登高临下。

第一百五十一戒者，

不得乘车载马，妄事交游。

第一百五十二戒者，

不得择好房舍床榻卧息。

第一百五十三戒者，

不得评论人家饮食好恶。

第一百五十四戒者，

---

① 本戒条原缺，据清同治十二年王信祉领受《中极戒》补。——译注

不得以手搏食，残咬菜[①]肴。

第一百五十五戒者，

不得以荆棘横塞道路。

第一百五十六戒者，

不得淫祀神祇，以求侥幸。[②]

第一百五十七戒者，

不得向神鬼礼拜。

第一百五十八戒者，

不得向神鬼咒誓。

第一百五十九戒者，

不得裸形三光。

第一百六十戒者，

不得妄呵风雨。

第一百六十一戒者，

不得不修斋直，及斋直不精。

第一百六十二戒者，

不得假借财物不还本主。

第一百六十三戒者，

不得劝人为恶事。

第一百六十四戒者，

不得阻人为善事。

第一百六十五戒者，

不得受师经道而称已得。

第一百六十六戒者，

不得宗有丧疾，怨道怨师。

第一百六十七戒者，

不得以经戒传授非人，及不依年月。

第一百六十八戒者，

① “菜”本为“众”。——译注

② 天曰神，地曰祇(GILES, sub 1086)。在文本中，“祇”经常写成“祗”(GILES, 1887)。“淫祀”这个词似乎是指模仿天地联姻的粗俗祭礼，据此人们可以联想到彩虹出现的现象(GILES, s. v. yin)。

不得以意增减经戒。(参见《圣经·启示录》第22章第18、19条。)

第一百六十九戒者,

不得惊怖老少。

第一百七十戒者,

不得妄说灾厄,惊惧人民。

第一百七十一戒者,

不得笑人顽嚚贫穷。

第一百七十二戒者,

不得惊惧鸟兽,促致穷地。

第一百七十三戒者,

不得傲慢三宝,轻忽天尊。①

第一百七十四戒者,

不得遇诸天斋日,不礼经忏。②

第一百七十五戒者,

不得与不孝不悌人交往。

第一百七十六戒者,

不得矫称自异,号为真人③(异人,有魔法之人,拥有超凡力量。参见GILES)。

第一百七十七戒者,

不得信外道、杂术、邪见。

第一百七十八戒者,

不得衣物盈余,不散穷人。

第一百七十九戒者,

不得阻人念道。

第一百八十戒者,

不得假托经师,欺诈来学。

第一百八十一戒者,

不得望人礼敬。

第一百八十二戒者,

不得窃写人经戒。

---

① 此处能让人联想到寺庙殿堂里的神像。

② 关于斋日,参见WIEGER, *Taoïsme I*, No. 461(禁食日表)。关于经忏,参见同书No. 532-541。

③ "真人",参见WIEGER, *Taoïsme I*, p.12。

第一百八十三戒者，

不得荣饰，衣服华丽。

第一百八十四戒者，

不得身不洁净而上高座。

第一百八十五戒者，

与人同行，当让人以前。

第一百八十六戒者，

与人同学，夏亲执爨。

第一百八十七戒者，

与人同学，冬亲汲水（第一百八十六戒和第一百八十七戒的意思是指要在集体生活中承担最繁重的事务，例如夏天在火炉旁忍受炎热做饭，在寒冷的冬天去井里打水）。

第一百八十八戒者，

与人同食，当食其粗。

第一百八十九戒者，

与人同食，当食止己前。

第一百九十戒者，

与人同学，当敬胜己先觉。

第一百九十一戒者，

与人同学，住当任人处分。

第一百九十二戒者，

与人同学，当念教不懈。

第一百九十三戒者，

与人同学，当请问先进。

第一百九十四戒者，

人施恶于己，不得有怨。

第一百九十五戒者，

乞化得食，祝愿主人得福，一切饱满[与此相反，佛教不会对施舍者表达感谢。主人，即施主(dānapati)]。

第一百九十六戒者，

与女人共语，不得正视面容，含笑相对。

第一百九十七戒者，

与人同渡，不得争先择地。

第一百九十八戒者，

失物，不得疑猜同学。

第一百九十九戒者，

失物当委运，自悔多罪。

第二百戒者，

多疾病，当恭己自责，念改往修来。

第二百一戒者，

当忍人所不能忍。

第二百二戒者，

当断人所不能断。

第二百三戒者，

当学人所不能学。

第二百四戒者，

当容人所不能容。

第二百五戒者，

所至之处，必先问，贤善士当亲依之。

第二百六戒者，

所至之处，必先问其禁忌。

第二百七戒者，

凡入人家，必先问其家中尊长名讳。[1]

第二百八戒者，

人有谤己，当精修大道，勿忧闷以损精神。

第二百九戒者，

学无经业，精神浮散，真想不通。

第二百十戒者，

身不洁净，魂魄离人。[2]

第二百十一戒者，

有心则天真高逝，魔官不服。

---

① 家庭成员的谥号和陌生人不使用的私人称呼。

② 较高级的灵魂和较低级的灵魂。参见 Wieger，*Folklore chinoise moderne*，p.9。

第二百十二戒者，

有家则三毒不灭，三真不居(佛教中的三毒是贪、嗔、痴，参见《教乘法数》卷三，第 56 页；关于三真，参见 Wieger，*Taoïsme I*，p.16，20)。

第二百十三戒者，

有身则众欲不去，精思无应。

第二百十四戒者，

当栖心静寂，万虑俱忘。

第二百十五戒者，

当委志虚无，内外洁白。

第二百十六戒者，

当灭识见，然后真人现。

第二百十七戒者，

当念菜食为常，一志清俭。

第二百十八戒者，

当念先度人，后度己身(参见佛教菩萨思想)。

第二百十九戒者，

当念居山林幽静，精思至道。

第二百二十戒者，

当念安贫读经，行道无倦。

第二百二十一戒者，

当念烧众明香，流芳诸天，彻魔境界。

第二百二十二戒者，

当念在贤众中，听受妙旨。

第二百二十三戒者，

当请受三洞宝经，[1]勤身供养。

第二百二十四戒者，

当念立功度人，终劫不倦。

第二百二十五戒者，

当念报师友本德，终劫不怠。

第二百二十六戒者，

① 参见 WIEGER，*Taoïsme I*，p.16，22。

当念国中清净，王化太平，无有不道。

第二百二十七戒者，

当念邻国有道，各守境界。

第二百二十八戒者，

当念祝愿百姓，[①]令常安全。

第二百二十九戒者，

当念万物为先，不但祷祝己身。[②]

第二百三十戒者，

当念敬远鬼神，不谄不慢。[③]

第二百三十一戒者，

当念远外术、禳魇之道。

第二百三十二戒者，

当念远声色、歌舞之术。

第二百三十三戒者，

当念远离巫觋、妖妄之人。

第二百三十四戒者，

当念崇本守真，一志无移。

第二百三十五戒者，

当念口不违心，心不负形。

第二百三十六戒者，

当念信守经戒，无有疑贰。

第二百三十七戒者，

当念无求无欲，清白守贞[④]。

第二百三十八戒者，

当念心无异想，惟空惟寂。

第二百三十九戒者，

当念[⑤]家家安宁，咸无苦痛。

---

① 中国民众熟知的表达方法。

② 参见第 218 戒。

③ 参见《论语》第六篇第 20 章。此处脚注疑误，应为《论语》第一篇《学而篇》第 15 章。——译注

④ 守贞，是指一位女子如果她的未婚夫去世，她不再改嫁，而是忠于这段“初恋”。

⑤ 代为祈祷。

第二百四十戒者，

当念世间忧危之人，罪系苦恼，咸得消释。

第二百四十一戒者，

当念天子圣明宏道，皇家日盛。

第二百四十二戒者，

当念台辅贤良，常保有道。

第二百四十三戒者，

当念天地日月，风雨霜雪以时。

第二百四十四戒者，

当念父母，养我因缘。[1]

第二百四十五戒者，

当念七祖[2]父母[3]，咸升天堂。

第二百四十六戒者，

当念我师，早得升度[4]。

第二百四十七戒者，

当念天尊放白毫相光，济度三途，咸得光明。

第二百四十八戒者，

当念同志辅相教导，令入正道。

第二白四十九戒者，

当念不违其口所诵之文。

第二百五十戒者，

当念勤服气、断谷为不死道。[5]

第二百五十一戒者，

当念勤求长生，昼夜勿倦。

第二百五十二戒者，

---

① 这里也被劝告，要努力为父母和教导我们的人祈祷，使其在来世得到回报。“因缘”这个词用来表示佛教的业力。

② 追溯至祖上七代。

③ “母”本作“每”，据清同治十二年王信祉领受《中极戒》改。——译注

④ 升入天堂。

⑤ 在道教的修行中，努力控制呼吸非常重要。参见《庄子》第六(卫礼贤译本，第 46 页)；J. J. M. de Groot, *Universismus*, p.110 及后文；H. Hackmann, “Die Mönchsregeln des Klostertaoismus”(*Hirth-Festschr.*), p.163。禁食也很重要，参见 de Groot, *Universismus*, Register s. v. Fasten。

当念勤避嫌疑，勿恃[①]恩情亵狎。

第二百五十三戒者，

当念勤避患难，勿苟贪世荣。

第二百五十四戒者，

当念勤避凶人，勿弃背朋友。

第二百五十五戒者，

当念我宿命因缘根断。

第二百五十六戒者，

当念我胎根已绝，不复世生同缘种亲。

第二百五十七戒者，

当念我生树已枯，神合太无，无数之劫，体道合真。

第二百五十八戒者，

当念洞观十方，无所隐藏。

第二百五十九戒者，

当念三途路塞，地狱长休。

第二百六十戒者，

当念清气养神，弃诸肥滋。[②]

第二百六十一戒者，

当念常存三宫真人子丹。

第二百六十二戒者，

当念处世和光，不矫于俗。

第二百六十三戒者，

当念持三宝经戒，常诵不辍。

第二百六十四戒者，

当念守雌[③]抱一，肃若对神。

第二百六十五戒者，

当念登仙度世，利济群生。

第二百六十六戒者，

---

① “恃”本作“情”，据清同治十二年王信祉领受《中极戒》改。——译注

② 参见 WIEGER, *Taoïsme I*, p.14 及同书 No. 839。

③ 出自《道德经》第十章。参见 WIEGER, *Taoïsme I*, p.12 关于“婴儿”的内容，内心像婴儿。

当念师友同学，共成道果[①]。

第二百六十七戒者，

当念亲见真仙高道，修行法事。

第二百六十八戒者，

当念圣王治世，海外稽首，乘风向化。[②]

第二百六十九戒者，

当念食天厨自然之膳，无饥渴之想。[③]

第二百七十戒者，

当念与天真共对，淡[④]然无为。

第二百七十一戒者，

当念仙童玉女，来侍法筵。

第二百七十二戒者，[⑤]

当念东游青林东华。

第二百七十三戒者，

当念南游大丹南华。

第二百七十四戒者，

当念西游安养西华。

第二百七十五戒者，

当念北游碧罗[⑥]北华。

第二百七十六戒者，

当念游东北方，救百姓男女，授其劝戒，度入东北之门，使得入无为之场。

第二百七十七戒者，

当念游东南方，救百姓男女，授其劝戒，度入东南之门，令得与道为因。

第二百七十八戒者，

---

① 这种表达模仿佛教“成佛果”。

② 祈愿君临终不死，如道教圣人一样升入天堂，经历奇迹般的不死不灭从而到达生命的更高境界。

③ 值得注意的是，让人想起《约翰福音》6:35 和相关的段落。

④ “淡”本为“浅”，据清同治十二年王信祉领受《中极戒》改。——译注

⑤ 从此条戒律开始，很长一段内容都与“游”有关，这个字具有神秘的含义。“游”，即冥想，可能出自《道德经》第 47 章。《列子》卷四[关于游的段落，参见花之安(Ernst Faber)译本，第 88 页及后文；卫礼贤(Richard Wilhelm)译本，第 42 页及后文]中就有一段似乎明确了对“游”的神秘的理解。“游”的正确方式是“内省”，是“思考”“审视”。这实际上对应着佛教中的“静虑”和“禅定”。

⑥ 碧罗，碧是绿色的、蓝色的玉的颜色，也用于大海、云彩、天空；罗，网，也有天穹(大罗)的用法。所以，我们应该考虑后面这种说法。抑或，我们应该想到传说中的“碧树”，即昆仑山上的玉树？

当念游西南方，救百姓男女，授其劝戒，度入西南之门，令得入无为之道。

第二百七十九戒者，

当念游西北方，救百姓男女，授其劝戒，度入西北之门，当得升入至真之场。

第二百八十戒者，

当念遨游洞天、阆台、昆仑。

第二百八十一戒者，

当念游至斋堂[①]，讲肄圣道，明解渊微。

第二百八十二戒者，

当念游上清金阙，礼见真人太上。

第二百八十三戒者，

当念游玉清七宝宫，礼三元天尊。

第二百八十四戒，

当念游玉清丹霞宫，礼太上二十四高圣。

第二百八十五戒者，

当念游太上玉京，七宝流霞台，荫盖玉林，礼太上人尊、十方大圣，终劫复始。

第二百八十六戒者，

当念游紫云宫，礼洞真三十九高圣。

第二百八十七戒者，

当念游三十六天黄金宫，礼天帝君。

第二百八十八戒者，

当念游九天黄金晖宫，礼无上至真。

第二百八十九戒者，

当念游诸天宫宅，与真人问道论经。

第二百九十戒者，

当念游六天七宝宫，观见大魔王，见我籍已入仙品，出离泉曲部。[②]

第二百九十一戒者，

当念游日月宫殿，光明焕赫，礼见日月王，饮以日月华金液之浆。

第二百九十二戒者，

---

① 斋堂，素食厅堂，佛教寺院中的食堂。这里是比喻。

② “泉”在此指“黄泉”或“九泉”。

当念游大梵天流景宫，礼四天帝王，听诸天诵咏，清绝雅妙。

第二百九十三戒者，

当念游诸天七宝林，返生灵香，流芳逆风[1]，闻三千里外，狮子飞龙，鸣啸其侧。

第二百九十四戒者，

当念游诸天浴池，安坐莲花之上，香洁自然，流溢诸天池，百天池皆如一处，人人快乐。

第二百九十五戒者，

当念游诸天阙，听钧天乐，无世间想。

第二百九十六戒者，

当念游十方外天，礼大圣像，无上正真人。

第二百九十七戒者，

当念游下方无极金刚天宫，礼诸元老真人。

第二百九十八戒者，

当念游天地名山、隐宫洞室，礼圣众先得道人。

第二百九十九戒者，

当念隐秘，天真名讳，不出于口。

第三百戒者，

行戒不犯，犯即能悔，改往修来，劝人奉受。念戒不念恶，广度一切，自感神真，吉无不利，保汝成真。

以上为中极戒三百戒律。

行持中极大戒应用秘咒[2]

中极衣咒：戒[3]衣绛服，为身之章；云裾济楚，霞佩颉颃；百礼是覆，罔敢弗庄。

玉简咒：碧笏玉简，正其威仪；视瞻毋侧，恭敬自持；潜心对越，如秉大圭。

鞋规咒：戒规黄坛，谨其动履；八神周旋，九宫步驻；鹄立朝元，虎拜斯委。

巾冠咒：玄巾星冠，为首元服；万象包藏，两仪[4]洞烛；出一头来，堂堂独露。

---

① 此处指与正常的自然过程相反。

② 参见 HACKMANN，“Mönchsregeln”，p.160。其中有更多关于“咒”的内容，相当于佛教中的陀罗尼(dhāraṇī)。

③ 参见《初真戒》，以及 HACKMANN，“Mönchsregeln”，p.158 及后文。

④ 指“阳”和“阴”，以及它们所产生的一切。

归单[①]咒：唵！[②] 敕身卧七宝座，升五明座，为真法王，妙堪总持，神谒玉京。唵吽防元德立诃婆。

（以下是一系列结束性质的话语，部分是受戒者的誓言，部分是对道士修行之路的赞颂，后者充满了对神秘成就的暗示，只有受到密传之人才知道。具体的理解，仍在探索之中。）

中级智慧观身大戒律文，皈身佩奉，信受行持，仰报四恩[③]，希升仙品。转授之后，誓愿遵戒奉行，不敢始勤终怠，背道违师。如负盟言，甘当立宪。本坛得此，除已具奏师坛、备牒玄曹外，合行依按立科，当坛转授者。

伏以中极条章，指道岸而玄云流衍，观身大戒，渡迷津而法雨涵濡，实进道之舟航，乃升仙之梯级。所当检束身心，勤修香火，即有察命童子、护戒威神、五帝考官、六宫掾吏，随逐鉴映，造次勿离。三官五帝书其功勤，九府四司录其精进[④]，自然南宫纪字，北府销名，三师四友同获善功，七祖九玄皆沾福果，受持不怠，善庆无涯，戒之慎之，仙班可进。

以今遵依玉格，褒称"太上门下妙德真人"之号，仰祈本坛监戒、护戒纠察善恶诸大神王、威神力士、官将吏兵，出入护持，保成戒行，须至通知。

## 三

前二十四戒可以辨认出一定的归类依据（见前文第 6～8 页）[⑤]，但从第 25 戒内容开始变得混杂不清。有些戒律内容紧密相关，但却分开列写，毫无理由（例如：第 63 戒、第 64 戒、第 172 戒，第 26 戒、第 114 戒、第 169 戒，第 115 戒、第 171 戒、第 178 戒等）。有些戒律尽管内容彼此关联，但排列顺序却又是随意的。

从整体上看，道德行为准则和宗教行为规范两者是明确分开的。第 25 戒到第 207 戒是道德行为准则的内容，而后面的戒律明显是宗教内容，从第 224 条开

---

① 为了有福报的回到来世。

② 这个说法挪用了佛教陀罗尼（dhāraṇī）中经常出现的神圣音节 *om* 和 *hūṃ*（参见著名的"Oṃ maṇi padme hūṃ"）。这段话末尾使用的两个字符 p'o（婆）和 ho（诃）也经常出现在汉传佛教陀罗尼（dhāraṇī）中（参见 HACKMANN, *Laien-buddhismus in China*, p.115），也即梵文音节 va-ha。这里使用的其他汉字，我未在陀罗尼中有所发现。

③ 四恩，四种有益的影响，对此每个人都应当感恩。对四恩的界定有很多不同版本——天地、日月、皇帝、父母，或父母、人类社会、君主、"三宝"，或父亲、母亲、佛陀、师父。

④ 佛教术语"精进（vīrya）"；参见欧德里（Ernest Johann Eitel）《中国佛教手册》（*Handbook of Chinese Buddhism*）中的词条。

⑤ 原文为第 9 页，今改为译文页码。——译注

始，以特定用词“当念”为句子开头，从各个方面说明其宗教任务和目标，后面还讲到了“游”的神秘尝试，直至册子结尾。在宗教行为劝诫中偶尔会提到与道德行为准则中相同的对象（例如父母和家人、老师、朋友、国家、君王），这并不奇怪，因为劝诫的侧重点不同，就像在道德行为准则中也会有倾向于宗教的内容一样（例如第 121 戒、第 157 戒、第 158 戒、第 161 戒等）。

首先，尝试将戒律中道德性的要求理顺清楚，从而全面地呈现出道教道德要求的特点。

先从与他人交往的一般戒律开始。依据戒律内容，划分如下：

1.财产。在开始提到的十二条基本戒律中，最后四条是为了保障他人财产。第 98 戒重申了禁止偷窃的规定。其他戒条也提到了相关的罪行：交易中的欺诈行为，如诋美为丑，或者赞美自己的东西而贬低别人的东西（第 45 戒至第 47 戒）。务必归还借来之物（第 162 戒）。假借钱财为贿赂（在中国非常普遍）应当被禁止（第 135 戒）。知识产权方面的戒律如第 77 戒和第 182 戒：不允许偷用、偷抄经书和他人的评论。第 106 戒是一条对贪婪欲望的警告。

2.荣誉和声誉。一些戒律强调，要保护他人的荣誉和名声。不应该谈论他人的过恶（不能提前预设其为事实）（第 25 戒），更不应该以口头或书信的形式来夸大其错误（第 84 戒、第 49 戒）。即使发生在自己身上，也不应该因猜疑而传播恶意流言（第 75 戒）。不得通过奉承有影响力的人来阴毁善人（第 85 戒）；同样，不得往来传播恶毒的谣言（第 141 戒）。不要隐瞒别人的功绩来贬低他人（从而提升自身形象）（第 40 戒）。当然，用辱骂的语言或咒骂来侮辱别人也应受到谴责（第 124 戒、第 125 戒）。

在尊重和保护他人荣誉的同时，也有责任尽可能地让自己和自己的主张退后一步。不要自负，不要傲慢（第 99 戒）；与他人交往要纯真快乐，不要自高自大（第 262 戒）；不应该妄受别人的礼敬（第 96 戒）。不要向世人显示个人的权威（第 116 戒），也不要求别人礼敬（第 181 戒）。与人同行，当让人以前（第 185 戒）。第 197 戒中强调，当与人一同乘船时，不应该因为是道士而优先于人。

3.和睦相处。与他人始终保持友好和彼此谦让。要做到这一点，无私是基础。这些戒律都用了一种特别的语言表达方法：当忍受别人不能忍受的东西，当放弃别人不能放弃的东西，当学习别人学习不到的东西，当原谅别人不能原谅的东西（第 201 戒至第 204 戒）。

为了形成良好的相处关系，可以详看以下戒律：克服因遭受不公而引起的怨恨（第 194 戒），不寻求报复（第 101 戒），也不为此而利用任何机会（第 92 戒）。人应抑制愤怒(第 103 戒),克制嘲笑(第 104 戒、第 171 戒),不要武断和傲慢(第 100 戒),不要用恶作剧或用行动和言语吓唬别人(第 169 戒、第 170 戒、第 102 戒)。不得在发生损失或遭受其他损害的情况下怀疑他人,而应该在自己身上寻找过失(第 198 戒至第 200 戒)。如果他人之间存在争执,不得煽风点火(第 74 戒)。在生活的必需品(房屋、床、家具)方面,应提出适度的要求(第 152 戒)。获得别人信任的人不得泄露其隐私(第 76 戒)。不得因他人的过失或不幸而幸灾乐祸(第 126 戒、第 127 戒)。不得攻击好人,也不得责备好人(第 122 戒、第 123 戒)。那些能影响他人的人不得劝人作恶事,也不得阻人作善事(第 163 戒、第 164 戒)。人应该诚实地对待他人,不要做错事(第 28 戒)。

以上就是关于与他人交往的戒律。另外,还有一些关于个人生活细节方面的戒律。

人不应该与放荡之人往来(第 144 戒),特别是不要与不孝(对父母和兄长)之人交往(第 175 戒)。另一方面,人不应脱离与人的正常交往,也不应吃独食(第 79 戒、第 69 戒)。与他人相处时,要谨慎行事,不要多言多语,不要放纵狂欢或沾染恶习(第 137 戒)。高声喧笑应被谴责(第 113 戒)。不要穿着锦衣、佩戴珠宝(第 183 戒)。不要大肆举办丧仪(第 40 戒),这一点在中国尤其值得一提。生活方式的简化,意味着不要用金银玉器(第 39 戒)。人应该遵守当地的习俗,因此,到达陌生地方时应了解当地禁忌(第 206 戒)。不允许参与的民间活动:赛跑和其他的运动项目(第 138 戒)。[①] 同时,道士们禁止参与喜贺和吊唁,因为这会卷入一些奢华的社交场合和活动中。

应保持身体清洁,身体不净会不利于精神世界(第 210 戒)。最重要的是,必须净己入教(第 184 戒)。沐浴时不应让他人看到裸露的身体(第 111 戒),应穿浴袍。不要在危险水域中沐浴(第 109 戒)。登山远足时不要接近悬崖而使自己面临危险(第 150 戒)。禁止乘驾马车或骑马去野外郊游(第 151 戒)。道士们不应失节无度地遨游(第 149 戒)。

用餐时也有各种详细的规定。如前所述,人不应该吃独食,这条戒律实质上是为了阻止人们享用特别美味的食物。对应第 70 戒,在进餐时禁止挑选美味佳肴。人应适度进食,切莫贪婪,亦切莫刺激食欲(第 44 戒)。应选择最差的食物,并在其他同食者前停止(第 188 戒、第 189 戒)。[②] 不好吃的食物,还用手去触摸,

---

① 第 138 戒的内容为“不得驰骋流俗,求竞世间”,哈克曼此处理解疑误。——译注

② 第 189 戒内容为“与人同食,当食止己前”,哈克曼此处理解疑误。——译注

到处将食物据为己有，都会受到谴责(第154戒)[①]。同样，应避免评论食物，无论是赞美还是责备(第153戒)。当然，安排肆意的饮食狂欢也应受谴责(第95戒)。

关于个人行为，还有一些对于我们西方人来说可能有些奇怪的戒律。如第160戒，道士们禁止对风雨打哈欠[②]：一方面可能是因为打哈欠经常与鬼神信仰联系在一起，[③]另一方面可能是认为打哈欠对“风雨”不尊重。此外，还有各种关于小便的规定：不得向北方小便(第59戒)，毫无疑问，是因为对北极星的崇敬；不得小便于草上(第61戒)；不得小便于虫蚁上(第60戒)；不得小便于饮用水中(第62戒)。

现在，让我们进一步来理解道士对一些特定生活领域的态度。

1.女性。前述十二条基本戒律中，已经提出了避免与女性有任何接触的规定，即不要窥伺女性，以免唤起邪念。细节包括：不应单独与女性交谈或同行(第80戒)；不应与女性一起吃饭，也不应交换衣物(第82戒)；不参加男女聚集活动(第81戒、第232戒)；道士不应私下教导女性(第83戒)；禁止观看女性跳舞和表演(第73戒)。最后，如果因为紧急情况不得不与女性交谈，则不要直视她的脸，也不要对她微笑(第196戒)。为了避免涉及婚姻和性的问题，道士不能担任婚姻中间人(第71戒)，或参与离婚事务(第72戒)，也不能让人堕胎(第90戒)。

2.亲属关系。道士虽然与和尚一样疏远了家庭，但他并没有像后者那样坚定地背弃自己的宗族。相反，他有义务保持与父母和兄弟的联系(第117戒)，此外，也不要因为与另一个家庭建立了更密切的关系而疏远同胞(第88戒)。这显然是与亲属保持了相对密切的关系。这种对家族的重视，在下述戒律中也有所体现，即不应怂恿他人弃离家庭和家人(第91戒)，不得在亲属之间拉帮结派瓦解家族关系(第89戒)。第86条戒律也有类似的规定，即不要窥探近邻。窥探意味着干涉他人家庭私事，煽动家庭争端。

3.师长、同学、朋友。尽管对师长和同学的关系在开始部分(第13戒至第24戒)已经有了详细的规定，但仍然有很多戒律针对这一关系。显然是因为住观集体生活，在处理彼此关系方面相对棘手，并且容易引起摩擦。所以，禁止批评老师和朋友，而是要适当公正地评价他们(第118戒)，禁止对师父和师兄产生愤怒

---

① 第154戒内容为：“不得以手搏食，残咬菜肴。”此处哈克曼理解疑误，且戒条中“菜”本为“众”。——译注

② 第160戒内容为“不得妄呵风雨”，哈克曼此处理解疑误。——译注

③ 参见 P. SAINTYVES, *L'éternuement et le bâillement*, Paris, 1921。

和怨恨(第 119 戒),劝告其不要忽视对老师和应受尊敬的人的尊重行为,并认真遵守"盟誓"(即指道教弟子在进入道观生活时承诺主动承担的事务)(第 120 戒)。弟子们还应记住,如果日后富有,生活幸福(可能是在离开道观从事世俗活动之后),应该对师父心存感激,要归善于师。(第 27 戒)

鼓励弟子们在共同学习中勤奋不懈(第 192 戒、第 248 戒)。尤其是第 186、187 戒,涉及弟子们共同协作的活动:应该随时准备承担最繁重的工作,夏天的厨房工作,冬天的打水工作(第 186 戒、第 187 戒)。当弟子住于他人家中,应该满足于所提供的一切,不提出任何特殊的要求(第 191 戒)。对有天赋的人产生的嫉妒,应该通过对他们的尊重来平息(第 190 戒),而对于那些更有天赋的人,应该有意识地服从他们,并恳求他们在诸多问题上对其进行教导(第 193 戒)。关于交友,有一个普遍的指导原则,不能与坏人为友(第 97 戒)。此外,不要过度亲密,以免引起某些怀疑(第 252 戒)。关于朋友关系,没有更多详细的讨论。

上下级关系仅简要规定为:不要缺少对上级的尊重和顺从,使唤下属也应适度。而道教中提到的"上级"和"下级"大多与师徒的概念相吻合,这一点已经得到充分讨论。

4.王公贵族和施主。应与王公贵族保持距离。只有紧急情况下,道士们才能出现在皇帝、王公大臣面前(第 55 戒)。不应与富贵之家过多往来(第 56 戒),与其交往很容易卷入政治活动,还会使自己曲意逢迎、歪曲事实(第 147 戒)。告诫自己,不要吹嘘和尊崇权贵,以求享乐安逸(第 38 戒)。特别禁止在富人宴会上扮演此类需要下达节日指令和监督节日安排的"礼主"角色(第 129 戒)。当出于个人原因而对世俗权力表示顺从时,第 132 条戒律提醒说,不应该在"去就"(对任何事情发表观点时)时忘记"道",也即不要背离纯粹的道教原则而做出评判。

另一方面,也不应冷落有影响力的领袖人物。因此,当道士进入一个新的环境时,他必须首先询问这些备受尊敬之人,即"贤善士",并向他们表示敬意(第 205 戒)。在此类拜访时,应考虑其"名讳"(参见第 20 页[①]第一条脚注),对于有修养的人来说,这是很自然的事情(第 207 戒)。

如果一位施主施舍道士餐食(乞讨在道教中并不是一项常规性的活动,所以这可能是一个个例),应感恩施主,祝其好运(第 195 戒)。这似乎是有意识地区别于佛教的乞讨行为,因为和尚们并不需要对施主表示感谢。相反,施主们应该感谢接受者,因为施主从施舍中积累了善业。正是这种态度的不同,让我明白了

---

① 原文为第 20 页,今改为译文页码。——译注

为什么明确规定在这种情况下需要表达感谢。

5.老人、弱者、病患、乞丐。戒律强调，要善待所有处于弱势的人群。要保护由于精神和身体上的缺陷而受到嘲笑和蔑视的老人，不应轻视他们，不应忽视他们，不应戏弄他们，不应突然吓唬他们(第26戒、第114戒、第169戒)。除了提到了老人外，第169条戒律还提到了小孩(同样属于无助群体)。他们在戒律中不常出现，这符合实际情况。不应轻视、嘲笑、拒绝、厌恶穷人和乞丐(第115戒、第171戒)。另外，还有一些比较积极的戒律：在提供帮助时不应吝啬(第148戒)，多余的衣物要分发给穷人(第178戒)。谴责利欲熏心，相反，给予和赠予是值得推许的(第29戒、第30戒)。不要因病人、残疾人和体弱多病者的缺陷而轻视和贬低他们(第114戒)。

这些戒律涵盖了道士所接触的各种社会群体。接下来需要谈论一下对整个社会，即对国家和政治的态度，这与战争和军队事务密切相关。

从上述与贵族阶层的关系中，我们可以推测出针对国家和国家机构的戒律内容。在中国，任何非官方人员参与国家或军事事务，历来都会被怀疑是要叛乱和谋反。为了避免被怀疑，道士们必须完全远离任何与政治相关的一切。道士不应关心政治，也不应参与讨论政治事务，也不应通过占卜手段预言政治事务，但可能会因为他们的身份而被要求这么做(第51戒、第52戒、第53戒)。更不能设权变谋(第54戒)。不允许参与对公众人物的讨伐(第128戒)，虽然这可能是对管理不善、过度压迫、处置不公的官员的反抗。不准拥有世俗的野心和追求(第253戒)。

当然，不准加入对国家规则嘲讽、批评的秘密团体(第134戒)。[1]

针对军务和所有战事活动的戒律，与针对国家和政治的戒律一样，道士均应保持克制(第51戒、第52戒)。不准携带武器和军事装备，也不得在住所中存放这些物品(第31戒、第32戒)。禁止与士兵或将军交往密切(第143戒)。

最后，在国家机构方面，其对公共法律的拒绝也是值得注意的。司法过程中，道士不应寻求官员的帮助(第133戒)。在那些由几方共同或一方挑起的官司中，道士既不应该作为团体的领头者，也不应该作为该团体的追随者参与到这件事情中。道士不应让自己陷入官司中。所以，这条戒律可能主要针对的是道观内部的纠纷。不愿与官员和衙门扯上关系，是因为对中国刑事诉讼手段的惧怕。然而，关于这些法律纠纷如何解决，应由哪个机构负责，文中并未详细说明。

---

① 第134戒的内容为“不得与俗人群党，更相嘲毁”，哈克曼此处理解疑误。——译注

为了避免道士卷入官司，此处给出了戒律规定，不得充当中间人（在商业交易中）或担保人，也不得签订买卖合同和开展业务。从道教理念的其他角度来看，这种商业行为无论如何都是危险的。

到目前为止所讨论的戒律，规范了与各种人和各种人际圈子的关系。但这还不是戒律的全部内容。还有一些与动物相关的行为规则，同样重要的，还有那些涉及客观事物的规定。

对待动物的行为。

最初，道教并不知道佛教通过轮回将人与动物建立起了联系，并以此来保护动物的生命。的确，就像佛教中的其他许多思想一样，轮回的观念后来在道教中也有所流传。但是，轮回仍然还是异化之物，没有获得很大的影响力。尽管如此，道教对待动物仍然非常友善，这与道教的“道生万物”思想有关。因此，很容易联想到佛教的“切勿杀生”戒律，正如前面十二条基本戒律中的第一条所讲的那样。作为道教的规定之一，友善对待动物体现在了戒律的各个方面。

首先提到的是六畜，即牛、羊、马、狗、猪和鸡，道士不得饲养这些动物（第 33 戒）。饲养动物是一种对动物征服、剥削的暴力行为，即使没有杀死动物，也不可避免地伴随着各种虐待行为。与家畜繁殖有关并需要人类直接参与的一切活动，对道士来讲，都不合适。不得鞭打和殴打、虐待家畜（当然也包括其他人的动物）（第 34 戒）。人们应格外注意地上爬行的小动物，例如蚂蚁，不得故意践踏这些小生物（第 35 戒）。上面（第 11 页[①]第 60 戒）已经提到过类似保护虫蚁的内容。不得使用鱼钩捕鱼、用箭狩猎（第 36 戒），不得爬树、破坏鸟巢（第 37 戒）。此外，戒律中还明确提到不得网罗捕捉动物（第 63 戒），不得驱赶和惊吓动物，使土地荒芜（第 172 戒）。有的戒律甚至细微至此：不应该惊吓鸟巢中正在孵化的鸟儿（第 64 戒）。[②] 冬天，禁止挖掘和抓捕在地下冬眠的动物（第 68 戒）。

对待事物的方式。

很奇怪，有些戒律表达了对破坏现有价值的畏惧。无论是大自然本身创造的价值，还是人类努力创造的价值，一切已经形成的事物都应得到尊重，即使有些事物并不存在有意识的生命律动，也不能轻易地破坏它。这要求禁止采摘鲜花、拔除草木（第 65 戒），没有正当理由不准砍伐树木（第 66 戒），不要为了获得耕地而焚烧荒野或山林，这在中国是经常发生的（第 67 戒）。很明显，逐利的观

① 原文为第 13 页，今改为译文页码。——译注

② 第 64 戒的内容为“不得惊散栖伏”。——译注

点在此让步于个体生命的价值，即使在所谓的无生命的自然事务中也是如此。与之相关的戒律：不要填塞水井和有纯净水源的沟池，也不要排干池塘和水泽（第 107 戒、第 108 戒）。但是，这里还涉及一些其他的事情，要克制（在排干水泽时）捕捉鱼类的欲望，还要与破坏人类劳动产物的事情做斗争。后一种思维方式也体现在另一些戒律中：道士不得将食物扔进火中或水中（第 41 戒），也不得焚烧任何东西、任何人类劳动的产物（第 42 戒）。下面这条戒律的内容值得注意，不得藏匿任何工具和物品（第 43 戒），甚或产生藏匿的想法。这一规定背后的考量可能是，这种藏匿是一种非法隐藏、偷窃之类的行为。

不得将有毒药物投入水中（第 87 戒），显然是为了避免对使用该水的人或水中鱼类造成伤害。

第 78 条戒律如何理解，尚不明确（“夺人暗室中火”）。

第 50 条戒律，即不得把任何印刷品、字纸及书写工具扔在肮脏的地方。这和中国人对与文学和学术有关的一切事物的尊敬相一致。民间习俗中也有许多类似的例子。

在有关道德性质戒律的综述后，还有一个类别，它与稍后即将讨论的宗教性质的戒律形成了自然的联系（参见第 36 页）。这就是我所说的宗教行为准则的范畴。这些戒律规定了宗教职责，但更多的是从外部将宗教活动理解为道德任务的一个方面，而没有提到宗教追求本身的内在性质，即宗教追求的内容。

宗教礼仪。

道士必须拒绝外来教义和异端观点，即一切背离道教的事务（第 177 戒）；比如“杂术”，就是基于外来信仰的咒术。在某些方面，这些被排斥的异教被精确地描绘了出来，颇为引人关注。道士不得参加某些“淫祀天地”以求获得幸福的祭祀。在此，我们属实能够发现一些宗教礼仪的痕迹，在这种礼仪中，人们通过交配来模仿天地之间的婚姻，而根据中国的民间传说，彩虹的出现就印证了这一点。此外，禁止赤身裸体地崇拜三光（即太阳、月亮、星星），这显然也是一种古代信仰的残余。还有几条关于神和鬼的戒律，即善、恶之灵，基本上与《论语》第六篇第 20 章中孔子的观点一致，即人们应该与这些鬼神保持尊重的距离，既不奉承他们，也不应忽视他们（第 230 戒）。禁止对神、鬼跪地礼拜（第 157 戒）。同样，不得向神、鬼咒誓（第 158 戒），也要拒绝基于外来信仰的巫术，如禳魇之术（第 231 戒），这在第 177 条戒律中也有所体现。应与巫、觋、妖、妄之人明确划清界限(第 233 戒),这在道教的整体氛围中尤为显著。[①] 道士不得称自己是异人,也不应把自己归为被赋予统治自然力量的"真人"(第 176 戒)。这一点再一次让人们联想到佛教的教义。

否定性的戒律之后是一些肯定性的戒律。强调道士必须严肃认真和热忱地对待自己的宗教。

道士要虔诚地坚持道教的真理,常诵经文,不要让自己在其中摇摆不定(第 234 戒、第 263 戒)。一个人应该认真地按照经文规定来衡量自己的行为,不得虚伪,不得言行不一(第 235 戒、第 249 戒)。同样,第 105 戒和第 121 戒也警告不要忽视忌讳和经教法言。道士们不得轻视斋戒之日和斋戒之值(第 161 戒)。不过,戒律中都没有说明斋戒的具体日期以及如何修值斋戒,因为有本专门关于斋戒的书对此进行了说明(参见 Wieger, *Taoïsme I*, p.461)。

不应妨碍他人学习道教(第 179 戒)。

在某些场合,如斋戒之日,应展示对经文的敬意(第 174 戒、第 223 戒)。这里所说的可能是一种特殊的信仰或某种个体信仰行为,用以表示对神圣经文[特别是所谓的"连祷文"(litaneien)]的敬意。经文神圣不可侵犯,它是一个连贯的整体;因此,任何人都不能随便增加或减少其内容(第 168 戒)。与此相同的是基督教《启示录》第 22 章中的第 18、19 节。经文神圣,不允许传诵给不值得之人,[②] 在学习经文时要考虑到道士本身存在的等级顺序(第 167 戒)。不是所有人都可以学习到经文的所有内容。道士应牢记经文的影响价值和其教导价值,并能心怀感激,认识到这一切不是靠个人力量获得的,而是靠"道"获得的(第 165 戒)。当疾病或死亡等灾难降临在个人和亲属身上时,不应该抱怨"道"和他的师父(作为道士)没有提供帮助;这是对教义神圣性的冒犯(第 166 戒)。

教导别人时必须完全无私。如果学道是为了招徕弟子,无论是出于野心和荣耀,还是企图从中获得奖赏和礼物,那就违背了崇高的教义,会因此而失去它;同时还会失去对鬼神的掌控权(第 180 戒、第 211 戒)。

正如要尊重神圣的经文及其内容一样,也必须尊重放置在寺庙殿堂里的神像,"三宝"为首,供奉规定的祭品、举行祭祀仪式等等(第 173 戒)。

---

① 也许,前面(第 22 页—原文第 25 页。——译注)提到的对女性行为规定的第 232 戒也应该放在这里(女性参与的巫术活动);此处的语境也表明了这一点。

② 不应该让陌生人和外行人了解教义和圣诫,这一规定已经在戒律手册的第一部分中强调过。参见 HACKMANN, "Mönchsregeln des Klostertaoismus", p.164 及后文。因此,太清宫方丈一直不愿意让我得到这些手册。

## 四

到目前为止，我们探讨的是道教修道的道德追求；归根到底，这些宗教任务，表面看上去是宗教内容，实际是针对环境的正确行为，其实还是道德义务。三百戒中的其余戒条都是更接近于宗教追求的内容，即对宗教的内在把握。

下面要讲到的是比较难懂的领域。中国道教是一种宗教，“神秘”这个概念对所有宗教思想都很重要并且具有影响力，但它在道教中发挥着更大的作用。这源自道，道是发端，而在《道德经》中，道是世界的基本原则。简而言之，道是世界本身的奥秘。所有与这个神秘的幽暗概念有关的活动，都更加深入地指向了一种神秘的幽暗境界，也即进入一种试图在一定程度上保持自然和精神之间模糊边界的混沌状态。道教无时无刻不在关注着这个谜团、征兆以及隐藏的世界力量，仿佛可以在尘世现象中察觉到和听到那样。对尘世事件的难以理解，使得道教的理念世界具有了黯淡不清的和通常令人生畏的特性，就像我们西方中世纪的炼金术和占星术一样。这个特性在道教的所有咒语中都能寻找到踪迹。这种咒语处处暗含神秘，而且是有意识地带有一种神秘色彩，晦涩难懂。所以，随着时间的推移，一种只有教内人士才能理解的神秘语言逐渐形成，对此，他们也不愿意透露。① 所以，每当我向太清宫方丈韩谦让请教这些秘语的含义时，他都拒绝了。“你们外国人不明白的”，他补充道。事实上，如果在没有内行人帮助的情况下，欧洲人很难甚至不可能理解这些秘语的真正含义。

还有一个特殊状况增加了道教咒语的神秘特性。

从公元 1 世纪开始，道教与佛教的接触越来越多。由此，道教开始吸收佛教的制度和思想。因为在争取民心的斗争中，道士们很快意识到了这个来自印度对手的优势，所以他们尝试学习有用的和受欢迎的活动，纳为己用。同时，佛教拥有各种吸引道教的精神财富，尤其是与冥想和禅定修行、空性哲学、因果报应和轮回有关的思想。道教吸收了这些理念，但却用了一种隐晦的表达方式。道教用自己的形象和言辞来包装或重述这些已被吸收的内容。

后来，当景教基督教进入中国时，即公元 7 世纪开始，道教又有了新的变化。虽然到目前为止，还没有相关研究，但可以肯定地说，基督教的教义和思想对道教产生了影响。但道教又一次以自己的表达方式为外壳，注入了从基督教中吸

① 在这个方面，第 299 戒值得注意，“当念隐秘天真名讳，不出于口”。

收的内容，[1]创造出只有教内人士和被传教的人才能理解的新的咒语和格言。

因此，道教的宗教文学具有非同寻常的神秘特征。在三百条戒律中，谈论宗教生活和追求等内容的地方可以发现这一特性。

让我们尽可能地试着深入理解其中的含义。

道（"大""真"）被认为是最高和最后的世界力量，是一切存在的理由和目标。因此，无论是在较疏离还是较亲密的人际圈子中，遵道而行必须成为道士们的中心。因此，在国家治理这一方面，如果想要天下太平，那么道就必须充分发挥作用（第226戒），皇帝必须启发于道，并努力传播，且要从自家开始（第241戒）[2]，王公大臣需要借助道来维持太平。毫无疑问，道作为中间力量，应在下述方面扮演调解角色，即百姓应该和平而没有纷扰地生活，每个家庭都应和气安宁，没有愤怒和痛苦，人们应该摆脱悲伤、困苦和罪恶（第228戒、第239戒、第240戒）。道亦施于邻国，从而各国之间都能持守边界（"各守境界"，从而确保和平）（第227戒）。道对自然过程的影响表现在，所有自然现象都运行以时，例如"天地、日月、风雨、霜雪"（第243戒）。

道，世界的强大调节原则，也是个人生活和追求的唯一和一切。"进入正道"是一项伟大的任务，所有的相互指示和引导都要以它为目的（第248戒）。当道士遭遇逆境（如诽谤）感到悲伤和沮丧时，要从"道"中得到安慰并在其中找寻力量（第208戒）。凡是道内化于心的人，便已修成道果（第266戒），也已从圣人处，也即先天尊神"神""仙"处亲身"证道"了。[3] 试图将道完全内化于己，对应《道德经》第十章"守雌""抱一"的内容，其中要求人们在神灵面前必须感到敬畏（第264戒）。

在刚才讲到的所有思想中，古老传统的"道"显然是一个核心的宗教概念。然而，许多地方对至上神权的称呼却完全不同。

在第173戒中提到对圣殿神像的尊重时，提到了三宝。众所周知，佛教也有这种表达方式，通常用于指称佛教信仰的三个基本维度，即佛陀、佛法、僧伽；后来也可能用于指称三个其他的核心维度，并在佛教信仰的随后发展中取代了前述三宝。在道教中，"三宝"也是一个基本的三位一体的概念。因此，所有的经文和戒律中都存在着"三宝"的说法（第263戒）。

---

① 参见 L. WIEGER, *Taoïsme I*, 15/16. *Canon* No. 161 及 1020。

② 第241戒的内容为"当念天子圣明宏道，皇家日盛"，哈克曼此处理解疑误。——译注

③ "道果"和"证道"两种表达皆模仿自佛教（菩提果、证悟和果定）。

第223戒在非常相似的背景下提到了“三洞”:道士必须以崇敬之心手持三洞经文,并勤身供奉。“三洞”中的“洞”,应该与第258[1]戒“洞观十方,无所隐藏”中的“洞”含义相同。在另一处,也即在第212戒中提到了“三真”,并强调他们仅仅居于人们的修道之路上。在另一条戒律(第261戒)中,要求把“三宫真人”的丹药保留下来。或许,下面这里也提到了三真(参见第283戒“三元天尊”)。

众所周知,道教喜欢用三位一体的方式呈现其最崇敬的力量。这种现象在宫殿的陈设中也能明显看出。在较为重要的道观殿堂中间,通常都有一个三位一体的呈现形式(通常被称为“三清”),而这三者被看作是在内部相互联系的,比如三官大帝——天官、地官、水官[2],或三尊——元始、灵宝、道德[3],或三帝——伏羲、神农、黄帝[4]。这种对神圣三位一体的偏爱,可能部分源于佛教的影响,如前所述,佛教确实强调受人尊敬的三位一体元素。然而,戴遂良认为,这种趋势可能也受到了基督教三位一体教义的影响。[5] 事实上,戴氏提到的道教传说很清楚地谈到了这一点。道教三位一体中经常使用的术语“洞”(洞穴、幽深、神秘),似乎是受基督教三位一体的“神秘”(mysterium)的影响。

以上是我们在文献中遇到的描述最高神圣力量的说法。

下面来探讨宗教任务问题。

它通常被称为“救赎”(度)。人应当救赎自己、他人、亲戚、朋友、老师,最终救赎整个世界,这是虔诚的教徒的崇高职责(第218戒、第224戒、第247戒、第265戒、第266戒等)。“度”(也可写成“渡”)最初的含义是用轮渡或者船渡过一片水域。在佛教中,它是救赎概念的形象化表达。因为佛教的救赎一直以来都是以僧娑洛河(samsära)的形象为出发点,人们必须穿过这条河流到达涅槃(nirväna)的彼岸。这个字被专门用来解释救赎,即所谓的波罗蜜多(päramitä),同时也适用于佛教僧人的传戒仪式(度牒是指传度文牒,度讳是受戒时授予僧人的法名)。基督教也以救赎概念为核心,因此,在中国基督徒中,“度”这个词被大量使用。除了“度”这个字之外,与其含义相同且也表达救赎概念的“救”这个字也使用过几次(第276—279戒)。事实上,佛教和基督教也都使用“救”这种表达方式。道教在对救赎进行强调时,同时在接触佛教和基督教,所以不确定道教是

---

① “258”,原文作“250”,疑误。——译注

② 三官大帝:天官、地官、水官;因此,其位于太清宫主庙之中。

③ 三尊:元始、灵宝、道德。

④ 也有“老子、盘古和玉皇上帝”这种说法。

⑤ 参见 *Taoïsme I*, p.15 及后文(尤其是第20—22页)。

否从此受到启发，进而形成了救赎这个中心概念。

但是，道教救赎的本质是什么呢？对此，我们应如何理解呢？

最初，救赎被消极地认为是从因果轮回中解脱出来。道士应切断与前世的因果联系（第 255 戒），如果因缘已断，"生树已枯"，就不要（通过后代）再重新建立因果联系，而是要身入劫中，体道合真（第 256—257 戒）。这里接受了佛教因果和轮回的概念。但切勿解脱轮回之后再生育后代，从而让自己重新纠缠于尘世当中，当然，这也表明其对因果轮回的理解是相当肤浅的。从轮回中解脱，主要就是从尘世行为的恶果中解脱出来，即从痛苦的化身"三途"（畜生、阿修罗、地狱）中解脱出来，切勿堕入地狱（第 259 戒、第 247 戒）。这显然也是从佛教中借鉴的思想。

除了消极的内容外，前述戒律中也提到了救赎积极的内容，即精神与"太无[①]"的结合，以及"令人正道"和"体道合真"。不过，在其他时候，目标则是既定的：与天真共对，在宁静和无为中生活（第 270 戒），形象地说，即食天厨自然之膳（第 269 戒）。同样，第 271 戒规定，应当参加天仙、仙童和玉女都在场的佛法盛宴（法筵）。一个更高的状态被构想出来，其前提是"平静"和"无为"，且在得道之后，与真合一或体道合真，再入"太无"。后一种说法偏向于道家中常见的"无为"观念，但也可能是受到佛教涅槃思想的影响，其中"无为"是一种常见的翻译，常与涅槃相提并论[②]。尘世的忙碌、喧嚣以及随之而来的渴望，是的，整个尘世的一般存在及本质都被拒绝，道教必须远离这些。特别是，如果想要求得"三真"，就需消灭"三毒"（第 212 戒）。虽然未明确说明三毒是什么，但我们可以用佛教术语来解释，显然，这里又一次借用了佛教术语。众所周知，三毒在佛教中是指贪、嗔和痴（参见《教乘法数》卷三，第 5 页 b）。这些冲动，也即三毒，被认为是"肉身存在"，即肉体—自然人类最显著的表现。因此（第 213 戒）说："有身则众欲不去，精思无应。"另一方面，与寻常肉身相反的东西也被认为存在于人体之内。它被称为人的"精神"（第 208 戒）、"洁白"（第 215 戒）、"真人"（第 216 戒）。救赎的真正任务其实是使人类的高贵本性在内外洁白中获得力量，并在完成这个任务的过程中进入无为之道（涅槃），达到至真之场（第 276—279 戒）。实现这一目标意味着克服死亡——"是为不死道"（第 250 戒）。尘世的生命不是通过死亡来决定的，而是通过身体升入天堂，升到更高的生存境界，进入"光明"来决定的（第

① 此处改为"无"。

② 参见 J. J. M. de GROOT, *Sectarianism and Religious Persecution I*, p.185。（显然，把"无为"与"涅槃"区别开来，一直是中国佛教徒无法解决的问题）

245—247 戒、第 268 戒、第 279 戒、第 290 戒)。这个过程的术语是“升”。

通过大量充满奇幻色彩的景象和秘语,详细描述了那个奇妙而迷人的来世景象,[1]天宫宅、阆台、昆仑、上清金阙、玉清七宝宫、七宝流霞台、荫盖玉林、紫云宫、三十六天黄金宫以及其他各种美轮美奂的宫殿、七宝林、金刚宫,还有超越尘世的天神,有纯洁美妙的歌声、诵咏和无与伦比的音乐(参见与“游”相关的戒律)。

现在留给我们的问题是:哪条道路通向这样的目标? 应该怎么做呢?

不言而喻,最重要的是要对宝经和口诀勤加使用,即要严肃认真地学习。同样地,要认真遵守上面讨论过的道德戒律。所有这些都被看作构成了道士的宫观生活。在救赎之路上,必须要离家入观修行。家庭生活不可能消灭“三毒”,也就不可能与“三真”相交(第 212 戒)。戒律中讲,切勿杀生,这也是首要规定。另外,要求纯素食,原因是“一志清俭”(第 217 戒)。食素可以帮助克制身体的欲望。“安贫”是生活方式之常态(第 220 戒),因为需求越少,欲望越早消散。当然,欲望背后是精神,最重要的是必须要将精神带入正确的状态。

心必须完全“静默”。“栖身静默,万虑俱忘”(第 214 戒);另一条戒律讲到,“当念无欲无求,清白守贞”(第 237 戒);还有一条戒律讲到,“当念心无异想,惟空惟寂”(第 238 戒);另,“当灭识见,然后真人现”(第 216 戒);另,“当委志虚无,内外洁白”(第 215 戒)。因此,要清空所有内在的有意识的精神内容,所有的感知,所有的想象,所有的思考,所有的努力,所有的意志,所有的印象,因为所有这些都会被玷污。一旦完成这些,纯净和清澈便会显现,精神就会保持贞洁。这种内在状态要求外在必须纯洁。所以,如果道士在道观中找不到必要的宁静,那么建议他独自隐居山间荒野。

此处,让人想起佛教的冥想和禅定。这些方法都是有意识地让内在保持空虚和孤寂,是与意识世界的分离,正如所有国家和所有时代的神秘主义者所熟知的那样。然而,这种从有意识的精神世界中解脱出来的渴求,无疑具有真正的道教根源,源自佛教传入之前的时代。《道德经》第一章中有这样的诗句:

> 故常无欲,以观其妙;常有欲,以观其徼。

即将“静默”“空虚”作为真正道士的特殊体验方式,与普通世俗生活的喧嚣区分开来。

---

① 常让人联想到约翰基督教启示录的内容。

对道士来说,这种“超脱”“入静”的任务发挥着重要作用,而且在各种戒律中都有更详细的阐述,可参看这本《中极戒》的第272—299戒。在第267戒中讲到,“当念亲见真仙高道(两种较高层次的存在),修行法事”。然而,在第272戒中,突然出现“游”这个表达。道士们通过口头传授可以知道这个词的意思,它只不过是一系列针对不同对象的冥想练习,但却没有详细说明这类冥想是如何进行的;这里只提到了精神必须指向的对象,但表达方式仍是隐秘的,外人无法理解。比如,向东游、向南游、向西游、向北游,甚至向东北游、东南游、西南游、西北游时,我们可以假设是想表达冥想方式的差异。还有以下冥想目标的名称(青林之华、大丹之华、安养之华、碧罗之华),或许是指一个人试图实现的某种内在状态。也许第272—275戒可以联想到佛教的四种“禅”(jhāna),或由此产生的四种“非实体领域的状态”[①],而随后提到的“游”可能更像是佛教的“静观”,像是为正确的、严格的冥想(禅定、三昧)做准备。只要我们没有获得有关“游”的更详细的信息,而只有来自道教一方自身的说法,那么,所有这一切就仍然是未知的。

还有一个特点必须指出,关于救赎和“游”的戒律很多,而且特别突出强调了救赎自己的同时,也有义务为他人的救赎而努力。

第218戒(参见第229戒)强调,要以救赎他人为先,救赎自己为后。这可能受到了佛教中菩萨思想的影响,因为菩萨被视为普渡众生的化身,他拒绝进入涅槃,是为了竭尽全力帮助受苦受难的众生。第224戒也与佛教内容相关:当念立功度人,终劫不倦。这种救赎他人的观念也尤其适用于父母和祖先(第244戒、第245戒)、老师和朋友(第225戒、第246戒、第248戒、第266戒)、百姓和邻国(第226—228戒)、君主和官员(第241—242[②]戒)、所有世俗之人(第240戒),也适用于整个宇宙的和谐。“仙”是救赎他人的执行角色,道士们被鼓励要登仙度世,而后利济众生(第265戒)。很明显,道教中提到的“仙”对应着佛教中的“菩萨”。但是,并不是只有仙才救赎他人。正如戒律中提到的,这是一项普遍的义务。第276~279条戒律的冥想训练中,就强调了对“百姓男女”即中国民众的救赎:应该“入无为之场”,“得道”,“入无为之道”,“入至真之场”。这些都是通过冥想来实现的,因此冥想被认为具有对他人产生影响的隐秘力量。

道观中修行的重点就是冥想训练,通过冥想,人会脱离世俗世界,进入静默状态,从而变成“内在的”“更高境界的”人。最重要的是,能够超越死亡,升入天

---

① 更多详细信息,参见K. Seidenstücker, *Pāli-Buddhismus in Uebersetzungen*, Abschnitt XIII, Meditation。

② “242”原作“42”,据戒律内容改正。——译注

堂。如果想要成为这样的人，还需要一些其他的方法，但这些方法只是略有提及。

首先，包括呼吸练习。笃信此道之人应该努力越来越多地抑制呼吸(第 250 戒)。[①] 这个戒律与另一个规定直接相关，即禁食。上面两种活动其实都是一种个人苦行。类似于印度的各种苦行形式，其中包括憋气，它也是一种获得超自然力量的神奇方法。[②] 呼吸和食物是人类生命中最主要的载体。但这种自然存在与"高""真"的境界是对立的。所以，必须通过暂停呼吸和停止进食来对抗它。通过对自然存在的否定，更高的存在获得了更多的力量和发展自由。

众所周知，呼吸练习在道教(以及儒家和佛教)中是一项非常重要且受重视的修行方式。[③] 它还有另外一种完全不同和截然相反的含义。它强调，要通过一种特殊的呼吸方式，即气息必须贯穿身体，直至最深处，以此尽可能地延长寿命。庄子(VI,1)[④]讲过："真人之息以踵，众人之息以喉。""以踵"的意思是，在真人身上，呼吸渗透到整个身体的最深处，就像脚后跟也渗透着呼吸一样。这种呼吸至脚后跟的方式成为道士的一个追求目标，人们试图通过各种呼吸方法和导引练习来实现它。这种方式，基于一种与前述完全异质的对呼吸的评价。我们可以这样设想，一种特殊的"天国之光"穿过尘世，这种光是从神圣的天尊那里散发出的光辉之光，通过呼吸吸收圣光，就能让人获得更高层次的本性。通过呼吸吸收这种天上的物质，呼吸越深入，人越能更好地吸收，并修成"更高层次的人"。这一观点在第 247 条戒律中得到了体现："当念天尊，放白毫相光，济度三途，咸得光明。"同样的观念在第 260 戒中延续："当念清气养神，弃诸肥滋。"在此，道士被警告要避免食用为了满足口舌之欲或增长体力的普通食物(主要是动物性食物)。相反，道教建立了一种植物饮食的制度，辅之以"纯净的呼吸"，便能修得更高境界的"我"。对于这种饮食要求，道士们进行了大量的思考、实验和撰述，[⑤]与此相关的是关于"生命精华""不死仙药"的理论。这种仙药应该是将阴阳之力融合在了一起，因为太阳代表最高的阳，月亮代表最高的阴，所以阴阳之光将最完

---

① 第 250 戒的内容为"当念勤服气、断谷为不死道"，哈克曼此处理解疑误。——译注

② 参见 Hermann Oldenberg 以下三本书：*Die Religion des Veda* (1917)，p. 402 及后文；*Vorwissenschaftliche Wissenschaft*，p.146；*Die Lehre der Upaniṣhaden und die Anfänge des Buddhismus*，p.261。

③ 更多参见 J. J. M. DE GROOT，*Universismus*，pp.111-126。

④ 括号中的数字表示《庄子》第六篇《大宗师》第一段。——译注

⑤ 参见 WIEGER，*Taoïsm I*，No. 839。

美地发挥其疗效。与冥想相关的戒律(第291戒)中提到过这一点:“当念游日月宫殿,光明焕赫,礼见日月王,饮以日月华金液之浆。”因此,不死仙药也属于冥想的领域。不过,这本册子并没有提及它的现实意义及在实际应用中的重要性。

至此,对《中极戒》思想内容的概述即已结束。总的来说,我们从中获得了一个不错的印象。这些道德要求显示出了一种强烈的利他主义。无论在哪个方面,个人对邻居、对集体都应该心怀责任感。人类生活中的所有基本价值和所有重要的生活圈子都被考虑在内,甚至对动物界也给予了关注。温和、慈悲等特质时时出现。自制、真实、适度、谦卑、隐居和一定程度上的禁欲是个人生活方式的特征。有时规定会陷入细枝末节之中,这些细节有时甚至显得可笑,似乎在具体的实例中重要还是次要已经无关痛痒。在宗教教义中,值得注意的是,道教经常被谴责的那些神奇—神秘的方面很少出现。比如仙丹、灵药、炼丹术和咒语,这些神秘的力量只是被一笔带过或全部放在一边,仅仅是在关于冥想的那几条中被提到,让人知道它们的存在。另外,还应注意的是,在道德戒律中,道士禁止测算风水和给俗人预言未来。不得不承认,道教的戒律在一定程度上保持着清醒和谨慎。当然,顺便多说一句,还应该要记住,这里所讨论的戒律是树立起来的一个理想,但是与在其他地方一样,理想和现实之间总会存在差距。就像宫观道教,我们在此只看到了它应该和它想要成为的样子;但是,一个宗教团体根据什么样的理想标准来衡量自己,也是其本质的体现。

[本文为2023年度济南市哲学社会科学规划课题乡村振兴专项“‘中华文化走出去’背景下农业文化遗产《齐民要术》的海外传播与译介研究”(项目编号:JNSK23XCC04)阶段性成果]

# 道教仙人：光与影、天与地之间的“弄臣”*

贺碧来(Isabelle Robinet)　著

郭鼎玮　译

**作者简介**：贺碧来(Isabelle Robinet，1932—2000)，博士毕业于法国高等研究实践学院(École Pratique des Hautes Études)，指导老师为康德谟(Maxime Kaltenmark)和汪德迈(Léon Vandermeersch)。法国普罗旺斯大学(艾克斯—马赛第一大学，Université de Provence Aix-Marseille I，今为艾克斯—马赛大学，Université d'Aix-Marseille)中国历史与文明教授，著有《道教的存思》(*Méditation taoïste*，1995)等。

**译者简介**：郭鼎玮，德国柏林自由大学汉学系博士研究生。

> 蹈炎飙而不灼，蹑玄波而轻步，鼓翮清尘，风驷云轩，仰凌紫极，俯栖昆仑。行尸之人，安得见之？假令游戏，或经人间，匿真隐异，外同凡庸……

抱朴子(283—363)在论及“仙人”即道教圣贤时如此说道。他接着描述，有些仙人“两瞳之正方”或“双耳出乎头巅”，“乘龙而行”或“躬御白鹤”，“鳞身蛇躯”或“金车羽服”。[①] 在仙人传记中，他们[②]能够随心所欲地出现消失，鬻药治病，并通过无往不至、千变万化的能力来戏弄达官显贵、预测未来，凌空飞行、死后复生、降雨灭火等等。

这就是仙人的常见形象：神出鬼没、不可思议、难以捉摸，云游四海，尤其钟爱作为骑乘或伴侣的鸟类。他们善于操纵火、风和水，游戏其中，怡然自得。在他们来去之际，还会迸发出耀眼光芒。

《老子》《庄子》和《淮南子》会更多地从哲学的角度来描述仙人，并赋予他们

---

* Isabelle Robinet, "The Taoist Immortal: Jesters of Light and Shadow, Heaven and Earth", in *Journal of Chinese Religions*, 1985(13/14): 87-105.

① 《抱朴子》(《诸子集成》VIII)，第二篇，4。魏鲁男(James R. Ware)译，*Alchemy Medicine and Religion in China of A.D. 320: The Nei Pien of Ko Hung* (Cambridge, Mass., 1966), pp.38-39。

② 原文对仙人称呼用单数人称，这里为符合中文阅读习惯改为复数“他们”，请读者知悉。——译注

形而上学的一面；不过这些典籍并不否认，其仙人的特征会与传记作者所塑造的流行形象存在重合之处。《老子》（第 50 章）即言："善摄生者，陆行不遇兕虎，入军不被甲兵；兕无所投其角，虎无所措其爪，兵无所容其刃。"《庄子》和《淮南子》也说："大泽焚而不能热，河汉冱而不能寒，疾雷破山风振海而不能惊。"[①]庄子更与许多仙传作者一样，称这些人"入水不濡，入火不热"[②]。

最后，为入门者所读的启示性典籍，即各种"经"，以许诺的形式，向完成准备工作的信徒描绘了仙人的形象，激励他们努力，带给他们希望。在这些经中，仙人光亮如玉，散发红光，颈佩灵石；身轻如燕，羽衣飘飘；视听敏锐，水火不侵，刀枪不入，不惧猛兽。他们拥有超越鬼神和自然元素的一切力量，甚至能比肩宇宙，与日月同辉，与天地同寿。

虽说成仙的程序各有不同，但从《庄子》到《抱朴子》，从茅山派这样的"贵族派"到广为流传的神仙传记，所描述的道教仙人形象却总会非常相似。就这种相似性而言，我想强调其中的两个主要特征，在我看来它们具有非常特殊的象征意义。首先是仙人与光影的关系，这关乎他们隐形或显形的能力。再者是仙人可以升天，这也是他们不同于巫觋的特点；我想说明的是，这种"升天"与反向的"隐地"，二者实则是密切相关的一对运动。此外，"光影"与"天地"，似乎也是存在联系的一对象征。笔者将逐一加以说明。

## 光与影

《淮南子》用了很长的篇幅描述"真人"，称之"居不知所为，行不知所之，浑然而往，逯然而来"，又称之"居而无容，处而无所，其动无形，其静无体，存而若亡，生而若死"。当然，《淮南子》的意思是，真人居于天地之中，能将一切矛盾化为一体，"处其一不知其二"。[③] 然而，这些在民间信仰中长生不老的人物会突然出现和消失：有时在这，有时在那，有时又会多处同时现身；他们视时空如无物，会突然消失之后又于几百年后重新出现；他们时而成百上千，时而不见身形。我们该如何看待这些情形呢？

老子称，这些人"和其光，同其尘"且"光而不耀"（56 章、58 章）。他们知道如

---

① 《庄子》（《诸子集成》Ⅲ），第二篇，p.45；华兹生（Burton Watson）译，*The Complete Works of Chuang Tzu*（New York and London，1968），p.46；《淮南子》（《诸子集成》VII），p.104。

② 《庄子》，第六篇，p.103；Watson，p.77。

③ 第七篇，p.104，1.1 and 16；p.103，1.11。

何隐藏自己的踪迹,他们适应周围环境的能力如此之强:由于来去无踪,鸟儿都不会受到惊吓。一部4世纪时的道教文本,就形容他们能够“入林为林,居水为水”。[①]

列子[②]和庄子[③]用非常相似的词汇将“影”作为道教圣贤的范本之一。“影”不仅象征着与万物之源和谐为一的反思——“无为”,还象征着圣贤的教诲,因为真理就像“形之于影,声之于响”。[④] 在庄子那里,“影”还像蜩甲与蛇蜕。[⑤] “影”是虚幻缥缈的,就像生与死一样;仙人的死亡如出一辙:他们抛下自己的形体,仿佛那只是暂时的外壳,所以这种死亡时常也会用蝉的脱壳或蛇的蜕皮过程来喻示。另一种对仙人之“虚静恬淡,寂漠无为”的象征则是镜,用庄子的话说,即“用心若镜”“天地之鉴”。[⑥] 仙人们“其静若镜,其应若响”。[⑦] 同影一样,镜也是一种既非缘由,也非结果,更无保留的象征。圣贤们一如庄子的这些譬喻,既不推进事物,也不阻碍事物;从不引导他人,却总跟随他人。

然而,镜的象征意义远非如此简单。无论是镜还是影,都是一种模棱两可的象征。影子既体现了光的结果,也体现了光的缺失;同样,镜子是光,但也不是光,它只是光被反射的一个例子,是一种间接性的光。普通的身体会由于不透明而产生光影,但传说中音乐家、锻造家[⑧]后夔的配偶,即玄妻,却“光可以鉴”,她就像一面镜子。[⑨] 镜子虽是不透明而黯淡的,但它却能产生光芒,照耀四方。

戴密微(Demiéville)在一篇名为《心镜考》(“Le Miroir Spirituel”)的美文中指出:“照明、反射、观看、看清、理解、认识等概念,往往会与某些中文词汇(照、明)相关并融合在一起。”他还指出基督教文本的解释者会将“speculum”(镜子)和“speculate”(沉思)联系在一起。[⑩] 尽管从语义学的角度来看这种关系有待商榷,但其有着丰富深远的象征主义意义,从伊斯兰教对镜子之喻的广泛使用可见

---

① 《九真中经绛生神丹诀》,14b,1042, HY 1366(HY指哈佛燕京《道藏子目引得》,北京,1936;台北1966重印,pp.1-37)。

② 《列子》(《诸子集成》Ⅲ)第八卷,1;葛瑞汉(A. C. Graham)译,*The Book of Lieh-tzu* (London and New York, 1960), p.158。

③ 第二十七篇,pp. 412-413;Watson, p.307。

④ 第十一篇, p.179; Watson, p.124。

⑤ 同前;Watson, p.307。

⑥ 第十三篇,p.204; Watson, p.142。

⑦ 第三十三篇,p.473; Watson, p.372。

⑧ 疑从“后夔坐而为工”句得出。——译注

⑨ 见葛兰言(Granet), *Danses et légendes de la Chine ancienne* (Paris, 1959), II, p.507, no. 3 and p.534。

⑩ 见氏著,*Choix d'études bouddhiques* (Leiden, 1973), p.137, no. 15。

一斑。因此,无怪乎戴密微在讨论镜子时会特意强调在中文表达中也存在类似的两歧性。

我们还可以从“景”这个字中看到这种两歧性。该字本义是“光”,但通常表示“阴影”,它与“影”字的写法类似,只是后者多了一个字符。“景”字有时还会和表示身体的“形”字合用,故“匿景藏光”“藏影匿形”这类词汇可以互替。[①] 在庄子那里,蛇蜕就被比作“景”。而在道教中,道人离开身体呈现假死状态的形象也被称为“出神之景”。形体是影的同时也是光。道教生理学就认为人体有“二十四景”,经过一段时间的成功准备之后,各“景”就会相合一体,这个信徒就能得以升天。在某些典籍中,人体还会“身有千二百形影,体有万二千精光”[②]。

镜子能揭示未来,使神灵显现,并照出以假象伪装之妖魅的“真形”。其中更有阳燧镜能“取火于日”,方诸镜能“取露于月”。而且还存在许多可以让神灵显于镜中的存思法门。[③]

镜子可以揭露和定形。《抱朴子》解释道:“盖人身本见,而有隐之之法。鬼神本隐,而有见之之方。”[④]镜子就属于后一类。所谓显形,就是将天然看不到的光或形聚集、凝结、固定下来。在存思过程中,道士就像神奇的镜子一般,聚集并凝结,不仅使自身显现,也使那些以名目呼唤、以心镜注视的神灵为之显形。其中一种做法是将自己的双目想象成明镜,“冥目内视”;另一种修炼则需要得道者将自己的呼吸化作明镜,“以前后照我一体,并上二十四神”。[⑤]

信徒就像阳燧镜和方诸镜一样,吸收日月之精华,将之转化为内在能量:或是取得能够升天而去的熊熊真火,或是取得能够滋养自己的长生津水。[⑥] 和“景”字一样,阳燧也有“阳燧绛云之车”这样的表达,使信徒得以飞升。[⑦]

得道者能够通过“内照”的方式,反观自己的身体,使得五脏六腑一一通明。

---

① 见《神州七转七变舞天经》,21b,《道藏》1030;《隐地八术经》,c.2, 1a,《道藏》1039,HY 1348。

② 见《云笈七签》,c.45, 3a-b;《道藏》677-702,HY 1026;《开天龙跻经》, c.2, 7a,《道藏》1037,HY 1343;《道枢》,c4, 3b,《道藏》641,HY 1011,。(注:原文作“120 形影,120000 精光”,可能为笔误。——译注)

③ 见康德谟(M. Kaltenmark),“Miroirs magiques”, *Mélanges sinologiques offerts à M. Demiéville* (Paris, 1974), II, pp.151-166。

④ 第十六篇,p.71; Ware, Alchemy, pp.262-263。

⑤ 《洞房经》9a-b,《道藏》191,HY 405;《登真隐诀》c.2, 8b,《道藏》193,HY 421;《玉经宝诀》6a-b,《道藏》191,HY 406;《云笈七签》, c.48, 9b; c.52, 15a; c.31, 7b。

⑥ 关于吸收日月精华的修炼,见 I. Robinet, *Méditation taoïste* (Paris, 1979), chap. VIII。

⑦ 关于“阳燧绛云之车”,见《郁仪结璘经》8a、9a,《道藏》196,HY 435,以及《度人经大法》,c.22, 11a,《道藏》89, HY 219。

如《太平经》所言，神精“其性常居空闲之处”[①]，内照之人能使脏腑清净明朗，使之如同倒影池一般“反光”。他吸收日月的光芒，并将此光汇集双目，便能“回光自照”。这一引领升天的过程，有时也被称为“倒景”，正是日月之光自下而上反照之意。

但这种光的反射也会发生分裂和折射，在“日之中、水之中、镜之中”观察自身之影，就是一种“分形散影之道”，获得无处不在之神力的过程。[②] 人们会以“以一为万”描述这种分形之术。[③] 这种表达与圣人迸发光芒的能力非常相近。

仙人们已臻化境之后，实际上就如同日月一般。他们身上会散发光芒，预示着他们的到来；关令尹喜在老子到来时，便“望见有紫气浮关”。他们不仅“项上常生紫光”，且“目中童子有流紫玉光，彻见万里，洞鉴无穷……两目有流精，如星映照，面发金容，夜灼虚明”[④]，“流光万里，洞睹空洞”；并且有着以发散光芒结束的很多修行，如“照于内外，令一身与日月之光共合”。[⑤]

得道之人隐形、成影的能力，与前文令人目眩的发光能力鲜明对比。这是他们用以凝聚、折射、吸收光线，并将之内化的能力。如月亮就是太阳的镜子，是太阳的“玄妻”。在道家一些采集日月英华的修炼中，或者在圣人呈现光辉形象的过程中，这两种光往往是成对出现的——月亮被称为“含影”，而太阳则是“外光”。[⑥] 与月亮息息相关的是水，《淮南子》称之为“内景”。[⑦] 老子也认为水是柔弱不争的典范，水之“反”像圣人清明宁静的灵魂。一部专门论述法器明镜的著作开篇就这样解释道：“金水内景，以阴发阳。”[⑧]正因如此，镜子才能够得以“分身散形”，并“天神地祇，邪鬼老魅，隐蔽之类，皆可见也”。

“内景”代表着具有收缩和凝聚能力的“阴”之力（水、金），能够使原本隐形的鬼神得以显形。据《太平经》所言，神仙皆“内明而外暗”。[⑨] 而“外光”则发散着扩张的“阳”之力，它在金水、明镜或月亮影响下得以显现。圣人的技艺就在于集中

---

① “夫神精，其性常居空闲之处，不居污浊之处也。”出自《太平经》，引自《三洞珠囊》卷一[见王明版《太平经》，《太平经合校》(上海，1960)，p.27]。

② 《道枢》c18，5b-7a，《道藏》643，HY 1011。

③ 《神州七转七变舞天经》，21b；《雌一玉检五老宝经》，3a，《道藏》1025，HY 1302。

④ 《青要紫书金根众经》，c.1，14b及16b，《道藏》1026，HY 1304。

⑤ 《大洞真经》，c.1，17b，《道藏》16，HY 6。

⑥ 见张衡《灵宪注》(宛委山堂1647年本)c.60，la，引自索安(A. Seidel)，*La divinisation de Lao tseu* (Paris，1969)，p.12S。

⑦ “明者，吐气者也，是故火曰外景；幽者，含气者也，是故水曰内景。”《淮南子》第三篇，p.35。

⑧ 《太上明鉴真经》1a，《道藏》876，HY 1198。

⑨ 《太平经》26(王明本)。

前述这些无形的力量，将自身和整个世界还原为"镜"的状态，使得"阳"显现出来。作为成仙法门的创造者，圣人们能够让外在的表象消失，散发它们的"真形"，彰显原本不可见的事物，故能精通自由显隐之术。就像老子"能明能冥，能亡能存"[①]一样，修为达到最高阶段的得道者同样"能隐能显，能见能藏"[②]。道教圣贤的一个流行的形象即是"坐在立亡"。老子之"知其白，守其黑"句，就被用作一种修行方法的名称，当修行完成时，火焰会布满信徒的全身内外，并有可能实现"遁变隐景"。[③]

道教圣贤既能够韬光养晦，又能熠熠生辉：他们将所显隐藏，又将所隐展现。他们体现了符号的功能：隐藏和揭示。借用庄子的表达，我们可以说这正是"以指喻指之非指，不若以非指喻指之非指也"。庄子补充道，知不言之辩，不道之道，此谓"天府"或"葆光"。[④]《淮南子》称之为"能游冥冥者与日月同光"。[⑤] 他们隐藏在最为原始的寂漠冥冥之中，与混沌融为一体；他们本身就是一盏指时日晷(gnomon)[⑥]，以昭昭消散冥冥，将阴影内化自身。就像许多文本所描述的那样，圣人居于"无二"之境界——无形无象，无音无声。

我们在这种存乎已知未知之间的流行意象中看到了何为仙人：无处不在，名称多变，渊源漫漶。由此可见，"景"和"影"这两个汉字所具有的两歧性很难消除，甚至是不可能消除的，这绝非偶然。这种两歧性本身就存在意义，而且必须得以保留。

## 升与降

他从地升天，又从天而降，故获上界、下界之力。——《翠玉录》

我为女遂于大明之上矣，至彼至阳之原也；为女入于窈冥之门矣，至彼至阴之原也。——《庄子》

---

① 《老子变化经》，见 A. Seidel, *La divinisation*, p.6。

② 《神州七转七变舞天经》，21a。

③ 《真诰》，c.10, 2a-b 及 c.13, 13b and 15b，《道藏》640, HY 1010；《登真隐诀》，c .2, 20b-21b。

④ 《庄子》第二篇 p.33 及 p.42；华兹生在 p.40 处将"指"译为"attribute"，葛瑞汉则将之译为"meaning"(见"Chuang-tzu's Essay on Seeing Things as Equal", *History of Religions* IX, no. 2 and 3, p.153)。葛瑞汉将"葆光"译为"reserving the light"(p.157)，而华兹生译为"shaded light"。

⑤ 第二篇，p.22。

⑥ 源自希腊语 γιγνώσκω (gignṓskō)，也有"知道"或"感知"("to be aware of; to perceive; to know")的字面意思。——译注

隐形,即消失的能力,并不仅仅是被消除,也不仅仅是变成一面镜子,即只是成为光的被动反射物。故隐形并不意味着像路西法(Lucifer)[①]那样,是“阴影的承载实体”。隐形也具有双重的意义。与魔鬼神灵不同,人天生就是肉眼可见的,所以使人隐形需要一个与沉淀、成型和凝固完全相反的过程。仙人们在修炼的最终阶段,除了“元炁”或“九炁”尚结,其形体会消失,达到解脱、超升和纯净的境界(此即老子所言“损之又损”)。这些功夫使得他们纯一不杂,在空中来往自如。

这个特征在仙人传记里不止出现了一次。如《列仙传》中,赤松子和赤将子舆知道如何“随风雨上下”,宁封子则能“而随烟气上下”。[②]《抱朴子》在第十七篇《登涉》中,用了整整一篇的篇幅来讨论“登山之道”,其与涉江渡海之术有共通之处。同样是在内篇中,他还探讨了一种能使人“飞行上下,隐沦无方”的法术。[③]淮南王门下“八公”也声称自己能“坐致风雨,立起云雾”。[④]

正如康德谟(Kaltenmark)所言,流行民间的神话意象往往暗示着仙人与鸟类之间的深厚情谊。[⑤] 圣贤在棺材中的身体会为鞋履所取代,并化为飞鸟[⑥];他们的剑或杖等种种分身(alter-egos),都会自行飞走;他们有时身披羽毛,有时身乘白鹤;鸟儿会嬉戏于他们的门庭。最后,据称他们一般会腾云驾雾,御龙升天。最重要的是,他们熟谙各种高处,毫不惧怕。[⑦]

一些带有启示性质的道教文本中也有同样的意象:它们承诺,勤于冥想的修行者终会换得仙骨,修得羽衣。“白日飞升”是最高的境界,与之相对的即是脱去“肉身凡胎”——后者是为那些无法像前者一样“羽化”而变得轻盈的人准备的。列子在谈及“至人”时,就称其“藏于天”。陶弘景提到 4 世纪时著名道士许远游[⑧],亦称其“潜景逸世,隐光九霄”[⑨]。

---

① Lucifer 一词由 lux(光,所有格 lucis)和 ferre(带来)组成,意为“光的承载者”。——译注

② 见康德谟(M. Kaltenmark)译, *Le Lie-sien tchouan* (Peking, 1953), biographies I, IV and II。

③ 第十九篇, p.98。

④ 《神仙传》卷四。(疑有误,作者所引“坐致风雨,立起云雾”句见于《太平广记·神仙八》对淮南王事迹的记载。——译注)

⑤ 见康德谟《列仙传》译本引言部分。

⑥ 即“舄舄”。——译注

⑦ 见戴密微(P. Demiéville),“La montagne dans l'art littéraire chinois”, *Choix d'études sinologiques* (Leiden, 1973), p.369。戴密微在这里讨论了《庄子》中对高处的恐惧。

⑧ 即许迈。《真诰》卷二十:“先生名迈,字叔玄,小名映,清虚怀道,遐栖世外,故自改名远游,与王右军父子周旋。”——译注

⑨ 《真诰》, c.17, 12a。

有一类道教修炼方法就是"仰吸天气，以藏于天"。道家正典《道藏》中以"藏月隐日经"或"藏天隐月经"为标题的作品，解释了如何吐纳日月之光（宝光）的法门。

修道之人能将自己隐藏在他们的"光"之中，如："己身在紫景之上七曜之中"，"回日月以玄映"。①

与这些升天方法相对应，还有一些可以让人隐于地的技术。实际上，"白日飞升"之术与"白日陆沉"之术彼此呼应。故《抱朴子》称之"日月无光，人鬼不能见也"。② 修道之人，正如"乐居下位"的老子一样，能够如同"夜明珠"一般，隐于高地群山的"地中洞天"之中。③

圣人除了藏身于天上光照之处或者地下晦暗之处（根据道教神圣宇宙观，地下与天上相通），还可以藏身于掩盖群星光芒的"天之影"中。在道教的宇宙观中，北斗星君被众暗星环绕，即"帝君之阴宫神"。与地上的情况相反，天上的这些女性神仙会将"阴"光投射到北斗星上，从而形成其"阳"光外部的光辉。（读者应该记得，《太平经》认为神灵皆"内明而外暗"。）这些神灵就是"太阴九妃"，她们会在隐身之术中被摄召。她们都以显而易见的名字命名，如"变隐逃元内妃""匿景藏光中元内妃""隐迹散众斗中中女"等等。她们是地下"九幽"在天上的对应对象，当得道者希望"隐沦八方，匿躯藏景"时，就会以咒唤之。她们还与照耀道教洞天的日月相对应，如陶弘景向我们保证的那样，洞天之内"有阴晖夜光，日精之根，照此空内，明并日月矣"④。隐身的方法有两种：遁天或入地。地下之影（阴中之阴）对应着天上之暗（阳中之阴），而天上与地下的两类发光体（阳中之阳与阴中之阳）也彼此对应。由光与影所呈现的显现与隐藏的辩证关系，与在天地间升降的关系实则是完美吻合的。

"气"的凝集是万物之源，这也是"道"之教化因而"降临"的源头。道教详细阐述了元始混沌之气逐渐凝结演化的整个理论，并形成了先于天地出现的"天书"。在最初阶段，这些"天书"多少呈现出简练而粗糙的形态。最初的典籍由"气"和"光"形成，书上的文字"文彩焕烂，八角垂芒，精光乱眼，不可得看"。后

① 这里说的是《上清黄气阳精三道顺行经》，《道藏》27，HY 33。关于这部作品，见 I. Robinet, "Les randonnées extatiques des taoïstes dans les astres", *Monumenta Serica*, vol. XXXII。

② 《抱朴子》，第十七篇，p.78。

③ 《老子铭》；见 A. Seidel（索安），*La Divinisation*, p.127。

④ 全文为："其内有阴晖夜光，日精之根，照此空内，明并日月矣。阴晖主夜，日精主昼，形如日月之圆，飞在玄空之中。"关于环绕北斗星君的暗星，见 I. Robinet, "Les randonnées extatiques"。

来,它们变成了虽然也很亮但已较暗的“光明云篆”。只有在“圣迹降临”的过程结束时,这些天书才能转化为人类的文字。[①] 人类能获得的只是这些“天书”中最为厚重和浓缩的部分,因此,元炁凝结、凝固的过程,正是道法真理得以成形并具体化、变成可供人类阅读之文字的过程。

这种降临运动还与神灵有关。在虔诚的得道者孜孜不倦地祈求和祷告之后,元炁“结”为神灵而现身。这些神灵会带来长生不老的方法、天书、符箓或妙药。有文本称:“既重玄行足,自利道员,为物宗师,故此下明利他也。”[②]还有一篇文本写道:“还景者,俱混洞以万变。”[③]道士会效仿这一降临过程,将这一教义付诸实践,以炼化身体,飞升天界。同样的道理,他们也要“结炁”并“解结”,即“解”每个人从出生就带有的“胞胎死结”。[④] 为此,他们会召摄居于身体各“景”的神灵。

此外,他们还会使“黄精和炁”从“北斗太极中央大明星”处降临,“下至阴室地户”。[⑤] 在存思状态下,他还会将“日月二光共混合兆神庭之中”,使“黄英”(一名“黄水月华”)在他的口中转化为“如黄金色”“味甘如蜜”的浓稠灵药。[⑥]《真诰》称“昆仑山下有黄水,名曰日月水,饮者得仙”[⑦]。许多典籍中都有关于这种仙水的描述,《抱朴子》就对它了如指掌:它是得道者凝结“月与日”之神而成的“黄精”,“大如弹丸黄如橘,中有嘉味甘如蜜”。[⑧] 在存思过程中,神灵会显现并且彼此炼化这种灵药,最后赐予得道者。[⑨] 它的形象与传说中的“交梨”“火枣”如出一辙。[⑩] 这些是神仙献给汉武帝的仙果,并为诗人们所称颂。

这种或出自日月星辰,或源自昆仑,甚至是从口中生发的灵液,实则是一种雨水的象征,它也可以为《后汉书》中的巫觋或神仙传记中的圣贤所召唤,或者由

---

① 传统上就认为,文字本身就是观察鸟类(天空居民)在地上留下之“迹”的成果。

② 关于成玄英对《道德经》的注疏,I. Robinet, *Les commentaires du Tao To king jusqu'au le siècle* (Paris, 1977), p.138。

③ 《雌一玉检五老宝经》,41a。

④ 关于“解结”,见 I. Robinet, *Méditation taoïste*, chap. 5 “Les noeuds de l'embryon”。

⑤ 《太丹隐书洞真玄经》,17a,《道藏》1030, HY1319。

⑥ 《雌一玉检五老宝经》,51b;《真诰》中亦有化用,见 c.5, 3b。

⑦ c.18, 6a.

⑧ 第六篇,28。

⑨ 《雌一玉检五老宝经》,50b。

⑩ 见吴文缀(Ngo Van Xuyet)对《后汉书》卷一一二的翻译, Ngo Van Xuyet, *Divination, magie et politique dans la Chine ancienne* (Paris, 1976), pp.67-149。

山中树木所引发。[①] 这种来自上天的滋养之水，也被称为“天阴”或“阳中之阴气”，是“瑞应”的一部分。圣王以“瑞应”展示他与上天之深厚感应以及上天赋予他的权威。它的意义与历朝历代的“宝器”相似，就其功能而言，它与道家的“符箓”密切相关，道士即是通过拥有和传承符箓来证明自己的崇高地位。

仙人所凝结的“炁”，以及将日月星辰转化为“灵液”的技艺，都有其对应物“阴精”。它是“阴中之阴”，是一切生命的源泉，是蕴藏在身体下部的精华之水。得道者将之转化为炁时，会引导其上升并“还精补脑”，以“法天则地”。正如山中的洞天福地是通往上天的通道一样，肾脏也是通过脊脉上的两条通道连接大脑，“直入泥丸”（泥丸，脑宫津名也）。[②]

除了与鸟类的亲密关系之外，仙人还显示出与深海鱼类相联系的特征。在《庄子》第一篇中，庄子就以“鲲鹏”作为圣人的象征：“鹏”是一种一飞冲天的巨大鸟类，但它同时也是“鲲”，一条生活在海底的巨大鱼类。《抱朴子》将仙人比作“沈鳞甲于玄渊，以违钻灼之灾”的乌龟，且另有葛玄“尝饮醉卧门前陂水中”，或者浴于沸水之中的记载。[③] 老子据称“冠鱼鹊冠”。[④] 抱朴子还以同样的逻辑强调了鲤鱼和凤凰之间的联系：“夫得道者，上能竦身于云霄，下能潜泳于川海。是以萧史偕翔凤以凌虚，琴高乘朱鲤于深渊。”[⑤]就像“鸟兽不厌高，鱼鳖不厌深”一般，道士同样“藏其身也，不厌深眇”。[⑥] 道人可以通过水或火的方式解离形体，潜入水中，或在烟雾中腾化而去。

传记中还会反复出现圣贤以渔父形象现身的主题。他会在水平如镜的水面上沉思，反省自己并从中看到模范；但有时，他也会像涓子[⑦]一样，钓到一条“腹中有符”的鲤鱼。又或者，他像陵阳子明[⑧]一样，“钓得白鱼，腹中有书”，这本来自水底的圣书“教子明服食之法”，使其升天。[⑨] 最有名的、出自水中的宝器即是《河

① 雨师的另一个名字即是“木德”（康德谟在其《列仙传》，p.36 处对《云笈七签》，c.18，11b 的引文）。另见葛兰言，*Danses et légendes*，p.455，对山林致雨能力的讨论。

② 《云笈七签》，c.60，17a。

③ 第一篇，p.2，1.3。

④ 《三洞珠囊》。

⑤ 第三篇 p.9，1.18。萧史和琴高也见于《列仙传》，见 Kaltenmark，p.125 及 p.105。

⑥ 《庄子》第二十三篇，p.337；Watson，p.249。

⑦ 原作“庄子”，误。——译注

⑧ 又作窦子明，原作“王子乔”，误。——译注

⑨ 《列仙传》称之“钓于荷泽。得鲤鱼腹中有符”（见 Kaltenmark，p.68）。《道藏》称，他在这条鲤鱼身上发现了一本授“三一”之法的真符（《登真隐诀》；c.1，1a 及《云笈七签》，c.50，18b）。陵阳子明是一位著名仙人，《列仙传》有其传记（Kaltenmark，p.109）。《仙苑编珠》（c.2，2a，《道藏》330，HY 596）亦称其从鱼腹中获书。

图》与《洛书》,它们是上天赐给君王的神圣图式,蕴含着宇宙星象之理,是他们得到人心的保证。这一主题也可能与道家“肾藏精,故肾水是生命源泉”的思想有关,《淮南子》就特意称“精神”为汉朝的宝藏。① 载琴高入水的“赤鲤”,让人联想到《抱朴子》的“丹鱼”。这种鱼据称生长于“南阳之丹水”,在夏至之前饲养,这些丹鱼就会浮出水面,“赤光上照,赫然如火”;“割其血涂足下,则可步行水上,长居渊中”。② 用内丹术术语来描述,我们可以看到,宅于肾(对应水)中的心气(对应火)正与纯阳宫中流动的火相对应,而纯阳也是夏至日时太阳所处的阶段。

就像仙人能够呼风唤雨一样,道士也会使“上水”下流,即被道人转化为滋润唾液的“日月星辰之气”,亦即“昆仑之水”。从内丹术的角度来说,这种水就是“出于脑者”的津液(即阳中之阴)。道士还能使肾气上升。肾为“元海”,其中蕴藏着阴中之阳,它就像“玄珠”,即“光明幽夜”的“月精”一样,躺在水底。故修行之人必“取水于山之巅,取火于海之底”。③

这一套修炼之术就是使下者上升,使上者下沉,最后汇合于中,孕育出“圣胎”或“金丹”。这套复杂的“沉浮之术”,据称为老子所创,与炼丹术(外丹术)有关。④《悟真篇》的注者就描述了这套技术的复杂程度:

> 其五行之理,则金水下沉,而木火上浮,此皆常道也。今炼养之法,要使金水自东上腾,而木火自西下奔。⑤

在自然界和整个宇宙中,“阴”通过沉淀而在下,“阳”通过升腾而在上。而道教圣贤拥有使它们反转逆流的能力,他们能改变阴阳流动,以回归本源。他们使处于下位的事物上升(起风,或将鱼钓出水面),使处于上位的事物下降(降雨,或将“上水”转化为滋养生命的灵液),并使它们在“中间”结合,而这个“中”,其实就是他们自身。作为人,他们位于天地之间,是高与低的交汇之处。他们的行事方式与老子一致,即“上下黄庭”,这里的“黄庭”,就象征着“中”。⑥

仙人不仅会“上下”,他们也会扩展自己的力量——辐射和增殖、收缩和消失、进入和离开。垂直方向的上下运动与水平方向的伸缩运动是彼此结合的。在存思中达到天地尽头的过程,即是吸收来自此四极的能量,汇聚于得道者的身

---

① 第七篇,p.103。

② 第四篇,p.18, 1.8; Ware, p.85。

③ 《道枢》c.5, 8b。这部典籍同样解释称:“水处乎脑中,火居于脐下。”(见 c. 4, 13b 及 c.5, 9b)

④ 《老子变化经》即称老子“随世沉浮”。转引自 Seidel, *La divinization*。

⑤ 董德宁注(1784), c.1, 2a,《道藏精华》。

⑥ 《老子铭》,转引自 Seidel, *La divinisation*, p.128。

体，将之作为一种滋养。[①] 道教导引术的象征意义放在这一背景下也得以彰显：这套体操可以拉伸、扩展身体；它也被称为"屈申"之法，源自老子"能屈能申"的能力。[②]

这篇文章的第一部分集中讨论了仙人们游戏光影、时隐时现的能力；现在看来，这种能力与伸缩、出入等水平运动息息相关。第二部分则讨论升降的垂直运动。这两种并生的运动首先对应着肺与肝（即东、西两个方向）、太阳与月亮、白天与黑夜，甚至二分日（equinoxes）。在垂直方向上，存在肾与心（或脑）之间的两极关系，并与阴阳、二至日彼此呼应。

肾被认为是上升流程的出发点，因此它们被称为"本"。但内丹术还将之视为一个微观世界，两肾蕴有丹法所需的两个基本原理：铅与汞。这个微观世界的结构也是逆序的：铅与北方有关，内玄（北方的颜色）外白（西方的颜色）[③]，生于左肾或肾脏的左侧（东、阳的方向）。这样一来，铅就代表了"木之正气"（与东方有关），并为"阴中之阳"。同样的道理，汞是"阳中之阴"，并"生于肾之右"。[④]

从肾脏开始，"精化气而上腾……气复水而下，上下循环，终无有极"[⑤]。这就和道教文本中描述的风和雨一样："气之与水，循环天地，流注人身，轮转无穷，运行无极。"[⑥]

这些像环一样不断运作、环绕的过程，称为"转"，这个词同时有"变易"与"传递"的意义。这种位置和质量的循环变化必须重复"七"或"九"次（或其倍数），它们是宣告变化流行成功完成的完美数字。

## 调和阴阳的媒介

至此，我们简要地介绍了"道"流行于宇宙与人类时所带来的一些无穷变化。如果我们快速而片面地回顾一下这种象征意义，就可以看到，在道教中有以肾中之水所代表的阴中之阴；有玄珠（沉于海底的、月亮的投射）所代表的阴中之天阴；也有阴中之阳，如水中之火、丹水丹鱼等等；还有阳中之阴，如西王母、昆仑山

① 见 Robinet, *Méditation taoïste*, chap. 7。

② 见 Seidel, *La divinisation*, p.63 处对《老子变化经》的翻译。

③ 原文作"其外玄，其内白"，疑作者有误。——译注

④ 《道枢》，c.5, 8b。

⑤ 《固气还神九转琼丹论》，2a-b；《道藏》192，HY 418。

⑥ 《元气论》，《云笈七签》，c.56, 14b。

上的神龟、“心液”等等。还有一些其他的组合，如地之阳阴（金和玉），等等；这类象征循环无尽。炼丹之人孜孜不倦地使这些两极（上火与下火、上水与下水）循环往复、相互结合、相互斗争。

纯阳从地而生，纯阴自天而降。在属性为阳的天之中存在着阴，此即“离”卦，它象征着蕴有神禽三足乌的太阳，即二阳爻包含一阴爻。这一联系，正是“阳”，在道士作用下，被其所“负”之“阴”所驱动（这一概念源于老子并为道教所用），降临并孵育万物。同样地，在地面上，“抱”阳的阴气也会上升。这在“坎”卦中得到了体现。从内丹术的角度来看，此二者即是出乎离卦的心之正阳之气，即“龙阳”；以及生乎坎卦的肾之真一之水，即“虎阴”。[①]

受上升之阳影响的阴，与受下降之阴影响的阳，在升降和交错的运动中，最终融合于“中”。它们不断重复着这种上上下下反复循环的过程。“一升一降，周而复始”，道家炼丹者就将《系辞》中的一句名言表述为：“阴阳者，其道也。”[②]因此，得道者既能使神仙下凡，又能升天与神仙对话。这些人化身为天上神仙，并将自己的物质身体部分暂时提供给他们，或者自己升入其境；从而使他们显现，或与他们一起消失。

东方朔就是一位放荡不羁的仙人，“作深浅显默之行，或忠言，或诙语，莫知其旨”。由于他“但务山水游戏，擅弄雷电，激波扬风，风雨失时，阴阳错迕”，作为对其破坏活动的惩罚，他被贬谪到了人间。在人间时，他作为“神之子”（divinc seed），扮演着调和天地的媒介角色。他既是人又是神，并且雌雄同体，就像炼丹者宣称“体内有姹女”一样。东方朔是一位弄臣，一个神仙中的无赖，他旋转着，舞动着，在“交换的玄牝之门”处将混乱带入宇宙、世界和社会的等级制度之中。炼丹者正是对其身体的正常秩序做了同样的事情，“以便将其物质身体部分提升到最高的精神境界，反过来说也是成立的”。[③]

按照《太平经》的说法，通过“悬象”观想内脏的得道者也会产生同样的颠倒运动。同时，他们使日月星辰的“悬象“下降到这些器官中。[④] 他们使身体深处“生根”，当各个脏腑“去不在”时，通常被隐藏的事物就得以揭示。他们将自己的

---

① 《道枢》c.13，3a。

② 《道枢》c.13，1b。

③ Noëlle Châtelet，*Le corps ò corps culinaire*（Paris，1977），p.98.关于汉武帝时期的“谪仙”东方朔，可见 Kaltenmark，Lie sien tchouan，p.136，及 Schipper（施舟人），*L'empereur Wou des Han dans la légende taoïste*（Paris，1965），p.61。

④ 根据《太平经》（21—22）中的“悬象还神法”，必须将内脏抽出并悬挂起来，才能对其进行存思。转引自 Robinet，*Méditation taoïste*，chap. 2。

身体像手套一样从里到外翻转，并用明亮的视力探索身体的秘密形态。他们还将悬日与明星的光芒深藏在自己体内，让自己外阴内阳，即外在晦暗，内在光明。

圣人作为调和媒介，居于世界之上、之下和之外，但同时又身处这个世界之中。这就是为什么他们会以一种奇妙无比而又捉摸不定的方式存在于这个世界上。他们将一种超世界的维度引入现世，这一过程在普通人的眼中充满着奇幻色彩。他们入水不濡，入火不灼，入阴阳而不伤。而且，他们还可以被水火净化，穿越阴阳，却又主宰和“驱使”阴阳。他们行走于水上，穿梭于空中，以自己的身躯丈量和揭示高与深、隐与显之间的距离。他们可以同时存在和不存在，从而促进一切两极的结合统一。通过他的行动，表面上无序的万物焕发新生(一切运动从表面来看都是无序的)。他们坐忘，终而忘己；他们调和天地，终而与天地为一。

# 《无上黄箓大斋立成仪》之普度*

松本浩一　著

刘雄峰　译

**摘要**：普度仪式是一项通过向亡者，特别是孤魂（日本称为“无缘佛”），提供食物以引导他们，从而避免他们缠身的仪式，至今仍然广泛举行。本论文深入研究宋元时期较早出现的普度仪式，即在宋元时期制定的《无上黄箓大斋立成仪》中普度仪式的具体构成，并将其与佛教普渡仪式的相关仪轨进行对比，进而考察其影响。首先，本文回顾了普度仪式的研究趋势，并介绍《无上黄箓大斋立成仪》的作者和主要内容。将其记载的内容划分为“召魂”“疾病治疗”“沐浴”“施食”“讲道”“炼度”“传符与授戒”等七大环节，并特别关注在每个环节中向神祇上奏的文书、咒语、符箓等内容，同时对整个流程进行总结归纳。最后，与佛教普渡仪轨《瑜伽集要救阿难陀罗尼焰口仪轨经》记载的仪式进行比较，并讨论它们各自的特点。

**作者简介**：松本浩一，日本筑波大学教授，著有《宋代的道教与民间信仰》（宋代の道教と民間信仰，2006）等。

**译者简介**：刘雄峰，浙大城市学院新时代马克思主义宗教研究院教授。

## 前言

中国自古以来就有向无人祭祀的灵魂供奉祭品的传统，同时也普遍有着恐惧其招致灾祟的心理。譬如，在屡屡被引用的《春秋左氏传·昭公七年》条中，便收录有如下故事：

> 郑人相惊以伯有，曰“伯有至矣”……国人愈惧。其明月，子产立公孙泄

* 松本浩一.『無上黄籙大斎立成儀』の普度.図書館情報メディア研究. 2016. 13卷1号. pp.1-18.

及良止以抚之，乃止。……子产曰："鬼有所归，乃不为厉，吾为之归也。"①

并且，在后面的记事中，子产亦说"匹夫匹妇强死，其魂魄犹能冯依于人"。此即意味着，对于死后无人祭祀者（孤魂）、死于非命者（厉鬼）的恐惧，从这一时期就开始存在了。

那些因无后代祭祀而游荡的孤魂，以及死于非命含恨而终的厉鬼，往往被视为招致灾祸的不祥存在，令人心生畏惧。故而人们采取了诸多措施来应对他们。时至今日，人们也会借各种机会举行供养他们的普度仪式，或者是在中元节期间，或者是作为斋醮和礼斗法会等祈愿平安仪式的一部分。

本论文依据南宋创立的《无上黄箓大斋立成仪》（以下简称《立成仪》）中所收之仪礼书，按照"召魂""疾病的治疗""沐浴""施食""施食后的说教""炼度""传符与授戒"的顺序，追溯普度仪式的全过程，理清其结构。进而，拟以道教普度仪式作为范例同佛教普渡仪式的构成进行比较，就道教普度仪式以及为死者举行仪式的形成过程作出考察。

如后将述，从宋到元，有许多仪礼书被编纂出来。在中国大陆和台湾，有很多对现在所施行的普度仪式的研究。继承了全真教传统的道士闵智亭，便依据《太上清微济炼救苦铁罐鸿仪》这样的文本对普度进行了解说。② 同时，与之类似，彭理福③、任宗权④等亦基于《太上清微济炼救苦铁罐鸿仪》，对普度进行了说明。而袁瑾的研究，则主要是侧重于佛教、道教音乐，并对北京白云观的"铁罐施食"仪式进行了详细分析。⑤ 据张泽洪研究，现在陕西、甘肃、四川的道教中，江南的全真教、江南的正一道、香港的全真教，则分别使用《太上济炼铁罐施食》、《萨祖铁罐炼度施食焰口》⑥、《先天斗姆炼度金科》、《先天斛食济炼幽科》。⑦ 陈耀庭对《先天斛食济炼幽科》和《太极灵宝祭炼科仪》（据他说此为苏州正一派所传）、《先天斗姆炼度金科》三个与普度有关的仪礼书，在分析其构成和仪式内容异同的同时，指出尽管在诗句中有相当大的差异，但在仪式的构成上却有着诸多的共

① 《春秋左氏传·昭公七年》。

② 闵智亭：《施食科仪》，《道教仪范》，新文丰出版公司，1995，第166—182页。

③ 彭理福：《铁贯施食科仪》，《道教仪范》，宗教文化出版社，2011，第441—457页。

④ 任宗权：《施食科》，《道教科仪概览》，宗教文化出版社，2006，第341—346页。

⑤ 袁瑾：《佛教〈瑜伽焰口〉与道教〈铁罐施食〉仪式的象征符号及其意义》，《佛教、道教视野下的焰口施食仪式研究》，宗教文化出版社，2013，第63—156页。其中，对于手印、咒文、仪式构成分别进行了考察和比较。

⑥ 据闵氏前揭书第170页，该本子为《太上清微济炼救苦铁罐鸿仪》简略版。

⑦ 张泽洪：《步罡踏斗：道教祭礼仪典》，四川人民出版社，1994，第249页。

通之处。[①] 关于在香港所使用的《先天斛食济炼幽科》，黎志添则在进行详细介绍的同时，就该仪式的构成和《太极灵宝祭炼科仪》进行了比较。对于陈耀庭所认为的该书乃来源于金允中《上清灵宝大法》的见解，提出了其为广州三元宫道士所作的观点。[②]

此外，关于《先天斛食济炼幽科》的内容，虽然有大渊忍尔做了全文介绍，但却没有对仪式及其内容作出解说。[③] 而且，在其中亦收录了正一派普度仪礼书全文。[④] 徐宏图、薛成火在对正一派历经三天的普度进行详细报告的同时，阐述了这些仪礼继承《灵宝领教济度金书》传统的情况，但却没有具体地论述其对应关系。[⑤]

在介绍和研究普度仪式时，时常会提及作为其渊源的宋代仪礼书，提及的目的都是对现在普度中所能见到的各个仪式的由来进行追溯，而论及宋代仪式的构成、内容者则为阙如。宋代乃现在中国各地所施行的道教仪式的时间起点，由于这一时期编纂了许多大规模的仪礼书，因而在追溯仪式的源流之际，参照这个时期的文献乃是十分必要的。笔者在就台湾和香港该普度的现状进行调查的同时，亦对以宋代为中心的仪式的形成过程进行了追溯。

在 2008 年 5 月香港中文大学所举行的“中国地方仪式比较研究国际学术研讨会”上所提交、后出版于《中国地方宗教仪式论集》的一篇论文中[⑥]，本人选取了《立成仪》、金允中的《上清灵宝大法》(以下简称《金氏大法》)、《灵宝领教济度金书》(以下简称《济度金书》)三部涉及黄箓斋仪礼书中所记述的普度仪式[⑦]，将其划分为召魂、疾病的治疗、沐浴、施食、施食后的说教五个阶段，对比每个阶段的

---

① 陈耀庭:《“大三清”与太乙炼、斗姥炼的比较研究:兼论东南道教与江南道教科仪的异同》,《香港及南华道教研究》,2005,第 294—306 页。

② 黎志添:《〈先天斛食济炼幽科〉考:一部广东道教科仪本的文本源流研究》,《中国文化研究所学报》,2010,第 51、117—141 页。

③ 大渊忍尔:《中国人的宗教仪式》,福武书店,1983,第 725—742 页。

④ 前揭书,第 594—613 页。

⑤ 徐宏图、薛成火:《浙江苍南县正一道普度科范》,天马出版有限公司,2005。其中,第四章“‘水南派’及其‘普度’仪式”中,考察了源流,指出现在之普度仪式的构造,与《灵宝领教济度金书》中所见之内容相似。关于现在的普度仪式,在第五章之第十场“放焰口”、第十一场“大普施”中,专门进行了介绍。

⑥ 松本浩一:《宋元时代的普度文献》,《中国地方宗教仪式论集》,香港中文大学崇基学院宗教与中国社会研究中心,2011,第 659—694 页。

⑦ 斋作为道教规模庞大的仪式,在编纂于北周时期的《无上秘要》中,收录了九种仪礼书。随后,在唐代盛行并发展起来。《唐六典》中,记述了它们在皇帝之诞日、忌日,以及三元日所进行的情况,列举出了七种类型的斋。黄箓斋作为其中之一,主要是为救济死者而施行的。但到了宋代,却以各种目的而被广泛施行起来。

记述，并指出其特点。这些仪式中所记载的黄箓斋，本来就是为了救济死者的灵魂而进行的一系列仪式，他们的形式被原封不动地保留下来，只是将救济的对象改变为孤魂。显然，这样的情况是在不断重复地进行着。不过，出于该论文篇幅有限和明清之后这些仪式不再常见等理由，对炼度以后的仪式则未加考察。而且，在"关于中元节的成立"中①，本人指出道教普度仪式乃是伴随着宋代所成立的道教独有的葬祭仪式而形成的，进而，对佛教的施食饿鬼仪式被作为普度仪式而施行的过程进行了考察。就像曾有学者所指出过的那样，佛教的施食饿鬼仪式，在道教普度、葬祭仪式的形成过程中给予了很大的影响。②

从宋到元所编纂的诸多仪礼书中，本文选择重点分析《立成仪》，乃是以其编撰时间相对较早，且其中的记述使整个仪式过程相对容易理解。于此，将介绍目前已知的有关《立成仪》的形成情况。

《立成仪》如其卷首所展示的那样，乃为"留用光传授、蒋叔舆编次"。首先，作为传授者的留用光，据说在龙虎山学习过正一仪式和玉府五雷法，亦通晓天心法。他被孝宗召至杭州祈雨，因有灵验，于1230年被任命为左右街道录。而后，据说他在浙江举行黄箓斋，并编纂了黄箓科仪。③ 而作为该书(《立成仪》)编者的蒋叔舆，曾担任弋阳知县的职位，但却有幸于1195年在括苍邂逅了法师留用光。进而，于1199年和1202年两次赴龙虎山进行拜访。在第二次拜访时，留用光将荆蜀方士所传受之法传授给了蒋叔舆。据说，蒋叔舆"通其变而施行焉，每试辄验。缓急叩请，悉无拒；祛怪拯危，灵异响答"。然后，留用光劝诫他，田居实所传斋法有欠缺，勉励他补缺不备之处。后来，他将自己阅览过的秘书编集出来，订正了其错误和异同，编纂了《黄箓斋仪》36卷、《自然斋仪》15卷、《度人修斋行香诵经仪》24卷，并将这些卷册合称为《灵宝玉检》。依据卷五十七"附录:修书本末"，其成书时间为嘉定十六年(1223)。④ 据劳格文教授研究，现行本应是附加了《黄箓斋仪》中卷五十一至卷五十七的内容。而且据他所言，蒋叔舆在吸收神霄等新传统的同时，亦谈到了后述路时中的玉堂大法、天心法等。因此，劳格文指

① 松本浩一:《关于中元节的成立:以普度文献的变迁为中心(中元節の成立について:普度文献の変遷を中心に)》,《改革、变革和中国文化、社会、民族(改革・変革と中国文化)》,日本评论社,2008,第219—237页。

② E. Daives, *Society and the Supernatural in Song China*, University of Hawaii press, 2001, pp. 227-241. 松本浩一:《宋代的水陆斋与黄箓斋》,《第一届道教仙道文化国际学术研讨会论文集》,"国立"中山大学,2006,第646页。

③ 《立成仪》卷五七《宋冲靖先生留君传》。

④ 《立成仪》卷五七《附录修书本末》。

出其所提及的五译(Five Translation)等内容与天台传统有所关连,而五府事(The rite of the Five offices)、灵飞步等和《道法会元》童初大法中所见情况有相应联系。[①] 因此,就像卷首所提到的"大明国某布政使司某府州县居"那样,卷十二"开经疏"无疑是到了明代才被添加进的内容。关于蒋叔舆,现存有戴栩的《存斋蒋弋阳墓碑铭》以及吴泳的《蒋知县墓碑铭》。尽管这些文献并未专门探讨过蒋叔舆在道教方面的成就,但它们记载了他作为地方官的一些事迹,如其认为月椿钱乃为民众负担等,可见其作为地方官为民尽心尽力。

接着,来介绍《立成仪》的整体结构。首先,卷一记述的是诸如黄箓斋等道教"斋"的"序斋"、为期三月的黄箓斋的流程以及斋仪、道士执行斋仪时应该注意的事项等;然后,在卷二中,记述了坛、灯的配置,择日的数据等;从卷三开始,展示的是在预告和正奏等时向神灵上奏的文书、行斋期间需要张贴出的各类文书的样式。从卷十六到卷三十一,记载了描述构成黄箓斋仪式内容的仪轨文书,其中,这些部分详细介绍了道士们在仪式中所应该执行的动作、吟唱的咒文、呈递的奏文等,据实际要求,书中还不时地插入相应的解说文章。然后,从卷三十二到卷三十五,记录的是关于各个仪式、咒文等的解说。卷三十六中,介绍了用于仪式中的赞文、颂文等;卷三十七中记述了各仪式的顺序。在卷三十八中,则列举了在举行仪式时所招请神灵的名称。卷三十九是幡、灯之图;而从卷四十到卷四十四则是各种符。卷四十五还展示了使用符时的告文。卷四十六和卷四十七,记载的是仪式中道士对神灵应该上奏的文章。自卷四十六起,卷头的署名只有蒋叔舆。卷四十八涉及附荐内容,即除了斋仪的主要救济对象之外,为救济其他亡灵所应使用的文书。卷四十九,则列举了关于文书、道士的资格、行为等应该注意的事项。然后,在卷五十中,明确列出了举行仪式所必需的经费开支。对于该部分,我认为有必要进行另外的分析。从卷五十一到卷五十六,列举了醮上所召请的神明的名称。在上述卷目中,本论文所选取的普度仪式,乃从卷二十九"上清五府摄召幽魂全形升度还神复性仪"开始,直至卷三十一"灵宝普度大斋传符授戒仪"为止。

### 1.召魂

依据《立成仪》卷二十九"上清五府摄召幽魂全形升度还神复性仪"的记述,

① Kristofer Schipper and Frsnciscus Verellen ed., *The Taoist Cannon*, Vol.2, The University of Chicago press, 2004, pp.1014-1018.

首先，道士要面向鬼门，与放置着香炉的供桌并列站在一侧。

接着，道士行“破暗开通道路法”。焚香，直立，唱一遍“净天地咒”，向四方吹炁。[①] 存思九凤破秽真官一人至坛前。[②] 然后，踏“九凤破秽罡”，存思变身九华真人。接下来，存思元始天尊带领十方无极天真大圣、上圣高真，端坐于圆光中心，进行九拜，唱具有“元始天尊监督真人救生”意味的密咒。(5b-6a)[③]

然后，宣告如下：“今斋主开建黄箓大斋救济莫之灵魂，旁及孤魂滞破。特颁下道旨，阳光普照，开通道路，伏愿亡魂们到达玄坛”。(6a-b)

接着，执“开通道路符”，唱具有“普告三界，……上解祖考，亿劫种亲，废除罪簿，落灭恶根，不得拘留，……元始符命，时刻升迁”(6a-7a)之意的密咒。唱该咒文三次，诵唱之时，向符上吹一口天门之炁。结手印，在鬼门上烧符。接着，诵唱“死魂受炼，仙化成人，……永度三途，五苦八难，超凌三界，逍遥上清”(7a)咒文。

接着，高功上香，恳请可韩府、独隶府、兴生府、功都府、聚魂府、司命司录、司功司杀一切神君，鉴于炼度即将开始，请让孤魂顺畅地来到坛前受度。然后，召南斗火铃大将军，以火铃照诸方[④]，一如诰命。(7b)烧“太一飞符”，告曰“沉滞苦界之孤魂们，依律召集，摄赴灵坛”。(7b-9a)接着，宣“普召牒”。烧“召魂大将军符”，诵唱密咒，召将吏引导亡魂赶赴灵坛。(9a-b)“普召牒”虽记录于《立成仪》卷十三，但该文书的目的却在于，召请那些守护行该斋之坛的神灵，即相当于该岁之干支的神灵，以及该地城隍神、土地神等，引导六道、四生之众、孤魂及其眷属们悉数赶赴斋坛，确保他们得到救济，从而使斋坛的生气不受侵害。(卷十三，19a-21b)道士执幡招请亡魂，唱“回黄章”。其内容具有“用幡招引地狱之亡魂”之意。

从地狱到斋坛的整个过程中，以及召请亡魂的多个环节里，都鲜明地体现出了因神设令的特征。

---

① 炁与气表达同样的意思，在隋唐之前的道教文献中，并没有专门对其用法加以区别。在内丹文献中，炁表达为先天之气，气则表达为后天之气(呼吸之气)。在此，则依据原文。

② 存思是道教的一种修行方法，指通过内在观想使神灵的形象呈现于眼前。在道教的咒术仪式中，道士通过存思使用天兵神将之力，进行上章奏表给神灵、驱邪禳灾等事务。

③ 这里，由于篇幅的关系没有出现原文，只以道教的卷数和页数来表示。卷数在每一小节的开始注明，在后续引文中只标明页数。在参照多卷本的情况时，亦会注明卷数，以防止混乱。《道藏》则使用台湾艺文印书馆版《正统道藏》。

④ 按照《云笈七签》卷五十一《流金火铃》，“流金火铃以太上大道君游宴之圆光，上激九天之威，下灭六天之凶”。而且，在《灵宝度人经》中，有“掷火万里，流玲八冲”之语。严东注道，“左右之流金火铃一投，万里流光生辉，叫春充满虚空，魔鬼消灭”，指的是拥有消灭邪鬼妖魔之力的火光。

**2.疾病的治疗**

尽管在仪礼书中并没有进行特意区分，但从下面的咒文开始，则进入了对招来亡魂进行疾病的治疗、恢复其肉体与精神健康的回复阶段。虽然死者的肉身已不复存在，但道教举行死者仪式的目的，则是使死者得到永世的身体，从而能够步入仙界。因此，对其疾病的治疗应是不可或缺的过程。这一传统，在现在所施行的死者仪式中亦可见到痕迹。

首先，是诵唱具有“以天地之正真之炁，再聚彼等肉体精神”内容的咒文。(10a)接着，诵唱“地府不藏亡魂，全部予以解放”(10a-b)咒文，并诵唱三遍表达“非经苦恼，身体带上光明，再次回复肉体精神”这样的咒文。(10b)①所谓“身体带上光明”，即是成为仙人之体的意思。在诵唱第二遍咒文时，道士要取东北之炁吹于幡上，存思亿万死者之魂聚集于坛下。然后，宣读形形色色之孤魂们赶赴斋坛、疾病痊愈，得到救济的祈愿文。(10b-11a)

接着，上香，奉请“青帝护魂君、白帝侍魂君、……朱陵火府真君”等，降下真炁，治疗男女灵魂们的病苦，使肉体、精神完全得到回复。(11b)然后，唱“广度沉沦天尊”之号，高功存思以上官吏们降下，排列左右前后进行护卫的情形，唱诵“玉清元始天尊敕下天医神，完全枯朽骨，普济度天人”咒文。(11b-12a)

然后，默念“五帝真讳咒”②，取五岳之炁吹之。执“治病功曹符”，唱诵“四生六道、十类有情，万化所苦，一切成章，……符命得昌”。(12a)在这里，取祖炁吹于符上，烧掉符。然后，默念“度魂真讳咒”③，取三途五岳④之炁吹于亡魂之上。该“五帝真讳咒”和“度魂真讳咒”，反复地组合出现。高功就座宣讲“回骸起死已返于本初，……魂身澄正，身相光明”。(12a-b)

接着，高功执“大洞十八玉符”⑤，召请脑神泥丸赤文混洞嘘嘘君、左目神通光玄真君等，脑、左目、右目、舌、心、肝、脾、肺、肾、阴、胞、胎、结、筋、血、精、炁、神、命之十八神，愿他们即刻降临，为亡魂用炁形成身体，使其神性恢复。高功取祖

---

① 关于普度中所用的咒文，在论述将普度的构成和其他仪礼书进行比较时，由于预定要作详细论述，于此，除了比较短的、曾经考察过的以外，拟只做主旨介绍。

② 拥有“墨黑、袜腊、灵宝、红杏、磨真，急急如长生大帝敕奉行”这样的内容。

③ 拥有“兴生、独隶、可韩、功都、聚魂、对魂摄，急急如长生大帝敕”这样的内容。

④ 该部分之“五岳”，可能是一个错误。

⑤ 依照卷四十二，符的内容由脑、目、耳、心、肝、脾、肺、肾、阴、胞、胎、结、节、血、精、炁、神、命组成。“大洞十八玉符”未见于正荐的召魂仪中。虽然存在着“召五神混合符”，但所唱咒文内容不同，召请“混洞太无天宝之炁”以下二十六种炁。

炁吹于符上，宣读符文后，烧掉符，唱“梵炁普生天尊”之号。(12b-13a)执“召五神混合符”，宣读对应于身体各部分之正真之生炁立即降临，流入亡魂的身体当中。然后，取祖炁吹于符上，烧掉符，吟唱“妙化无边天尊”之号。(13a-14a)接着，召请六丁金童、六丁玉女，或八万四千毛窍神、三万六千出入神等众神祇，请他们迅速降临，守护亡魂的身体各处。然后，高功取五方之炁，吹于亡魂中，唱“亿劫化形天尊”之号。(14a-b)进而，召请三魂神和七魄神，要求守护三魂、七魄。这时，高功手结三途五苦印，取三途五苦之炁，吹于亡魂中，唱“超真解脱天尊”之号。(14b-15a)然后，唱诵形成新的质(肉体)、神(精神)、具备真炁、经过炼养的过程而上升仙界、得以长生的“玉清生魂育魄保神内咒”。(15a)接着，唱“金容出世天尊”之号，存思洒水后的万亿亡魂，端正容貌，俱集合于坛下等待救度。(15b)再次宣读“生魂育魄，复性还神，形体不具者，从此完全，病苦未痊者，自今痊愈”，唱“灵源普润天尊”之号。(15b)宣读由于苦根消失、真性明朗，接下来通过沐浴除去业障的内容。(16a)

总之，在此环节召请对应于身体各个器官的神灵，借助他们的生炁降临，使亡魂的身体恢复完好，魂魄重生，并进而为再生成为仙人做好准备。

**3.沐浴**

接着，为招来的亡魂进行沐浴仪式。这一仪式的具体规定可见于卷二十九“灵宝普度大斋沐浴幽魂仪”。首先要准备两个浴盆，在浴盆中蓄满香水，放入“洞明丹阳沐浴炼度符”(相当于卷四十三中的“黄炁阳精洞明丹阳炼度灵符”)。

为了加持此水，高功要向五老上帝、三十二天帝奏如下内容：“普度六道四生、孤魂滞魄，加持法水，沐浴众魂。愿赐慈悲，俯垂开度，降流正真之炁，灌注香汤之中，裨益蜀热恼之忧，克超清净之果”。然后，高功存思如下：“日月混合六合宫，赤光黄精二炁交映，五色云炁满室，三十二天……日月五星之炁交错水中。”(16a-b)

道士们以“天河灌东井，石景水母精”为首句唱诵《东井颂》。(16b-17a)之后，他们按顺序唱诵五篇文章和五篇咒文。

首先，宣告“先世迷真，遂漂流于苦海；今日受度，盥沐于华池。非仗殊因，莫超净境。为汝等上资往生天界，念‘三元品戒沐浴荡秽咒’”。接着，诵唱“天澄炁清，……日月吐辉，濯炼身形，……罪灭三途，……升入帝庭”的咒文。(17a-b)上面画线之部分，在接下来唱诵咒文时，仅更换了咒文的名字，接着要连续唱诵四个咒文。

接着,讲述"荡除于阴秽,……常行于清净",诵唱具有"九孔肃清,五宫六府,神华鲜明。三元坚固,万炁充盈。金房度命,绿宇返生。三炼九化,升入太清。三景同辉,天地齐并。飞行玄虚,游宴紫庭"意味的"金房度命咒"。(17b)并且,讲述"恶根之永谢,保道炁以长存",唱诵"绿字回年内真咒"("天地同清,洗秽除尘。炼化九道,返形太真。百关纳灵,节节受新")。(17b-18a)进而,讲述"消累劫之冤愆,……速解情迷无萦垢累",唱诵"澡炼超升咒"("天朗气清,尔身已精。尘秽消除,九孔受灵。使尔变易,还返童形。幽魂超度,皆得飞升")。(18a-b)然后,讲述"登真离苦,必假于庄严",念诵"三元品戒冠带咒"("五浊已清,八景已明。今日受道,罪灭福生。长兴五帝,齐真上灵")。(18b)在上述咒文中,"三元品戒沐浴荡秽咒"和"三元品戒冠带咒"二咒,均在《太上大道三元品戒谢罪上法》中有所记载,列举了沐浴时前者所唱之咒和后者为冠带着衣时所唱之咒。并且,后者在卷二十七"上清南宫水火冶炼度命仪"中,在进行水炼环节时,亦需宣告。接下来,进入"化衣"即焚烧衣服以送亡魂的仪式,吟唱"天河灌沐天尊"之号。(18b)

总之,在此环节通过给亡魂们沐浴、唱诵五个咒文,不仅清除了身体的污秽,还洗净了过去的罪业,使他们得以受到进一步的炼度,为变生到真人之世界做好了准备。这和"疾病的治疗"阶段有相通之处。

**4.施食**

《立成仪》卷三十"灵宝普度大斋加持斛食仪",所记载的是关于施食的仪式。在当今道教的普度中,其是被作为中心内容的。以下将分为几个段落对施食、炼度、传符、授戒三部分进行说明,并尝试在最后探讨它们的含义。

(1)神灵的召请

首先,高功从浴室将亡魂们引导到茇郭(为排放普度供品所设置的场所),此时,道士们诵唱《光明颂》(卷三十六),然后,整队赶赴普度会场上的斛筵所。(1a)茇郭乃指被四周围起来的一片区域,其中设备有供物的斛筵。(卷二,11b)在此,高功焚香,祭祀无极大道、三境帝师、至尊经宝、诸天上圣、三界真宰、十乡威灵,请他们光临道坛。(1a-b)然后,高功唱诵"普献无边圣,香烟散十方。……运度天人众,咸令上法桥。……"的"普献颂"。上香后,存思如下:"化身为救苦天尊,坛众为救苦真人,斛筵所谓三层宝台。斛中红紫光炁上冲天际,监临将吏里社神司四方守护。"(1b-2a)

(2)亡魂的召请

接着,上奏以下内容:"臣闻六道循环,未离轮回之海,四生飘浪,难超解脱之乡，……一沉苦趣，永隔阳光。……玄真哀悯，大道垂科，开夜斋普施之门。”然后，诉说“六道四生一切孤魂等众，享食承供，……听法聞经，……长处福堂之界”。(2a-3b)

(3)功德证盟的奉请

接着，唱诵“泠泠甘露馔，法味难思议……受此法食施，生天登紫微。悲夫长夜苦，热恼三途中。猛火入咽喉，长生饥渴念。一洒甘露雨，如热得清凉。神魂生大罗，润及于一切”的咒文。(3b-4a)该段咒文的后半部分(“悲天长夜苦”之后部分)，在现在所施行的普度中亦屡见不鲜。然后，唱诵具有“自然天厨食，法味难思议。普济六道中，鬼神未济者，尽沾甘露味，咸皆得饱满。……生天登紫微，上升清都宫”之意的咒文。高功存思如下：“天门金光，道炁百千万重，绵绵而降，溉注己身及斛食水盂之中。……太上三尊、青玄上帝、十方众圣在空玄中，为作证盟。”(4a)以上二个咒文，并没有出现于正荐仪式中。

(4)三归依

接着，是面向道宝、经宝、师宝，让亡魂们接受得度，归依三宝。譬如，向着道宝，首先，高功唱“希夷莫测，独居象帝之先。恍惚难明。……惟大道之尊崇，作众生之恃怙。以今严陈净供，式阐阐玄科，冀道宝之垂慈，俾幽灵之受度。仰希昭鉴之俯赐”。然后值职道士都唱诵“普愿诸众生咸证无为果”。(4a-b)

(5)救苦天尊宝号与《救苦经》

接着，高功对太乙救苦天尊祈愿，恳请其降临坛前，愿三途、六道亡魂听到天尊之名号，聆听经典、登上仙界。然后，唱四遍“太乙救苦天尊”之号，读一遍《救苦经》。高功作如下存思：“五色光明现于东方，圆像如月晕之状，遍照天上地下。十方世界无不洞明，中有青玄上帝……坐九色九头狮子，金翠莲华之座。狮子口中各吐火焰。……天尊于光焰中，……顶出白毫慧光，锋芒外射如千万枪剑之像。一一分明流注斛食。”(6a-7a)接下来，对三十二天帝君上奏，由于我们已设下了普度斛筵，请求降下天之光、炁，救济沉魂。(7a-b)

(6)变食

接着，读一遍《灵书中篇》[①]，这时，高功手结三途五岳印，存思如下：“道众皆为真人，同诸天帝君齐声讽诵。每一方毕存本方炁……如数从各方来，灌注斛食，吸吹水盂中。”再读一遍《灵书中篇》，存思“黄炁十二自五方来，日、月、五星之

---

① 《灵书中篇》又称《大梵隐语》，由被包含于《灵宝度人经》中的咒文一般的句子组成。《立成仪》中也存在着言及后者之话语的情况。本文中，则与前者统一。

光，上引三十二天之炁，交映罗络，灌注斛食”。再读三遍《灵书中篇》，然后存思“四方红光，罩坛良久，混成五色虹蜺，下注兆身口五脏之间，复混为一大圆象，广大覆盖遍满虚空，兆身如在日宫。其斛食自一生二，二生三，三生九，九九八十一，摄化无穷，遍满十方”。(7b-8b)将“变食符”沉入水盂中，诵唱三遍具有“功德金色光，微微开幽关。华池流真香，莲盖随云浮。千灵重元和，常居十二楼。急宣灵宝旨，自在天堂游”之意的“甘露通真咒”。高功手捧水盂，在转圈的同时，用柏枝蘸水洒向食物。此时，存思“青玄上帝同兆真人及官君等，皆诵甘露真言，洒其甘露，香炁馥郁，遍满充足”。(8b)

(7)破狱

诵唱三遍“茫茫酆都中，重重金刚山。灵宝无量光，洞照炎池烦。七祖诸幽魂，身随香云舆。定慧青莲花，上生神永安”之“破酆都地狱开业道咒”，高功作如下存思：“东北方酆都九幽诸大地狱等一切罪魂，受苦万状。次存泥丸中玉清上帝御于宝座，同兆真人等及灵官将吏，皆诵‘破酆都地狱开业道咒’。良久，上帝口吐九色庆云紫炁，金光直指地狱，照破重阴铁城，摧毁枷锁，解脱刀剑，……重冥九地尽为净境，所有罪魂并皆出离，前诣坛下伺候开度。”(8b-9b)

(8)说教

随后，要对亡魂们进行如下说教，并引导他们享受法食。“上来加持法食，无量胜因用荐幽魂升迁福境。汝昔大患为有此身，身有饥虚，以食为念。身今安在，何以食为？……六尘幻妄，种种归空，见前众灵，色身已灭。犹有爱乐，念未断耳。汝能解空见性，绝妄归真，不着有无，自然超脱。如或尘根不断，业想未除，见以饥渴为苦者，即向我无碍甘露法食”。然后，唱“十方救苦天尊”之号。(9b-10a)《立成仪》关于法食加持的记载，确实异常详尽。

(9)宣告文和咒文

在《立成仪》的记述中，实际的施食部分，见于卷三十“灵宝普度大斋施斛宣演法语仪”中。高功上香就座(座为设置于朝向鬼门)，向十方无极世界的一切天人、一切飞空大力鬼神、一切地狱苦魂、一切畜生业累、一切无主孤魂等，宣告如下内容：“汝等才舍阴身，即沦鬼趣，但知饥渴之逼，孰救枯槁之余。况有受罪之苦魂，……今者法会载陈，幡花迎召，化兹妙净之供，济汝苦馁之形。”(10a-b)道士唱“玉清慧命启请法言”，高功手结上帝诀。其内容为“赞颂天尊之慈悲、功德，稽首、皈命，祈愿长生、成仙”，这和“咒食仪”中的“玉清慧命启请咒”有异曲同工之妙。(10b-11a)

接着，作如下宣告：“云厨妙膳饵之者，策景凌虚，紫府灵文听之者，成真得道。今汝等炼形濯质,摄炁成人,既诣法筵,各须沾足,奉为汝等上资往生仙界。”然后,唱诵具有“合景挹灵芒,拘魂制七魄。……饥餐黄碧花,……常在空中游。……行者当明知,寂寥忘理教”之意的“玉清甘露加持法食咒”。(11a-12a)这样,先宣告主旨,再唱诵咒文。总共宣告六个文章,唱诵六个咒文。

然后,宣讲“金声垂教,玉册流科,……须凭慧力出离迷途”,诵唱“浩晶生法炁,……三光焕已明。宝炁盈三宫,帝乡会九老,……身与日月同”之“三光法炁咒”。(12a)

宣讲“咽嗽玉醴,咀嚼灵芽。九窍既已开通,百关当遂调理”,诵唱具有“妙道分一炁,炁中分阴阳,凝化日月星,灿然流三光。焕烂洞真体,忽然都相忘,此乐殊未央”之意的“三光流精咒”。(12a-b)

宣讲“慧露清凉,益蜀三途之热恼;消除罪垢,须仗真诠”,诵唱具有“泽婴生太无,郁仪焕旸谷。五星流宝光,超迹天宝阶,举形升太虚”之意的“三光泽婴咒”。(12b-13a)

宣讲“元始开图,真文现世,慈尊接引,胜范宣流。以能广润众生,……汝等久堕苦轮,不闻正道,甘露法言以能破除业障,合致本性”,诵唱具有“五神植华,三台敷荣,紫阙素童,返形归婴。腾云而升,……左挟无英,右卫白元。玄兽遏后,丹禽拥前。上浮翠盖,下涌金莲。香云凝空,甘露无穷。用之不尽,灵源不终”之意的“玉清阴生梵唱咒”。(13a-b)

宣讲“灵音法契,玉匮玄章,声闻十极,恩周三界。道炁随咒下降,恩光符合周流。溉入法食,普令清净得享之者,障业永消,五脏华敷,百关调理,寿命无尽,形同太虚。功德深重,不可思议。各各当发大慈悲心,普同一切,悉皆沾足。身心清凉,无复热恼,身心饱满,无复饥虚,身心安泰,无复忧苦,身心解脱,无复轮回。……施者受者俱沐道恩,同臻福果”,诵唱“破地狱离苦升天神咒”(“功德不思议,行者生福报。施与法饮食,永生安乐处”)。然后,进行对于亡魂的说教。(14a-b)

总之,于此,关于施食的部分,我分为九个段落进行了介绍和考察,最后,回过来看其总体构成。首先,在(1)部分中,其涉及内容是召请与施食有关的神灵。这一部分相当于在道教许多相关仪式中,最先进行的请神。(2)中,是宣讲施食目的,并召请亡魂。(3)中,再次申明通过甘露之食使亡魂得到救济,依赖召请来的神灵的功德证盟。(4)中,亡魂们皈依三宝。这一部分亦是现在的普度中能看到的部分。(5)中,让亡魂们听到救苦天尊之宝号和经典(《救苦经》)。(6)中,通过《灵书中篇》的诵读,降下真炁,变化出无量法食。(7)是唱诵破狱咒文。破狱乃是通过照破地狱幽暗，使亡魂从该地狱中解放出来仪式。这项仪式虽是分开进行的，但在这里可以认为是反复进行的。(8)是对亡魂们的说教，即通过食用法食，断绝他们对此世的执着，使其觉明真理，这一环节可以说是深受佛教影响。(9)中的仪式包括六个宣告文和咒文，这些唱诵旨在引领亡魂向仙界上升。

**5.说教**

施食之后，亡魂们要闻听道教教理。首先，关于所说教理的深层含义，它向众人阐述"普为汝等说真实法依，凭修习用作津梁"(14b)这一要旨。

接着，讲述宇宙的形成过程。其所讲述道教体系的宇宙生成说，即"昔空无始生三炁，三炁凝结而为三天。三天三化为九，九复生三，三十六天由兹分列……"之图景。(14b)

然后，继续着如下的说教。"人处其中，因与天地分气，而理气有聚散，物有生死。(14b-15a)不死长生是为真道，寿考优劣，一一不同；修行精粗，一一有异。自微至著，渐契道真；从凡入仙，历真成圣。(15a)一切众生沉迷，三界轮回，五道流转，设为天人，拘期尽有终复。(15a-b)若复汝等求三清快乐，欲断烦恼而入无为，名大邪见。(15b-16a)譬如愚人畏于大地而欲走避，畏生死身疾舍三界，有心厌离所得之身不离生死。一切众生无明重暗，真道在身，莫能睹见。又如愚人东西驰走求觅空色，而不能知即色是空。一切世间亦复如是，心生驰走欲求真道，不知身心即是真道。(16a)三清不离人我相，大道即在六根门。(16a-b)"

最后，讲述了该仪式的目的，即"今依玄科，普设净供，……伏愿汝等于此会中，起皈依心，行清净行，绝轮回道。……汝等不除三业，尚蔽六情，……当依科式次第宣传，少憩灵坛以需开度"。(16b)

**6.炼度**

接下来，进入亡魂炼度阶段。炼度被记载于《立成仪》卷三十一"上清南宫炼度幽魂仪"中。与之前的过程一样，这一环节与为正荐亡魂所设的卷二十七"上清南宫水火冶炼度命仪"相对应。

(1)炼池的准备

首先，准备一个方形器物置于坛的西北方，用札上书"南宫太阴水炼池"。同时，将圆形器物置于东南方，用札上书"南宫太阳火炼池"。将黄华圣水放于器中，准备好柳木制成的炭火，将它们一同置于坛下。到了炼度时间，法师叩齿、存神(瞑想神灵的存在)、默朝(朝诣神灵)，乞求降下太上之真水、真火，存神它们降

于炼度场所，进行三拜、三拈香。(1a)

然后，对着北极紫微大帝、南极长生大帝，讲述“臣伏为斋主某人荐开建无上黄箓大斋，普设六道四生、孤魂滞魄，……请净斛食一筵，乞按真科宣行炼度。愿承恩霈，离苦超升。欲望天慈特颁睿旨告下，南宫水火二司、五岳总领真君，乞降阴阳灵根、真水真火，即日今辰降下坛场，炼度众灵，使其魂神澄正，……超升天府”的愿望。(1a-2a)高功存思元始上帝在泥丸宫中，自为九华真人，诸司仙曹将吏严妆显服，赫奕下降。(2a)

(2)火炼池的调整

首先，高功行火池法。道士踏“南斗火铃罡”至火池，唱“大梵隐语”(同“灵书中篇”)。法师至火池周围相关的十二位神灵的牌位，念一篇“净天地咒”，吹一口水于池中，念“建火池咒”。朱陵的烈火流金①从火池的东南角流入，炎炎金碧焰发。取午炁三口②，吹于池中。(2a-b)

高功执“真火合同符”，手结“降真火诀”，从寅的位置掐至午位。③ 然后，默念具有“真火速降”之意的咒文，取午炁吹符焚池中。接着，唱诵具有“流火之质，玉眸真容，升入福堂”之意的密咒。再次面向东方，取当日之太阳之炁吹之。(2b)

接着，指挥掌火池使者、炼度官童将吏、日中阳精，迅速降于池中伺候，引领幽魂等进入火池，进行依法冶炼身体的准备。高功存思“流火神庭，方广无边。上有朱陵府，楼阁森然。庭中火金碧色焰，末皆有金玲，腾腾而上”。(3a)

(3)水炼池的调整

高功行水池法。踏“北斗玄枢罡”至水池，道士们唱“大梵隐语”。高功至水池周围十二位神灵的牌位，默念一遍“净天地咒”，吹一口水于池中，唱诵具有“太上有敕，赦罪度生，六趣三途，皆睹光明。建立水池，次第而升”之意的“建水池咒”。然后，存思天河东井[在《史记·天官书》中，有“东井(二十八宿之一井星)司水之事”]之水从水池西北角流入，湛然澄清。取西北之炁一口，吹于池中。(3a-b)

高功执“真水合同符”，手结“降真水诀”，从申位掐至子位。唱诵具有“天真玉液，速降枢府”之意的密咒，取北炁吹于符，沉入池中。并且，唱诵具有“运东井

---

① 关于烈火流金，虽在前注中的“流金火铃”中亦有所触及，但在此则只有从朱陵火府中呼出真火的意味。

② 午相当于南，与火相对应。同样，在水炼时所取子炁，子则为北，与水相对应。

③ 从道士之左手的中指开始到小指的各关节，被划分为相应的十二支的部分，用左手的拇指来按掐该部位。

华，以涤幽魂。玄和玉女，灌之于神。魂神澄正，道炁长存”之意的密咒，再次面向西方，取当日太阴之真炁吹之。(3b-4a)

接着，指挥掌水池使者、荡形官童将吏、月中黄华灵根，速降池中伺候，引领幽魂等进入水池中，依道法进行清洗形质的准备。高功存思天河东井方广无边，其水清净光明，上有天府楼阁森然。(4a)

(4)神灵的召请

接下来，道士们前往炼度所。高功步至座前、上香。然后，是进行一项名为“存变如仪”的仪式，但其内容不甚明了。唱诵“返生灵香，飞烟结篆。诸天诸地，氤氲普遍。委气聚功，幽魂受炼。一切含生，俱登道岸”咒文，向三清三境、十极十华、太乙救苦天尊、长生大帝、三省五府真宰、朱陵火府、南昌上宫、灵宝炼度合会圣真仙众等神灵上奏，恭请其暂时离开天界赶赴坛前，请求法雨慈云在冥界降下，使我们能够救济亡魂。(4b)高功存思“天门祥烟，瑞炁云彩，光炫耀心目。见三宝慈尊、青玄上帝，仙灵赫奕下临”。宣唱“诸天降鉴，三界共会，地司执职，普度幽明。都卫主者，引导亡爽，受炼身形，齐登妙果”之“引魂咒”。然后，存思亿万应当救济之亡魂，一同聚集于坛下。(5a)

(5)亡魂的召请

接着，召请灵宝大法赫奕仙曹、灵官功曹、金童玉女、炼度仙吏等与炼度有关的神灵，以及泰山五道社令、城隍土地等冥界的神灵。祈愿十方的六道四生、有主无主的一切孤滞幽囚苦魂，即孤魂们，俱赶赴灵坛，接受炼度。然后，存思这些官吏们，威仪整肃，罗列左右，受度众魂，俱在坛下。唱“三界通化天尊”之号。(5a-6a)

(6)火炼

接下来，首先要进行火炼。执“真火合同符”，宣读拥有“天中之灵，闻吾呼召，速降灵坛”之意的“降真火咒”，左手掐午文。然后，取午炁吹符，焚火池中，唱建火池时所念密咒，取当日太阳之炁吹之。谨请炼度真人、九光童子、火铃灵童、炼度司仙们，带领亡魂赶赴火池，接受炼度。高功变神如初。唱“火炼丹界天尊”之号。(6a-b)

高功执“火府隐文”(卷四十二)，宣读“南方之君、赤帝之精、荧惑使者、丙丁将军、朱雀炎神、赫赫阳精(都是关于南方的火神)，五行造化，万物发生。天帝有敕，使者须听。摄召阴魂，炼度真形。急急如长生大帝敕”之“火炼大咒”，手结“风火诀”之印。取离炁(同南方之炁)吹于符，焚火池中。(6b-7a)执“火炼符”，告主火大将军赵仲明、掌火池使者，速降真火，炼度亡魂。取南方之火炁三口，运自

己火炁三道，相交吹于符，焚火池中，唱“玉眸炼质天尊”之号。(7a)

执“十二炁化生符”，宣读“谨召长生大帝君、运阳化阴大将军杨元光、混景大将军丁忠……从官将吏，飞行变化。奉为幽魂，摄降圣水少阴之炁、心火少阴之炁……依科炼度，委炁聚形”。(7b)即是说，这里通过肾炁、心炁，使肾脏、心脏得以重新形成。引文中虽然只举了心脏、肾脏的部分，但实际上在省略的部分中还有肝、肺、脾、膀胱、小肠、胆腑、大肠、胃腑、三焦、心胞络等器官。在记述作为黄箓斋主要救济对象的亡魂（正荐）仪式的卷二十七“上清南宫水火冶炼度命仪”中，对于十二脏腑，均要进行相同仪礼共计十二次。接下来，取祖炁，宣读完符文后在池中焚化。再取炁吹于亡魂们，宣读“灵宝符命，炼度幽魂，五脏六腑，胞络根元，华精遍布，县澍丹田。……三景洞彻，万神齐仙。……千和万合，上登三天。急急如长生大帝敕”。然后，唱“太清灵变天尊”之号。通过这“十二炁化生符”，或许表现了仙人脏腑再次生出的情况。(8a)

接着，执“五帝玉司真炁符”，唱“准上帝敕，谨召青帝直符区更生、赤帝直符祝昌中……请降安宝华林青芽之炁、梵宝昌阳朱丹之炁……依科炼度，炼质变仙”。诵五帝秘密之讳，取五方之炁吹于符，火池中焚之，叩齿五次。该部分与卷二十七相对应。向五帝之使者下达上帝之命令，降五方之真炁注于亡魂，使产生出新的身体。然后，唱诵“黄中理炁，元生自尊，脾胃幽通，……桃康保神。养育朱丹，长生神仙。得与大帝，飞升九天。急急如长生大帝敕”咒文，取五方之炁，吹于亡魂们。然后，唱“朱陵度命天尊”之号。(8a-b)

然后，执“火炼变仙符”，唱诵具有“炼胎易质，魄炼魂更。……阴炁消释，阳炁混康。精神益壮，……混合九炁”之意的“丹天火炼大咒”，唱“火炼成真天尊”之号。执“元君炼身符”，唱诵具有“炁化成人，尸变入玄。三化五炼，升入九天。九天之劫，更度魂神。受化更生，得为真人”之意的咒文，取五方之炁吹于符，火池中焚之，唱“度人无量天尊”之号。(9a-b)接着，执“合形变形成形大将军符”，结“都召诀”，唱诵“谨召长生大帝君、化灵合形大将军凌飞、运灵变形大将军蒋真、度灵成形大将军田师文，从官符吏，飞行变化，助吾真灵，摄降生炁，为幽魂等全形育质”，吹祖炁于符，火池中焚之。此处情形与卷二十七相同。(9b)

再次唱诵“五帝真讳咒”。这一次，唱讳顺序有所不同。取五方炁吹于要救济的亡魂。然后，唱度魂真讳咒，取辰、卯、寅三方之炁，吹于要救济的亡魂。然后，念“灵书中篇”，取四方之炁，吹于要救济的亡魂。接着，存思幽魂出于火池中，貌如婴儿，身披阳光，其身形清晰现于眼前。然后，唱“弘济无边天尊”之号。(9b-10a)

(7)水炼

接着，关于水炼，首先，执“真水合同符”，宣“降真水咒”，咒文有“承符奉命，招神致真，速降威灵”的内容。然后，取坎炁(北方之炁)吹于符，水池中焚之。再唱密咒，其与建水池时所唱相同。取当日之太阴真炁，吹之。然后，宣讲“谨召炼度真人、黄华玉女、东井玉女、炼度司仙众，引幽魂赴水池中受炼”，高功像之前那样变神。唱“清净度魂天尊”之号。(10a-b)

然后，执“洞明丹阳炼度符”，宣“丹阳炼度咒”。从“龙汉荡荡，无形无名”开始的该咒文，亦出现于沐浴的场景中。取坎炁吹于符，沉入水池中。(10b-11a)执“水炼符”，告诉主水大将军王魁、掌水池使者，速降真水，炼度亡魂。取北方之水炁五口，运自己肾炁五道，相交吹入水池中。然后，唱“黄华荡形天尊”之号，执“飞元聚灵召神符”“九阳真符”，宣讲“谨召长生大帝君、飞元聚灵召神飞仙使者杨欣之，……从官符吏，飞行变化，奉为幽魂摄降高上玉清天混溟瑋瑝之炁、泛华紫微之炁，……依科炼度，炼神返生”。在这里，招请“飞元聚灵召神符”中所对应的“飞元聚灵召神飞仙使者杨欣之”“飞精使者王容”“飞云使者张起”“飞魂使者富公弼”“飞魄使者丁逢”“飞光使者陈普”以及“直仙使者时申”“直真使者黄简”“直灵使者路显”等；为亡魂召请“九阳真符”中所对应的“高上玉清天混溟瑋瑝之炁”“泛华紫薇之炁”“玉娄凤车之炁”“中女辟邪之炁”“太皇微延之炁”“化真白灏之炁”“绛实子光之炁”“天真命仙之炁”“太皇寂玄之炁”。先前所见“五帝玉司真炁符”咒文的最后为“依科炼度，委气聚形”，在此，最后则为“依科炼度，炼神返生”。取祖炁吹于符，宣符文后焚水池中。再取祖炁吹于要救济的亡魂。(11b-12a)然后，唱诵“二象交并，以成尔身。六皖琼秀，九府纳真。十二结节，……荡除秽气，……炼化光鲜，……记名青宫”咒文，唱“好生度命天尊”之号。(12a-b)

接着，高功执“灵宝九炼符”，宣讲“准上帝敕，谨召疾除罪簿司、断地逮役司……灵官仙吏，奉为幽魂请降胞命元第一天元一黄演之炁、胎命元第二天洞冥紫户之炁……依科炼度，度命登真”。这情形同卷二十七所涉为相同过程，展现了基于《九天生神章经》所述的九炁降下，于胞、胎以下，为形成与上升仙界所符合的新身体的过程。接着，默诵上帝密讳，取祖炁吹于符，水池中焚之。叩齿九次，唱诵由“郁单凝灵，禅善保神”开始的咒文。该咒文亦是基于《九天生神章经》，咒文开头两句，对应于“胞命元第一天元一黄演之炁、胎命元第二天洞冥紫户之炁”部分。取祖炁吹于符，宣“九炼符文”，水池中焚之。再取炁吹于要救济的亡魂，唱“九天称庆天尊”之号。(12b-13b)

然后，执“石景水母玉精符”，唱由“东井黄华，石景玉精”开始的咒文。该咒文的后半,“百关九窍,元炁滋荣。五脏六腑,万神自生。胎胞结节,随水开扃。死气断绝,恶绝沉沦。我今炼化,死骸生魂。返故改貌,玉体金容。变化炼秽,飞升紫庭”部分,依然表现的是获得新的身体变生天界的情况。接着,吹坎炁于符,沉入水池中,唱“高真妙果天尊”之号。(13b-14a)执“神府炼身符”,唱诵具有“得生上天,更禀太灵。……秽累荡灭,白尸返生”之意的咒文,取五方之炁吹于符,水池中焚之,唱“金阙化身天尊”之号。(14a)执“金液炼形符”,诵唱由“金液炼形,与道合真”开始的咒文。该咒文的后半部分有“紫云飞天,身腾六龙。水上火下,流入三宫。神居阳明,大道自通”。然后,取玄炁吹于符,水池中焚之,唱“转轮圣王天尊”之号。(14a-b)

接着,执“分形炼形大将军符”,宣讲“谨召长生大帝君、丹灵分形大将军孙庚……从官将吏,飞行变化,助吾真灵摄降生炁,为幽魂等受化更生”,取祖炁吹于符,水池中焚之。然后,唱“五帝真讳咒”和“度魂真讳咒”,分别取“五方之炁”和“寅、卯、辰三方之炁”,吹于要救济之亡魂,唱“随愿往生天尊”之号。(14b-15a)该炁的采集方向,与火炼环节中的方向一致。

(8)炼度终了宣言

焚烧“灵宝登真度命出离生死符”,唱诵“天慈赦宥,三界冥灵,……削除罪簿,落灭恶根。……上登天堂,澄质炼神。……荡除阴翳,入道升真”之咒文,焚符,取祖炁吹于水池中,存思“幽魂身有玉光,莹然明净,形容端严,仙衣可爱”。然后,唱“宝华圆满天尊”之号。(15a-b)

完成上述步骤后,亡魂获得了适合上升仙界的全新的躯体,做好迈向仙界之准备。高功再次默诵“兴生、独隶、可韩、功都、保魂应魂摄”这样的“度魂咒”。然后,焚“召丁甲金童玉女大将军符”,宣讲“向来炼度功德已周,谨召六丁六甲大将军、金童玉女,速押所炼幽魂,各整形仪,恭诣上帝御前,祇谢天恩,受戒传符,登真度品。法众虔诚,请行迎导”。道士们诵《灵书中篇》,引领亡魂朝诣。(15b-16a)

针对上述所见的炼度仪式,现对其构成加以考察。大体上,这一部分可以分为进行炼度的准备阶段和实际的仪式两部分。首先,在(1)中,讲述的是准备(开始进行火炼的)火炼池和(进行水炼的)水炼池,以及向主神北极紫微上帝和南极长生大帝请愿的内容。接着,(2)介绍了调整火炼池的仪式;(3)介绍了水炼池调整的仪式。然后,还介绍了实际炼度的仪式。接着在(4)中,祈愿天尊、真人的降临,即相当于请神的部分。然后,在(5)中,引导亡魂赴坛;从(6)起,正式开始火炼仪式。首先,在第一阶段,引导亡魂至火池;第二阶段通过火炁进行炼度。接着，在第三阶段，通过“十二炁化生符”，分别再生出肾脏、心脏以下之十二个器官。在第四阶段，五方真炁降临亡魂；第五阶段，通过火炼亡魂中阴的元素被清除，宣告其获得了成为仙人的全新的身体；第六阶段，唱诵“五帝真讳咒”和“度魂真讳咒”以及《灵书中篇》，并吹入炁。这一系列的过程，如同“疾病的治疗”一般，展示出了亡魂新身体的再生。从(7)起，水炼环节正式开始。首先，第一阶段将亡魂引导至水池。第二阶段，召请相关神灵，降下九种炁，并由此来炼成亡魂。在第三阶段中，进行基于《九天生神章经》的、胞胎以下为上升天界而形成的九个器官的仪式。此即所谓的“九天炼度”部分。第四阶段，坎炁、五方之炁等降临亡魂。第五阶段，则是与火炼(6)章节中的第五、第六阶段相对应。然后，在(8)中，宣布炼度仪式结束，亡魂已变生成适合进入仙界的崭新身体。随后，仪式进入下一个阶段——传符、授戒。

**7.传符、授戒**

最后环节是进行“灵宝普度大斋传符授戒仪”。这一仪式与同卷二十八“灵宝大斋传授戒符升度亡魂仪”相对应。

(1)神灵的召请

首先，高功上香，宣讲如下：“谨召十方无极世界见前受度一切众灵，汝等爰从浩劫，结植苦根，受此轮回，无有休息……汝等身至道场，各宜恭肃，祇受符戒，永作皈依，畴昔过愆。既已从于开宥，今兹善果当益。谨于修持，常坚信奉之心，以报生成之德。一切鬼神等众，投诚皈命，仰谢天恩，稽首再拜。”(16a-b)

然后，道士们唱《灵书中篇》，引领亡魂至说戒所。道士们恭诚序立，高功就座，上着香宣告：“今日道场清净，大众同各运心奉为，见前六道众生、孤魂滞魄、一切众灵，稽首奉请太虚三元、七真空境、无极妙道、九炁洞灵、元始无量化身天尊、十方大圣诸君丈人、三十六天帝、灵宝五师君……伏愿垂慈受请，应感分辉，以今降临道场，证明受戒……”然后，唱“十方灵宝天尊”之号。(16b-17a)在正荐的仪式中，亦进行这样的说教。

(2)授戒

高功登座，作如下宣讲：“我今仰承道力，为汝众等作大戒师，念汝等众无量劫以来不信大道，不悟真乘……汝等谛听在心，吾今为汝显说九真妙戒、金箓白简，受持功德，拔难济苦。神力难思，众灵稽首，伏受教命。今依玄科，对圣传授，应当一心，谛受勿忘。”(17b-18a)接着，唱“慈悲说戒天尊”之号，讲说九戒。九戒具体为“一者敬让孝养父母；二者克勤忠于君王；三者不杀慈救众生；四者不淫正身处物；五者不盗推义损己;六者不嗔凶意凌人;七者不诈谄贼害善;八者不骄傲忽正真;九者不二奉戒专一”,其内容与卷二十八中所记载的(完全)一致。(18a-b)

(3)长生符、救苦符的传授

接着,唱诵“以今传戒,给箓度符,惟愿三宝师尊,同垂证度……宝箓灵符,谨当宣告”的文告,传授“长生符”“救苦符”“生天宝箓”。首先,在传授“长生符”“救苦符”时,存思如下,“上帝敕金童玉女捧箓简,乘金光,自天门降。师执简于香上度过”,告亡魂曰:“……超离五苦,乘驾云骈。转轮得道,飞升上清”(该咒文在卷二十八中没有)。(18b-19a)在卷四十四所载之“救苦符”的告文中,告诉十方无极世界三官九府百二十曹、五帝考官等冥界相关官吏,祈愿作为救济对象的亡魂(普度的情况下,为六道四生、孤魂滞魄),出离地狱,消除罪根,通过授戒和斋的功德,登入天堂。另外,“长生符”的告文,乃是发给与炼度相关的府衙和神灵,旨在通过炼度将亡魂的名字载入天堂的名簿,并通过斋的功能使其生于天堂。在告文中,明确地展示了符的效用。

(4)生天法箓的传授

接着,是“生天宝箓”的传授。道士执箓,于香上度过,宣告“……永度三途、五苦八难,超凌三界,逍遥上清”(此咒文与卷二十八共通)。“生天宝箓”由于要呈给十方三界之九幽主者(地狱之长),因而由“据某言,某月某日于此建立斋坛,行斋宣告符命,九幽开发,救济亡魂。累积善功,俱为其救济之资。其皆上奏于上帝,愿降敕命施行。又上奏诸天天尊发下命令,发予三天真司申状,发予其下役所牒状,使某亡魂等赴坛忏悔,消除罪垢,享受行斋之功德。复要救济亡魂等,依业因缘,拘留在狱,想其不赴斋坛,不谒真人听法,愿降下太上敕赦升天宝箓免罪,脱离苦趣。今依敕命,告下十方三界九幽主者(地狱之长)”这样的内容组成。然后,在记录了符箓后,以“奉太上升天宝箓,敕赦亡故等魂、以及六道四生、孤魂滞魄、囚于地狱之罪魂等。先世以来,及至今日,因三业六根,造诸罪恶,或是手弑君父,不孝二亲”,历数种种罪恶。接着,讲述说“积劫以来之所有罪恶,皆从罪簿消除,除去恶根。不再拘押,即刻升迁仙界”。进而,为祝贺获得这些符箓祝愿道:“当愿六道四生、孤魂滞魄等众,受持之后,书名紫策,度命朱陵。消大罪于九幽,拔出地户,遂超凌于三界,无拘天门。然须再召天仙,特加防送,各宜珍重。”(19a-b)按照卷四十四中所载之“生天宝箓”的告文,此告文乃为对十方三界之九幽主者发布,重点是六道四生、孤魂滞魄的免罪,和作为救济对象的亡魂一起,得以变生于仙界(天堂)。即是,该“生天宝箓”,乃是为了普度而发送的文书,是与对正荐亡魂所发送文书相对应的。对此,将在有关正荐的论文中再作论述。

(5)护送的将吏

接着，召请担负着护送他们使命的将吏。召请诸司法院天神将吏、受事功曹、六丁六甲大将军、金童玉女、五雷神将，传达使命“普度沉魂，听法闻经，传符授戒。今者法事粗悉，……严加护度，俾无留滞，得遂超凌”，宣读如下内容的帖文，“虚皇下化，轸念有缘，灵宝垂科，度人无量。遂俾幽途之逝，爽咸沐大道之恩光。金简书名，朱宫度品。云衢渺邈，羽袂飘扬，永断轮回，好辞坛去”。(19b-20a)总之，与之前的咒文内容一样，因为亡魂们获得了断绝轮回、上升天界的资格，所以可以离开斋坛而上升天界了。

(6)功德的回向

然后，唱“随愿往生天尊”之号，最后，祈请此次普度的功德可以“回向”。“向来奉为黄箓大斋主某正荐亡亲，普度六道四生、孤魂滞魄，种种功德并已周圆，当愿元恩允回真睠，俾咸臻于道果，终不堕于尘迷。平步法桥，速登道岸。三途罢对，九夜停酸。法界众生，安时处顺。普天率土，悟道修真。终愿臣身永依道荫”，以下，列举了元始天尊等神灵，称颂其功德。行斋，一是为了救济亡魂，同时也广泛救济孤魂，二是祈愿将这些功德“回向”给家族。(20b-21a)这一点清楚地表现在了该祈愿文中。

(7)诸文书的焚烧

接下来，(高功)走出门外，焚化帖、牒、符箓，道士们唱“焚简颂”：“魂神澄正，万炁长存。不经苦恼，身有光明。功满德就，逍遥上清。急急如长生大帝敕。”接着，道士们默念“化生咒”“化牒咒”，唱“宝华圆满天尊”之号。高功存思“火铃满地，烜赫如日，亘彻天地，受度灵魂并秉金光而去”。最后，唱诵“功德悉已周圆，再凭净众为上因缘。念大圣元始天尊、太上大道君、太上老君不可思议功德”。(21a-b)

这一连串的普度仪礼最后，作为亡魂们已获得与仙人相称的身体与精神的证明，他们被授戒和赋符，同时这一仪式亦确认了他们具有了升仙的资格。首先，(1)中，亡魂宣布受到救济而变生，召请神灵到仪式场所。然后，(2)中，授作为道教之基本戒的九戒。接着，在(3)中，授受“长生符”“救苦符”；(4)中，授受“生天宝箓”。“生天宝箓”，作为普度中特有的文书，拥有“除去过去世所犯罪过，不再拘留于地狱，得以飞升天界”的内容。然后，在(5)中，召请负责引导亡魂升仙的将吏，并对其下达命令；(6)中，祈愿普度之功德，回向作为该仪式出资者的斋主一族。接着，(7)中，焚烧诸文书送达天界，仪式结束。

### 8.和佛教普渡仪式的比较

在以前的论述中，提到了不空译《瑜伽集要救阿难陀罗尼焰口仪轨经》中的施饿鬼仪式。并指出该仪式中所唱之真言和所结之手印，与现在使用的作为普渡文本之一的《瑜伽焰口施食要集》中的内容几乎一致。[①] 在本章中，通过和《瑜伽集要救阿难陀罗尼焰口仪轨经》中记载的施饿鬼仪式的比较，来考察道教和佛教的影响关系。[②] 关于该仪轨之成立年代的讨论，限于篇幅的关系容作后论，不过，可以认为成立于唐末至北宋间。

在该仪轨中，首先是记述了《佛说救拔焰口饿鬼陀罗尼经》之概要，然后，记载的是对行施饿鬼仪式之坛的配置。接着，是召请一切诸佛、冥界之官吏、饿鬼、死亡的先祖等。该仪式的目的，乃是使饿鬼、祖先等各种鬼神享受甘露之饮食，发菩提心，皈依三宝，从而走向无上道。接下来，施主供养诸佛、圣贤、诸业道。在供养了僧侣们之后，仪式开始。(p468 下-470 中)

先是结破地狱印，唱真言。以该印咒之威力，全部诸趣地狱之门，随着该印咒豁然自己开启。然后，结召请饿鬼印，唱真言。通过召请而全部云集，通过抚慰而生起渴望法之心。接着结召罪印、摧罪印、定业印、忏悔灭罪印，唱真言。通过这些仪式，"诸佛子等既忏悔已，百劫集积罪，一念顿荡除。如火焚枯草，灭尽无有余"。然后，结妙色身如来施甘露印，唱施甘露真言。唱真言时，"想于忍愿上有一鑁字，流出般若甘露法水，弹洒空中。一切饿鬼异类鬼神普得清凉，猛火息灭，身田润泽，离饥渴想"。接着，结开咽喉印，唱真言。这是基于饿鬼之喉细小不能饮食的观点。通过结此印、唱诵真言，喉咙会自动开启。(p.470 中—下)

接着，唱七位如来之名号。[③] 通过此行，出离三途八难之苦。第一是"南无宝胜如来"(若闻宝胜如来名号，尘劳业火悉皆消灭)；第二"南无离怖畏如来"(常得安乐。永离惊怖，清净快乐)；第三"南无广博身如来"(饿鬼针咽，业火停烧，清凉通达。所受饮食，得甘露味)；第四"南无妙色身如来"(不受丑陋。诸根具足，相好圆满，殊胜端严。天上人间最为第一)；第五"南无多宝如来"(具足财宝，称意所须，受用无尽)；第六"南无阿弥陀如来"(往生西方极乐世界，莲花化生入不退

① 松本浩一:《中元节的产生与普度的变迁》,《民俗与文化》五号,2008。

② 该仪轨收录于《大正新修大藏经》第 21 卷中。以下对其引用，只注明页数。

③ 在《瑜伽集要焰口施食仪》(《大正藏》,1320)、袾宏重订的《修设瑜伽集要施食坛仪》(《续藏经》,1080)中，记述了与该七如来相对应的手印。但在《瑜伽集要救阿难陀罗尼焰口仪轨经》中，却不见有手印的记述。

地);第七"南无世间广大威德自在光明如来"(获得五种功德)。唱了该七位如来之名号后,首先是皈依佛、法、僧三宝。然后生起菩提心,结发菩提心印,唱诵真言。接着,结三昧耶戒印①,唱真言。即"能令汝等,入如来位,是真佛子,从法化生得佛法分"。即是说,通过这诵唱一系列的如来之名号的行为,以导向离苦觉悟;通过三皈依、发菩提心、受三昧耶戒之一系列的程序,使亡魂变形为佛弟子。(p.470 下—p.471 中)

然后,结无量威德自在光明如来印,观想左掌中有鑁字,从中流出种种无量之甘露法食。接下来,首先唱真言,观想一食变为无量之食。并且,结同样的印,唱乳海真言。观想印中马上流出甘露成为乳海,流注于法界,普济一切有情,使其充足饱满。接着,结普供养印,唱真言。其下部分载有如下之文。这部分可能相当于上奏文。"我某甲依如来教精诚罄舍,设此无遮广大法会。汝等今日遇兹胜善,戒品沾身,于过去世,广事诸佛,亲近善友,供养三宝。由此因缘,值善知识,发菩提心,誓愿成佛,不求余果,先得道者,递相度脱。又愿汝等昼夜恒常,拥护于我,满成所愿。以此施食,所生功德,普将回施,法界有情。共诸有情,同将此福,尽皆回施。无上菩提,一切智智,勿招余果,愿速成佛。"然后,结奉送印,唱金刚解脱真言而结束。(p.471 中—p.472 上)

之后,讲述行该仪式的功德。最后,佛对阿难说道:"汝随我语,如法修行,广宣流布,令诸短命,薄福众生,普得见闻,常修此法,寿命延长,福德增长。"(p.472 上—中)

按照这样的顺序,首先是通过破印解放出地狱亡魂;然后用召请饿鬼印召请饿鬼到举行仪式之坛。接着以召罪印、摧罪印、定业印、忏悔灭罪印,引出种种罪障、灭尽无余,清净三恶趣之业,通过忏悔消除罪障。② 然后,结妙色身如来施甘露印,甘露流出饿鬼得以清凉,从饥渴之念中解放出来;以开喉咙印使喉咙开通。接着,通过听闻七如来之名号,使之从三途八难之苦中解放出来。不过,通过对七如来之每个印的分别说明,即烦恼和业障的灭尽、永离恐怖得到快乐、细小喉咙开展、终止地狱之业火、普遍得到清凉、得受饮食甘露、相好圆满殊胜端严、所求之事无限受用、往生西方极乐世界、获得五种功德等,这些过程,乃是该仪式整体关于亡魂获得救济内容的总结。之后,是皈依三宝、发菩提心、授戒。然后,通过无量威德自在光明如来印,使食物变为无量之甘露法食;以普供养印,供养诸

① 在《瑜伽集要焰口施食仪》《修设瑜伽集要施食坛仪》中,亦记述了三宝印。

② 该解释在《瑜伽集要焰口施食仪》中有展示。

佛、圣贤、以及诸有情；用奉送印送诸佛，使亡魂得以超升。

以上过程，同7之前所见的道教普度没有多大变化，基本上都是从罪业中解放、通过饮食甘露之法从饥渴之念中解放出来、皈依三宝、通过授戒遂得往生这样的形式。关于较大的差异点，试作如下之总结。

首先，在道教的仪式中，符和咒文在每一个过程中都发挥着重要作用。而对于佛教而言，则是真言和咒文。对于这一点，正如奥茨克所言，①在道教中符的作用极为重要，这一观点十分准确。其次，道教仪式的最大特色，乃是在冥界之官僚组织存在的前提下，各种文书和证明书的颁发及其程序，占据着极其重要的位置这一点。尤其是最后的传符、授戒二阶段，其中，虽然存在着三皈依、授戒等与佛教共通的部分，但更重要的部分是该文书的颁发及其程序、费用。在其他部分当中，各种文书的颁行也很是重要，符的发行也属于此种。并且，道教仪式中独特的地方，包括疾病的治疗、沐浴、炼度等。譬如，在疾病的治疗中，强烈地反映出了即使是死者也必须要五体满足方可转生这样的中国信仰，同时，沐浴亦是为朝谒最高神所必要的一环。炼度即是源于变生为仙人身体这种道教思想的仪式，其中附加了如上内容。或许，"南无妙色身如来"之"不受丑陋。诸根具足，相好圆满，殊胜端严。天上人间，最为第一"部分，可能就是作为反映这种中国思想的仪式的产物。在道教的仪礼中虽然欠缺罪的忏悔部分，但经和法忏一起诵读的情况早已施行了。这一点，可以说在其他独立仪式中存在着。

不过，《瑜伽集要救阿难陀罗尼焰口仪轨经》中，同样亦呈现了中国特色。譬如，它提到在所阐述之"若欲作法……定知日已选择净地"，即便在今天的中国，进行仪式时，亦一定会依赖术士来选择吉日良辰。而且，在选择净地上，亦与中国的风水思想一样。并且，在施食之时，所谓"不得泻于石榴桃树之下，鬼神惧怕不得食之"，亦可以说反映出了中国的信仰。可以说，该仪轨虽为翻译所成，但其中相当一部分内容深深融入了中国的信仰和思想。

此外，道教的黄箓斋与佛教的水陆斋经常被进行对比。关于该仪式的构成，基于宋代志磐撰、明代袾宏重订《法界圣凡水陆胜会修斋仪轨》，进行过考察。在同施饿鬼的仪轨比较中，笔者发现其增加了"沐浴真言""治衣真言"等内容。② 在道教的仪式中，它们被置于了亡魂朝谒天尊前所进行的仪礼中。因此，就该仪式

---

① Charles D. Orzech, "Feng Yankou and Pudu: Tranalation, Mrtaphor, and Religious Identity", in Livia Kohn and Harold D. Roth, eds., *Daoist Identity: History, Lineage, and Ritual*, Honolulu: University of Hawaii Press, 2002.

② 前揭《宋代的水陆斋与黄箓斋》，第646页。

而言，或许可以认为水陆斋在一定程度上借用了道教的普度。关于水陆斋，已有多个先行论述及专著出版。然而对于志磐仪轨中内容的完成时间，学界尚未有明确定论。① 尽管以往的研究指出，道教的普度是在参照了佛教之施饿鬼仪式的基础上形成的，同时本文对其内容进行了具体的分析。但当考察水陆斋之仪式的构成时，会发现比起说是施饿鬼的仪式，不如说其更接近道教的普度仪礼，或者说是黄箓斋(仪礼)的过程。这种情况，正展示出了道教和佛教在相互影响下从而实现了仪礼之完成和发展的状况。关于这个问题，容作另当别论。

## 结语

在此，对《立成仪》中记载的普度仪式进行了详细介绍，并在结尾处同佛教的普渡仪式进行了对比分析，论述了其特色。从整体结构来看，道教的普度仪式，一度被看作是仿效佛教普渡仪式的产物。然而，深入分析后发现，其中实际包含了大量道教独有的方法和程序的内容。另外，在同道教普度所进行比较的佛教普渡仪轨中，也发现其含有中国要素的部分，其成立要大大晚于不空的时代。因此，是否可以说，普度程序的成立过程中，道教与佛教乃是相互施以影响的关系。

此外，黄箓斋施主将祖先作为救济对象的一系列仪式过程，我未能将其与普度仪式进行比较追溯，以探讨祖先仪式和正荐仪式的具体差异。这两种仪式之间的关系，以及它们如何受到佛教普渡的影响，形成了独特的普度和正祭(葬祭)仪式，将是今后之课题。

---

① 牧田谛亮：《水陆会小考》，《中国近世佛教史研究》，平乐寺书店，1957；洪锦淳：《水陆法会仪轨》，文津出版社，2006；等等。

# 再论“新道教”：对全真教研究框架的再思考[*]

松下道信　著

安思琪　张强　译

**作者简介**：松下道信，东京大学文学博士，日本皇学馆大学文学部教授。

**译者简介**：安思琪，山东师范大学外国语学院日语翻译专业硕士研究生；张强，山东师范大学外国语学院日语系副教授。

全真教由金代道士王重阳（1113—1170，初名中孚，字允卿，后名世雄，字德威。入道后改名喆，字知明，后又改名为嚞，字智明）开创[①]。其下七名弟子，后称七真[②]，即马丹阳（1123—1183，名从义，字宜甫，后更名钰，字玄宝）、谭处端（1123—1185，名玉，字伯玉，后改名处端，字通正，号长真子）、刘处玄（1147—1203，字通妙，号长生子）、丘处机（1148—1227，字通密，号长春子）、王处一（1142—1217，号玉阳子）、郝大通（1140—1212，名升，后改名璘、大通，字太古，号恬然子，又号广宁子）、孙不二（1119—1182，名富春，后改名不二，号清静）。其中，因丘处机深得元太祖成吉思汗信任，全真教得以迅猛发展。

北宋道士张伯端（987—1082，又名用成，字平叔，号紫阳）先于王重阳创立了内丹道。自北宋至南宋期间，继张伯端之后，依次出现了石泰（1022—1158，字得之，号杏林、翠玄子）、薛道光（1078—1191，名式，又名道源，字太源，号紫贤、毗陵禅师）、陈楠（？—1213？，字南木，号翠虚、泥丸）、白玉蟾（1134 或 1194—1229？，

---

* 松下道信，《宋金元道教内丹思想研究》（『宋金元道教内丹思想研究』），东京：汲古书院，2019 年 2 月，序章。

① 多数资料记载王重阳是 1112 年生人，但准确地说，他出生于政和二年十二月二十二日，即公历 1113 年 1 月 11 日。

② 但正如蜂屋邦夫在《金代道教研究——王重阳与马丹阳》（『金代道教の研究——王重陽と馬丹陽——』，汲古书院，1992。钦伟刚译《金代道教研究：王重阳与马丹阳》，中国社会科学出版社，2007。——译注）第 16 页所指出的，全真教成立之时，“七真”的称谓发生过变化。尤其是孙不二，除了冠以其名字的著作，后世并无其他作品存世，故无法直接分析其思想。因此，本书（松下道信：《宋金元道教内丹思想研究》，东京：汲古书院，2019 年 2 月。下同。——译注）所说的“七真”，实际上是指除孙不二外的六人（马丹阳、谭处端、刘处玄、丘处机、王处一、郝大通），特此说明。

又名葛长庚，字紫清、如晦、白叟，号海琼子、武夷散人、琼山道人等）、彭耜（1184—1251年后逝世，字季益），以及刘永年、翁葆光（字渊明，号无名子）、若一子、龙眉子等传承谱系。南宋灭亡后，由张伯端开创的内丹道派开始与全真教融合。① 后世将王重阳一系的全真教称为北宗，称张伯端一系的教派为南宗。此后，全真教不断发展，衍生出各种不同的流派。如今，全真教与源自张陵（又名张道陵，？—177）天师道的正一道平分秋色，共同构成道教的两大势力。

另一方面，几乎在同一时期，刘德仁（1122—1180）在河北创立了真大道，萧抱珍（？—1166）创立了太一教，它们与全真教被并称为“新道教”。但“新道教”这一概念是否不言而自明？实际上，“新道教”这一概念在很大程度上框定了全真教及其相关时代的道教研究。

例如，后世全真教颇为重视性命双修这一概念。在此我们简单说明一下道教内丹学中性与命的概念。性是指类似禅宗顿悟为代表的精神方面的修炼，而命是指基于内丹的气的身体方面的修炼。所谓性命双修，即是对性、命二者同时进行修炼而达至圆满的修炼方式。但是一般认为，提倡性命双修的并非全真教，而是北宋的张伯端。② 然而，张伯端一系的内丹道与王重阳一系的全真教基本上是相互独立发展的。那么，张伯端一系的内丹道中的性命说与王重阳全真教中的性命说又是何种关系呢？仅举此一例就能发现，以前将全真教视为“新道教”的这种全真教研究框架是存在问题的。这是因为，将全真教视作“新道教”，则会强调其与以往的道教诸派，即“旧道教”的割裂关系，其中也包括张伯端一系的内丹道。因此，本文将对全真教研究的框架，即讨论全真教时将面临的“新道教”这一问题进行重新思考。

在审视“新道教”这一概念时，我们将选取主要论著，略述其大致脉络，并指出其问题所在。具体来说，首先，日本侵华战争前后的日本学者常盘大定、中国学者陈垣以及战后的日本学者窪德忠对道教研究的脉络中，中日两国的道教研究是如何界定“新道教”的？我将分析其中的问题所在。另外，将简单梳理、补充中日两国其后的研究中是如何继承“新道教”这一概念的，同时结合欧美的研究情况，最后对全真教的研究框架进行重新思考。

---

① 关于张伯端一系内丹道的研究史，请参照本书第Ⅰ部补论二（具体请参看“日本全真教南宗研究简介”，朱越利主编《理论·视觉·方法——海外道教学研究》，齐鲁书社，2013，322—346页。——译注）。另外，关于张伯端的生卒年说法各异。请参照本书第Ⅰ部第一篇第一章注(7)。

② 请参照本书第Ⅰ部第一章。

## 一、全真教研究框架的确立

### 1.常盘大定的《中国的佛教与儒教道教》(『支那に於ける仏教と儒教道教』)

首先看一下日本的道教研究。

在中、日恢复邦交的1972年,酒井忠夫对明治时代(1868—1912)以来的日本道教研究分三个时期进行了梳理:[①]明治初年(1868)至1930年为黎明期,爆发九一八事变的1931年至二战结束为第二个时期,1945年至1972年为第三个时期。

酒井认为,黎明期的道教研究从思想史的立场出发,对道教与儒、佛二教之间的关系进行了考察。当时,对于日本人来说,道教是令人陌生的存在。相对于儒、佛二教,黎明期的道教研究既有将道教视作异端的一面,又有将其当作令人好奇的对象的一面。然而,1931年九一八事变爆发后,日本与中国进入全面战争状态,这就需要从政治上、军事上深入了解中国及中国人。此前以思想性研究为中心的道教研究,其重心也大幅转向了以满铁调查部和东亚研究所为中心的实地调查等研究。1945年二战结束后进入第三个时期,以道教经典文献研究为代表的历史性研究得到强化,进一步促进了道教研究的发展。另外,在此观点的基础上,砂山稔将1972年日中邦交正常化以后划分作第四个时期。[②]

探究"新道教"这一概念时,首先要聚焦于日本道教研究的黎明期和第二个时期。

明治以后,日本的小柳司气太在《道教概论》(『道教概論』)(世界文库刊行会,1923年)中对全真教略有提及。[③] 除此之外,活跃于明治、大正至昭和时期的作家、学者幸田露伴(1867—1947)首次对全真教进行了系统的介绍。他写有《活

---

① 酒井忠夫《日本的道教研究》(「日本における道教研究」),(酒井忠夫编『道教の総合的研究』,国书刊行会,1977)。

② 砂山稔《道教与隋唐的历史社会》(「道教と隋唐の歴史・社会」,秋月观暎编『道教研究のすすめ』,平河出版社,1986)。请主要参考"一、明治以后日本道教研究的道教"(「一、明治以降の日本の道教研究の道教」)。

③ 江上波夫编著的《东洋学系谱》(『東洋学の系譜』第二集,大修馆书店,1994)中,有小柳司气太的评传。

死人王害风》[大正十五年(1925)4月]一文,[①]在阐述金元时代全真教、真大道教、太一教三教的兴起后,介绍了王重阳与七真创立全真教的过程。正如开篇所述,当时日本的相关研究中几乎都未提及吕洞宾与王重阳,从这点来看,幸田露伴可谓起到了开创性的作用。

继幸田露伴后,常盘大定在其所著《中国的佛教与儒教道教》(东洋文库,1930)一书中对全真教进行了正式研究。常盘大定(1870—1945)生于宫城县真宗大谷派的顺忍寺,[②]后任教于东京帝国大学。他投入极大的精力,踏遍中国大陆的佛教史迹,撰写了大量有关中国佛教的研究著作。

《中国的佛教与儒教道教》一书主要的关注点在于佛教研究,但作为该研究领域之一,该书从三教交涉史的视角阐述了佛教与儒教、道教之间的关系。该书分两编,前编为《儒佛二教交涉史》,后编为《道佛二教交涉史》。后编的《道教史大观》第四章“教权确立时代(宋·元·明前半期)”对全真教进行了大篇幅的撰述。虽说该书终究是研究佛教的,但由于是从三教交涉论的立场撰述的,所以该书对儒道佛三教进行了相对性的研究。特别是描述宋代禅宗兴起时,对比了儒教朱子学、道教全真教的兴起,在佛教内部则将白云菜等诸派的兴起与禅宗相对,以明快的图示显示了三者相对性的论述架构。下面我们首先了解一下常盘的观点。

> 禅家如此离教背本,达至终极,其结果则引起反动。反动分内、外两面。所谓内部反动,是指产生自禅家内部的,如白云菜、白莲菜运动等。所谓外部反动,则是指援禅入道后新道教的蓬勃兴起,以及通过禅宗接触到佛教后而在教义上取得迅猛发展的新儒家建设。(668页)

此外,常盘还写道:

> 至晚于周濂溪百年后的王重阳时,道教因佛教而焕然一新。同时代的

① 后来此文与《仙人吕洞宾》(「仙人呂洞賓」,大正十一年1月,1922年)、《扶乩之术》(「扶鸞之術」,大正十二年四月,1923)合编,总标题为《论仙》(「論仙」,『露伴全集』第十六卷,岩波书店,1978)。此后,露伴先后发表了《关于道教》[「道教に就いて」,『哲学』(岩波講座),岩波书店,1933]、《道教思想》[「道教思想」,『東洋思潮』(岩波講座),岩波书店,1936]、《仙书参同契》[「仙書参同契」,《哲学》(岩波讲座),岩波书店,1941],但其中未见全真教的记载(均收录于《露伴全集》第十八卷,1979)。另外,关于露伴与道教,请参阅山田利明《露伴与道教》(「露伴と道教」,『季刊日本思想史』第五十七号,ぺりかん社,2000)一文。

② 关于常盘大定,前引江上波夫著作以及渡边健哉《常盘大定与关野贞——以〈中国佛教史迹〉的出版为中心》(「常盤大定と関野貞——『支那仏教史蹟』の出版をめぐって——」,平势隆郎、盐泽裕仁编『関野貞大陸調査と現在』Ⅱ,东京大学东洋文化研究所,2014)等书中有其评传。

朱子通过新的组织对抗佛教，高举足以令佛教黯然失色的旗帜。而道教仅通过些许融合调和，便成立了新道教。……因为历经两三代却无学者继承，所以不久后重又归于迷信。由其不久后便复归于迷信这一点，也可知长生不死、飞升成仙这种迷信是具有何种强大的力量的。因此，虽然持续的时间不长久，但我们也不得不承认，在道教历史中，摆脱了迷信的王重阳和全真教，其价值是首屈一指的。(734 页)

下面对此加以整理并稍作补充说明。常盘认为，作为禅宗带来的反应，在佛教内部发生了白云菜、白莲菜等运动，在外部则产生了朱子学和全真教。不过，他认为朱子学始于周敦颐(1017—1073，号濂溪)等北宋五子，而禅宗在道教方面的影响则始自距其百年之后的全真教。常盘将其分别称为“新儒教”和“新道教”。据管见所及，这是首次出现称全真教为“新道教”的说法。至少，这是近代全真教研究中“新道教”这一概念的发端之一。

那么，全真教“新”在何处呢？常盘以《重阳立教十五论》(《道藏》第九八九册)为例指出，王重阳的思想脱离了旧有的“长生不死、飞升成仙”的迷信之说，也就是说，王重阳虽然依旧使用金丹术的术语，但同时他将金丹视作佛教的法身，这是按照佛教哲理进行的解释，常盘对此大加赞赏。但到了元代，陈致虚(1290—?，字观吾，号上阳子)等人将王重阳创立的全真教谱系与张伯端一系的内丹道派系合并起来。如此一来，至陈致虚及其师父赵友钦阶段，全真教再次退回到“长生不死、飞升成仙”的迷信中(734 页)，回归到旧有的“金丹宗”，即张伯端一系的内丹道传统了(738 页)。在其他章节中，常盘将此称为“全真教的堕落”(700 页)。另外，常盘未再涉及陈致虚之后的全真教，这大概是他认为“长生不死、飞升成仙”的迷信状态一直延续至今的缘故吧。

此外，常盘大定对活跃于北宋时期的所谓南宗始祖张伯端着墨甚少，仅言及其“倡仙佛同源之说”。又由于张伯端创教先于王重阳百年之久，其派系又有所不同，“将之归属全真教时，应如何对其定位，尚存异说”(692 页)，对其定位不甚明了。

常盘大定认为，当时动荡不安的社会形势是全真教兴起的重要原因，此外，还有宗教方面的两个主要原因(726 页)：一是道教的腐败这一内因，另一个则是佛教的形式化这一外因。关于内因，他认为在于北宋徽宗时期的徐知常、林灵素(1075—1119，名灵噩，字通叟)等人带来的道教中兴及其弊端，认为他们“不依据教义，不依据道德，完全将基础置于仪礼和迷信之上”(726 页)。而所谓外因，则在于背离教义的禅宗四处蔓延,甚至催生白云莱等。

总之,常盘在充分把握儒道佛三教发展变动的基础上,从思想方面阐释了全真教从立教到"堕落"至金丹宗的过程。需要注意的是,他将佛教作为价值判断的标准,并基于此将金丹宗定位为"迷信"。在日本近代化的过程中,佛教等日本的"宗教"以基督教为基准进行自我变革,将与此不符的部分视为"迷信"加以排斥。可以看出,此类观点在海外的道教中也加以运用。对此,我们也需注意。①

再补充一点,常盘大定绝非仅从思想方面来看待全真教的。如上文所述,酒井忠夫将 1930 年之前划定为日本道教研究的黎明期,此时期以思想研究为中心。而该书出版于黎明期的最后一年,即 1930 年。其中述及了由宋德方(1183—1247,字广道,号披云)开凿于山西省太原市龙山的全真教石窟(后编第四章九)。这是基于常盘与关野贞(1867—1935)一起踏遍中国各地佛教史迹的经历而写就的。从道教美术研究的观点来看,也是值得注意的。② 另外,收录于后编第四章十的《全真教与道院》(「全真教と道院」)一文,原载于大正十四年(1925)1 月出版的《宗教研究》(「宗教研究」)新第二卷第一号(宗教研究会发行),其中列举了山东省济南市的道院与红卍字会等的关系,用于介绍当时全真教的状况。从前述酒井忠夫的分类来看,这些内容反映了道教研究正向进行实地调查研究的第二个研究阶段过渡。

对常盘大定的探讨就此结束,在此,我想补充介绍一下二战结束前日本的全真教研究。这个时期的全真教研究中,久保田量远的《中国儒道佛交涉史》(『支那儒道仏』,大东出版社,1943)以及吉冈义丰的《初期的全真教》(『白雲観の道教』の第三章「初期の全真教」)值得留意。久保田量远和吉冈义丰都拥有僧籍。需要特别指出的是,除幸田露伴外,日本早期主要的道教研究都来自佛教徒和佛教研究者。

久保田量远的《中国儒道佛交涉史》基本上承袭了常盘大定的学说,将朱子学和全真教的出现视作禅宗兴起对儒道影响的结果。书中关于全真教的记载并

---

① 关于佛教在基督教的启发下,从自身内部发现"宗教"的过程,请参照宫川敬之著《近代佛学的起源》(「近代佛学の起源」,『中国哲学研究』第十二期,东京大学中国哲学研究会,1998)、Jason Ananda Josephson《佛教成为宗教的时间》。["When Buddhism became a 'religion'", *Japanese Journal of Religious Studies*, 33.1(2006)]等。关于神道被欧美研究者视为"迷信"的事例,请参考安津素彦《外国人眼中的神道》(「外国人の見た神道」,神道文化会编『明治維新　神道百年史』第二卷,神道文化会,1966)一文。

② 据常盘大定、关野贞《山西龙山》(「山西竜山」,『支那文化史蹟』第一辑,法藏馆,1937)所记载,此乃依据 1919 年进行的调查。

不多，其中提到全真教仿照佛教分为南北二宗，南宗初祖张伯端试图融合道佛二教的背景中有天台智顗(538—597)的影响。另外，该书遵从常盘的观点，认为王重阳以佛教为基础，将法身的思想引入长生成仙中，完全改变了旧有道教的性质。然而，该书继全真教后又介绍了宋徽宗时期由林灵素的出现而带来的道教中兴。这就使得常盘大定认为是道教的腐败导致了全真教的出现这一理论框架变得模糊不清了。

另一方面，吉冈义丰(1916—1979)作为日本外务省留学生、真言宗在外研究生，于昭和十四年(1939)前往中国留学七年。其间，他从事中国河北各地的民俗调查，著有《道教小志》(『道教小志』)(多田部队本部，1940)、《道教的实态》(『道教の実態』，兴亚宗教教会，1941)、《白云观的道教》(『白雲観の道教』，东方民俗丛书第二册，新民印书馆，1945。后收录为《吉冈义丰著作集》第一卷《道教研究》)等。不过，前两本书并没有署吉冈义丰的名字，而采用了调查报告的形式出版。吉冈义丰署名出版的《白云观的道教》一书，在昭和二十七年(1952)以《道教研究》(『道教研究』)为名由法藏馆再版。虽然吉冈本人也拥有真言宗的僧籍，留学期间也接受了常盘大定的指导，但他摆脱了常盘、久保田以佛教为中心的交涉史研究路径，对道教进行了单独的研究。如前所述，日本道教研究的第二个时期其特征是重视实地调查，该书也具有此种倾向。

虽然《道教的实态》一书的"历史编"中对全真教也有所涉及，但我们还是看一下《白云观的道教》中收录的"初期的全真教"这部分。首先，《白云观的道教》一书由以下部分构成:0.序论(对道教的理解)(「序説」(道教の理解))、1.白云观概况(「白雲観の概観」)、2.白云观的起源(「白雲観の起源」)、3.初期的全真教(「初期の全真教」)、4.白云观晾经会与祭神调查记录(「白雲観晾経会と祭神調査記」)、5.后记(「あとがき」)(章节符号乃笔者添加)。

在"3.初期的全真教"中，关于"(1)新宗教成立的主要原因"(「新宗教成立の要因」)，吉冈以全真教为例，将其产生的原因归纳为以下三点。首先，最根本的原因是汉族对金廷的反抗(153 页。按，以下的页码以 1945 年初版为准)，另外，北宋过度推行崇信道教的政策，使得林灵素等的"官僚道教"最终与皇室命运与共，但民众所期盼的却是"与生活相一致的信仰"。在民生疲敝、社会动荡不安的乱世这一背景下，与"官僚道士"不同，全真道道士们站在普通大众的立场上传教布道(155 页)。而会昌毁佛后，新兴的禅宗作为中国的佛教出现。由于禅宗植根于中国，易与儒道二教相通，整体呈现出了三教圆融的态势。虽然后来发生了宋儒的排佛以及至元年间(1264—1294)的佛道论争等争斗，但在这种新思潮的影响下出现了宋儒的心性理论，也诞生了全真教、真大道教、太一教等“新宗教”。[①]另外，在昭和二十七年(1952)出版的《道教研究》一书中，吉冈建构了“民众道教”与“出家道教”的二层结构，把全真教视作“由民众道教通向出家道教的一个路径”。[②]

另外，与常盘大定相同，吉冈也认为全真教在与张伯端的内丹道融合之后，其教义发生了变化。他将与南宗内丹道融合之前的全真教称为“初期全真教”，并详细追踪了从王重阳创教到教化马丹阳的过程，分析了其教义。此外，关于斋醮，他特别指出，之所以多次举行黄箓斋，是因为中国北方当时因战乱而混乱不堪，而斋醮活动能够发挥给予民众精神安慰、赢得民心的重大作用。并且，他将全真教频繁举行的斋醮归纳整理成表格。吉冈义丰聚焦于其社会功能，但窪德忠将其视为拂拭掉“新道教”咒术宗教色彩的问题，并加以论述。另外，从“初期的全真教”这一章的标题可以看出，其中并未涉及太一教和真大道教。

事实上，吉冈义丰曾接触到下文将介绍的陈垣的《南宋初河北新道教考》，在该书中就已经非常强烈地提出了全真教诞生于饱受战火之苦的民众之中的观点。下面我们来看一下中国的全真教研究。

### 2.陈垣《南宋初河北新道教考》

吉冈义丰在中国进行调查活动的这一时期，中国也出现了在全真教研究中起到重要作用的人物，他就是陈垣。在梳理他的思想之前，先简单介绍一下清末陈铭珪所著的《长春道教源流》。常盘大定等人的著作也曾参考此书。

陈铭珪，字友珊，东莞(今广东省)人。他本是咸丰壬子年(1857)的副贡生，精通经学，晚年入道，修复了罗浮山的酥醪观并任住持，自称酥醪洞主。

载有光绪己卯年(1879)序的《长春道教源流》[光绪五年(1879)自序，收录于严一萍编《道教研究资料》第二辑，艺文印书馆，1974]如书名所示，该书以长春真人丘处机为中心，对其师父王重阳及七真，特别是对其中的丘处机及其门人进行了实证性的考证，是一部开创性的著作。该书以李道谦(1219—1296，字和甫，号

① 全集中仅有一处记载为“新道教”(《吉冈义丰著作集》第一卷，五月书房，1989，112页)，在最初出版的《白云观的道教》(1945)中均作“新宗教”，除禅宗外还记载了净土思想。此外，在《道教的实态》中称其为“新兴道教”(120页)。

② 《道教研究》一书由三章组成，第一章《民众道教》(「民衆道教のこと」)中有近世时期流传的宝卷的相关记载，第二章《从民众道教到出家道教的一个路径》(「民衆道教から出家道教への一経路」)重新收录了《白云观道教》的“3.‘初期的全真教’”，第三章《出家道教》(「出家道教のこと」)重新收录了《白云观道教》的“1.白云观概观”和“2.白云观起源”。

天乐道人)的《甘水仙源录》(《道藏》第611—613册)以及众多碑刻为基础写就,是一部带有考证学色彩的著作,因此,该书直至今日仍具有很高的史料价值。就这一点而言,该书恰巧可以说是下文要分析的陈垣著《南宋初河北新道教考》的先驱。此书之所以对丘处机进行大幅描写,原因正在于丘处机是全真教最大门派——龙门派的开派祖师,因此可以说,该书将自身门派研究置于关切的中心。因为作者陈铭珪法名为教友,而"教"是龙门派第十七代的字辈。

民国政府成立后,1926年小柳司气太的《道教概论》一书便被早早翻译成中文[陈彬龢译《道教概论》,(国学小丛书),商务印书馆,1926],1934年许地山《道教史》上册(商务印书馆,1934)以及傅勤家《道教史概论》(商务印书馆,1934)出版。另外,吉冈义丰的著作虽说是日文,但在中国也有出版。但在写下这一众著作的学者中,陈垣无疑是在中国全真教的研究中起到决定性作用的人物。

陈垣(1880—1971),字援庵,广东新会人。[①] 起初学习西医,后在辅仁大学、燕京大学、北京大学等任教。他的研究采用传统的所谓考证学的方法,是著名的历史学家、教育家。但他除了撰有论述元代基督教的《元也里可温考》(1917年5月)外,也著有传入中国的佛教和伊斯兰教,以及犹太教、火祆教、摩尼教等各种宗教相关的论著,可以说他也是一位宗教研究者。陈垣与道教相关的代表性著作有1941年的《南宋初河北新道教考》,及其去世后出版的《道家金石略》(陈垣编,陈智超、曾庆瑛校补,文物出版社,1988)。

《南宋初河北新道教考》一书对金朝时期兴起的太一教、真大道、全真教三派活动进行了论述,可以说是基于当时尚未出版的道教碑刻史料集《道家金石略》的实证论著。但我们要注意一点,即从该书于1941年7月完稿的这一点也可看出,与日本的战争深深地影响到了此书。[②] 关于这部著作创作的经过,1962年中华书局单册刊行的《南宋初河北新道教考》的后记中有详细记载。该后记是在1957年7月写就的。

> 此书继《明季滇黔佛教考》而作,但材料则早已蓄之三十年前,一九二三、二四年间,作者曾辑有关道教碑文千余通,自汉迄明,按朝代编纂《道家金石略》百卷,以为道教史料之一部分,藏之箧衍久矣。
>
> 卢沟桥变起,河北各地相继沦陷,作者亦备受迫害,有感于宋金及宋元

① 牛润珍著《陈垣学术思想评传》(北京图书馆出版社,1999)、刘乃知著《陈垣年谱 附陈垣评传》(北京师范大学出版社,2002)等书中有陈垣的评传。

② 陈垣是一位热忱的爱国主义者,对此,上述牛润珍等人的陈垣评传中已多有记载。

时事,觉此所谓道家者类皆抗节不仕之遗民,岂可其为道教而忽之也。因发愤而著此书,阐明其隐,而前此所搜金元二代道教碑文,正可供此文利用,一展卷而材料略备矣。

诸人之所值得表扬者,不仅消极方面有不甘事敌之操,其积极方面复有济人利物之行,固与明季遗民之逃禅者异曲同工也。此书刊行后,不久即告罄,今因研究宋金元史者之需要,特重印以请教国人。(154页)①

此处所谓《明季滇黔佛教考》于1940年3月完稿,同年8月作为《辅仁大学丛书》第六种刊行。该书主要记述了明末清初云南省、贵州省地区佛教盛行,以归顺清朝为耻的明朝“遗民”们投身于禅宗等相关内容。

在上文的后记中,陈垣提到他继《明季滇黔佛教考》后又写下《南宋初河北新道教考》一书,但实际上在此期间,他还写下了另一本著作,即《清初僧诤记》。《清初僧诤记》于1941年1月完稿,同年在《辅仁学志》第九卷第二期上刊行。其内容继《明季滇黔佛教考》之后,论述了明末清初的临济宗、曹洞宗、天童派等禅宗宗派新旧两势力的争执。这本书在日本也引起了荒木见悟等人的关注,1989年,野口善敬将其翻译刊行。②

这里必须要注意的是,《明季滇黔佛教考》是在抗日战争高潮时期完成的。③另外,1962年再版的《清初僧诤记》后记中也提到,该书撰写的背景,是北平(北京)、天津沦陷的1941年,“汉奸”们“渡海朝拜”,回国后,在家乡大肆宣传炫耀。这大概是指在此前一年汪伪政权成立,与日本保有联系一事。④

也就是说,《明季滇黔佛教考》中描写了明朝的“遗民”不屈的节操,与此相对,《清初僧诤记》中则描写了佛教界对满洲族的清朝阿谀奉承。其背景深受当

---

① 段落换行乃笔者添加。

② 陈垣著《清初僧诤记》(陳垣撰、野口善敬訳註『訳註　清初僧諍記——中国仏教の苦悩と士大夫たち——』,中国书店,1989)。

③ 《明季滇黔佛教考》(中华书局,1962)重印后记(1957)中有如下记载:“此书作于抗日战争时,所言虽系明季滇黔佛教之盛,遗民逃禅之众,及僧徒拓殖本领,其实所欲表彰者乃明末遗民之爱国精神、民族气节,不徒佛教史迹而已。”(320页)

④ 《清初僧诤记》(中华书局,1962)的后记如下:“一九四一年,日军既占据平津,汉奸们得意扬扬,有结队渡海朝拜,归以为荣,夸耀于乡党邻里者。时余方阅诸家语录,有感而为是编,非专为木陈诸僧发也。今因重印,特说明此点,识者谅焉。陈垣识　一九六二年三月。”(95页)另外,陈垣的学生刘乃和在《清初僧诤记》的解说中指出,后记的内容指的是1941年6月,汪精卫一派在日本“朝拜”昭和天皇,与日本政府发表“共同声明”,请求“援助”“贷款”的事实[前引刘乃和著作,347页。以及,陈垣《明季滇黔佛教考(外宗教史论著八种)》(河北教育出版社,2000)中刘乃和的解说,9页]。但《清初僧诤记》的序写于1941年1月,在时间上多少有些差异。虽然也有可能是陈垣在1962年写后记时记错了,此处我们可以从广义上认为是指前一年1940年成立的汪伪政权。

时战局紧张的影响。继这两部书之后，1941 年 7 月《南宋初河北新道教考》一书完成，同年 12 月作为《辅仁大学丛书》第八种出版。本书和上述两书并称为“宗教三书”。

如上文所引，1937 年 7 月 7 日卢沟桥事变爆发，自全面抗战开始后，河北被战火笼罩。陈垣也遭受了损失，所以他将河北的现状与金元战火不断的场景关联起来也不无道理。虽然一个是佛教，另一个是道教，并且时代也不同，陈垣以为，“这些归属道教的人们都是坚守操节、不侍奉其他王朝的遗民”，并描绘了新兴起的全真教等人们的清廉形象。

不过值得注意的是，虽然陈垣在这些著作中融入了他自身经历抗日战争的感受，但并不意味着他歪曲了事实。例如野口善敬在《清初僧诤记》的译注中所指出的那样，[①]明清时期的中国佛教的研究一直未得到充分发展，同时代的禅宗研究也被称为“禅道变衰之代”，[②]未能引起研究者过多的兴趣。在这种情况下，《清初僧诤记》脱离佛教教义的范畴，从历史研究的角度出发，广泛运用各种资料客观地整理了当时佛教界的状况，是一部非常优秀的著作。同样，《道家金石略》是《南宋初河北新道教考》撰述的基础，至今也没有出现超越《道家金石略》的道教相关石刻资料。[③] 该书广泛运用了各种资料进行研究，这一点即便放在今日也是十分出色的，甚至可以说，从资料的丰富程度来看，至今也几乎没有可以超越它的研究。

但不可否认的是，本书还是带有浓厚的对抗列强的意识。例如，陈垣在《新道教考》的序文中这样写道：

> 右三篇四卷廿三章，全七万余言，述全真、大道、太一三教金、元时事。系之南宋初，何也。曰三教祖皆生于北宋，而创教于宋南渡后，义不仕金，系之以宋，从其志也。

（《目录》，3 页）

陈垣后文继续写道，由于靖康之乱，河北的学堂荒废，士人流散，留下来的人最终也被新王朝利用。于是全真教、真大道教、太一教的创教祖师们开创了新的教派。这与明末的禅宗相同，却不同于以往的道教。他们无法继续待在儒门内，只

---

① 前引陈垣撰、野口善敬译注“译者前言(「訳者はしがき」)”。

② 忽滑谷快天《禅学思想史》(『禅学思想史』)卷下，名著刊行会，1979(原玄黄社，1925)。

③ 近年来，作为《道家金石略》的补充，王宗昱出版了《金元全真教石刻新编》(北京大学出版社，2005)一书。

能转入道教。他们本是北宋遗民,但相关记录却鲜有涉及。元朝时期有南宋遗民,为何金朝时期却没有北宋遗民呢?(《目录》,3—4 页)

陈铭珪认为王重阳是北宋的"遗民",[①]而陈垣则基于陈铭珪《长春道教源流》的观点,认为"新道教"的三个教团都是由"遗民"们创建的。全真教创始人王重阳生于北宋政和二年(1112),真大道教创始人刘德仁生于宣和四年(1121),太一教创始人萧抱珍的生年不详,陈垣推测其生于北宋末年。于是,该书命名为"南宋初河北新道教考"。也就是说,终究宋王朝才是正统的。

书的开头部分即是全真教部分,描写篇幅也是最多的。书中记载了全真教徒们不屈服于权势,对宋朝忠心耿耿、不辞辛劳的高洁行为,以及丘处机远赴西域觐见成吉思汗,其"一言止杀"的主张被成吉思汗接纳,由此全真教的势力大幅扩张。对此,元好问(1190—1257)讽刺丘处机,将其比作五代政治家冯道(882—954)。但陈垣却认为冯道所做是为了自保,而丘处机的行为并非为了谋求富贵或保全自身。他将全真教定位为"遗民们的渊薮"(14 页)。

但不久后全真教团发生了变化。陈垣在谈到全真教团编辑《道藏》以及与佛教教团的论争等几个问题后,在"末流之贵盛"(卷二第十一)中谈到了全真教的变化。其中以第十三代掌教孙德彧祈雨为例,描绘了教团因与政治权力结合而变得铺张奢侈的情形。

过去不以"巫祝之术"而出入权门的全真教,至此"已失其本色"。(71 页)因此陈垣基本不再提及此后的全真教。陈垣所关注的只是全真教与权力之间的距离及其新颖之处。与常盘大定不同,他并未提及与张伯端一系的内丹道融合所带来的思想变化这一全真教变化的原因。

不过,该书基本上是依据《元史·释老传》一书而将全真教、真大道教、太一教三教并为一类。但从中可以看出陈垣与常盘两者思想上的偏差。例如,陈垣自己也承认,太一教的教说以巫祝为中心,与全真教大不相同。相比之下,常盘大定极少提及真大道教与太一教。("三、道教诸派",703 页)另外,与陈垣不同,常盘大定除《元史》外,也参照了元代陈采的《清微仙谱》(《道藏》第 75 册)和明代张宇初的《道门十规》(《道藏》第 988 册)等书,阐明了当时道教诸派的实际状况。总之,陈垣将重点置于社会层面,几乎没有像常盘大定那样从思想的角度进行探讨。

---

① 陈铭珪在《长春道教源流》卷一中写道"王重阳有宋之忠义也",认为即使在北宋灭亡后,王重阳仍对宋廷怀有忠义之心(29—31 页)。

如开篇所述，因道教基本上未传入日本，战前，日本的道教研究最初是基于理解异国文化的一个方面而开始的，不久后日本入侵中国，这样的社会形势对道教研究也产生了影响。我们或许需要记住，日本和中国的全真教研究，其发端一个是带有列强实地调查的色彩，而一个则具有抵抗列强的背景。

### 3.窪德忠《中国的宗教改革——全真教的成立》(『中国の宗教改革——全真教の成立——』)

在前述研究基础上，战后，窪德忠著《中国的宗教改革——全真教的成立》(法藏馆，1967)一书面世。

窪德忠(1913—2010)对全真教的关注由来已久。他在二战期间撰写的《金元时代道教概说》(「金・元時代に於ける道教の概説」，『北亜細亜学報』第二辑，亚细亚文化研究所，1944)一文早于吉冈义丰的《白云观的道教》中第三章“初期的全真教”(1945)发表，文中概述了北宋时期道教的腐败状况，介绍了在此基础上产生的金元时代的真大道教、太一教、正一道、茅山派等诸派。文中虽未涉及全真教，但正如作者自己在序言中所说，此文是全真教研究的一个绪论。此后窪德忠陆续发表了几篇有关全真教的论文，并基于此出版了《中国的宗教改革——全真教的成立》一书。

该书首先简述了旧有的道教史，描述了从天师道教团的成立到北宋时期的崇道政策及其弊端，之后阐述了宋金之战及北宋灭亡导致的河北平原地区社会混乱，全真教、真大道教、太一教就此出现。窪德忠将此三教团称为“革新派”，或“新道教”。

由书名《中国的宗教改革》可以看出，作者在撰写此书时思想中存在着欧洲宗教改革以及M.韦伯的宗教社会学理论的影响。近代欧洲始于针对中世纪封建社会的文艺复兴及宗教改革。以马丁・路德反对罗马教廷出售赎罪券一事为开端，宗教改革开始，基督教新教由此诞生，不久后便与天主教二分欧洲天下。韦伯认为，这种新教精神为近代资本主义的发展做出了贡献。

另一方面，窪德忠基于中国历史的时代区分论将宋代以后划分为近世的学说，将“新道教”与欧洲宗教改革相类比。例如，与贩卖赎罪券的天主教会相同，天师道等“旧道教”宣扬通过符咒获得长生不老及现世利益，具有浓厚的巫术宗教色彩，趋于世俗化。与此相对，“新道教”并不宣扬长生不老或现世利益，而是以救济人们的精神苦恼为目的。例如，其中主张三教同源的全真教，与“视自身有佛性的大乘佛教的思想如出一辙”(199页)。另外，虽然“新道教”使用了与“旧道教”同样的术语，但却排除了神仙论和金丹道的思想，这是对“旧道教”的内化和升华，是一种对宗教世俗化的反抗，也消除了其巫术宗教色彩。窪德忠对此高度评价。但同时窪德忠也反问自己：“是否就可以将这些教团的创立直接与路德等人的宗教改革相提并论呢?”(199 页)

将宋代以降划分为近世的时代区分论，是内藤湖南(1866—1934)提出的，战后得到了宫崎市定(1901—1995)等人的进一步发展。针对此所谓京都大学学派的观点，1948 年，东京大学的前田直典(1915—1949)加以批判，认为宋代以后当为中世。[①] 对于此种观点，窪德忠认为，如果认为宋代以后不是近世而是中世的话，那么应该可以从全真教等“新道教”三教团中寻找到能够对此进行佐证的要素。

例如，吉冈义丰重视全真教的社会功能，认为全真教经常举行的斋醮，对于苦于战乱的民众来说是一种慰藉。与此相对，窪德忠从消除咒术宗教色彩这一视角出发，认为这与“旧道教”并无二致，对全真教继续进行斋醮加以诟病。另外，窪德忠认为，“新道教”并没有形成韦伯所谓的职业伦理，而且，新教作为欧洲宗教改革的产物至今仍然存在，而在中国，“新道教”中的太一教、真大道教已然消失，全真教团也已不复当初，仅存形骸而已，可见两者差别甚大。所以，虽然书名中用到了“中国的宗教改革”，但窪德忠认为这终究不过是“道教史上的重大改革”而已，并无“与宗教改革运动相比附之意”。(202 页)该书结尾处，作者表示，“新道教”仅“如实反映了旧中国时人们的宗教意识”，“其巫术性没能彻底消除，这或许是道教的宿命”。(203 页)那么，若当如此，“新道教”的革新性又体现在何处呢?

窪德忠梳理了王重阳参加金朝及其傀儡政权大齐科举考试的现实情况，从而否定了陈铭珪及陈垣认为王重阳乃北宋“遗民”的观点。(85—86 页)对于王重阳创建全真教，窪德忠更多地诉诸其宗教体验本身。另一方面，窪德忠又将全真教、真大道教、太一教三教团并立，认为这些“新道教”诞生于北宋、金政权交替这一社会背景下，由此而言，不得不说窪德忠从广义上承袭了陈垣的理论框架。但与陈垣不同，窪德忠的特色在于，他不仅单从社会层面叙述三教团的活动，同时也在思想层面积极地进行阐明。具体而言，窪德忠认为，全真教受到禅宗的影响，脱离金丹道而成立，并且具有消除巫术宗教色彩的倾向，但到了元代陈致虚

---

① 窪德忠还指出，全真教的王重阳和真大道教的刘德仁很可能是形势户(前引窪德忠著作，61、72 页)。这表明窪德忠对支撑时代区分论的中世纪封建农奴制与佃户等中国诸制度之间的关系也抱有兴趣。

时与金丹道合流之后，又再次加强了巫术宗教的倾向。可以说这基本上忠实地沿袭了常盘大定的理论框架。而这两种框架会产生矛盾。其最明显的表现在于以下论述太一教的部分。

首先，窪德忠指出："天师道等旧道教重视符咒，与此相对，金代河北地区兴起的真大道、全真两个教团则如后文所述，排斥符咒，完全不用。"(55 页)但另一方面，窪德忠又承认，陈垣认为太一教"以《老子》之学修身，以巫祝之术御世，从某种意义上，此观察正确"(55 页)。对于这一矛盾，窪德忠认为虽资料较少，但太一教的戒律没有言及金丹和尸解之术，也没有劝人行导引、房中之术的记载。他进一步指出：

> 太一教与其他两个教团一样，都以济世救民为目的，但在实践手段上，选择了旧有道教所重视的符咒之力。因此，就破除咒术性而言，太一教是不如其他两个教团的，但也不能因此而认为它与陈垣氏所谓"巫祝之术"，或者说与旧有的道教内容与性质完全相同。总而言之，此教派性质虽最接近旧道教，但仍存在很大的差异。(56—57 页)

但是，这个推断恐怕也很难令人信服。我们需要留意的是，与陈垣的观点相比，窪德忠创新性地将"破除咒术性"视为道教的革新性，即"新道教"的要素。换言之，陈垣仅从救济民众的观点出发，对河北的"新道教"进行了论述，而由于窪德忠试图说明"新道教"与"旧道教"在思想上的非连续性，这便有些牵强附会了。常盘大定从思想性的角度出发将全真教与其他两个教团区分开来，仅将全真教称为"新道教"；而陈垣则将焦点置于社会性上，将三个教团并称"新道教"。而窪德忠与此二人的差异，归根到底便在于此。[①]

问题在于，"新道教"与"旧道教"相比，真的"存在很大的差异"吗？若是如此，其差异又是什么呢？窪德忠认为全真教的创教并没有伴随韦伯所谓心性变化的出现。那么，"新道教"产生的理由是什么呢？

窪德忠认为全真教"并未彻底消除咒术性"，如今的全真教已不复当初，仅保留了其形骸而已。另外，对于张伯端，如前文所述，常盘认为对其定位不明确，而窪德忠认为是金丹道改变了全真教，而张伯端是金丹道的祖师，由此强调其与全真教的区分。然而，张伯端一系的内丹道，果真只是以长生不老为目标的巫术吗？这一点还需要加以慎重地探讨。另外，窪德忠主张全真教已有名无实、仅存

---

① 另外，吉冈义丰虽然将全真教、真大道教、太一教三教称为"新道教"，但实际上却只涉及了全真教，所以这种矛盾并没有彰显。

形骸,但将至今存续的全真教与后来消亡的真大道教、太一教等同视为"新道教",这又该如何解释呢?这一系列问题都迫使我们需要重新审视"新道教"这一研究框架。

另外,窪德忠借助韦伯的思想,对欧洲宗教改革与"新道教"进行比较,虽其本人后来又撤销了这一观点,但我想再就此提出如下两个问题:一是,从破除咒术性的宗教色彩来说,应如何看待全真教团持续进行斋醮活动这一问题;二是,窪德忠认为"新道教",特别是全真教,在佛教的影响下以拯救民众的精神苦恼为目的。对此二问题我们该如何看待呢?

首先探讨第一个问题。王重阳及七真(除孙不二外)的确经常举行斋醮。根据前述吉冈义丰所整理的图表(205—207页),七真共进行了五十六次斋醮。这也是与世俗权力密切关联的。例如,金箓斋是三箓斋之一,是一种消除天灾、祈祷国家安泰的仪式,一般都是由帝王所作。

大定二十七年(1187),王处一被金世宗召见,次年丘处机也被其召见,全真教团正是在这一时期开始加强了与政治的联系。我们根据蜂屋邦夫《金元时代的道教——七真研究》(『金元時代の道教——七真研究——』,汲古书院,1998;金铁成等译《金元时代的道教——七真研究》,齐鲁书社,2014)一书对此加以简要总结的话,大定二十八年(1188)三月万春节,王处一和丘处机共同主持斋醮。此后章宗即位,"禁罢全真及五行毗卢"(《金史·章宗纪》),强化了对道、佛两教的控制。但到了承安二年(1197),王处一和刘处玄再度受到金章宗召见。泰和元年(1201)及三年(1203),王处一受召举行了普天大醮。普天大醮即是金箓斋。

如前所述,窪德忠从破除咒术宗教色彩的角度,认为"新道教"继续举行斋醮是与"旧道教"相同的,因此加以诟病。但我们必须注意的是,这种现象并不仅限于全真教。例如,根据阿部肇一的研究,①佛教一方的万松行秀也在明昌四年(1193)应章宗邀请举行普渡会,之后每年都举办。普渡斋指的是盂兰盆会、施饿鬼会等。万松行秀(1166—1246)在河北地区为曹洞宗的兴盛做出了巨大贡献。他的门下有元初开国重臣耶律楚材(1190—1243),还有后来与全真教形成对峙的雪庭福裕(1203—1275)和林泉从伦等人。总之,如果批判全真教是处于国家庇护下进行斋醮活动的咒术宗教,那么也就该同时批判禅宗了。此外,虽然也有必要考虑章帝时期的道、佛政策,但丘处机等全真教团、万松行秀一系的禅宗,都

① 请参照阿部肇一《万松行秀传与〈湛然居士集〉——金代曹洞禅的发展》(「万松行秀伝と『湛然居士集』——金代曹洞禅の発展——」,冈本敬二先生退官纪念论集刊行会『アジア諸民族における社会と文化——岡本敬二先生退官記念論集——』,国书刊行会,1984)。

很早就开始向金元权势靠拢，因此两者可能很早就已经意识到了彼此的存在。[①] 如何定位斋醮及普渡斋等暂且不论，全真教与禅宗在金朝同样受到重视，能够相互竞争，不正是因为彼此拥有相似的心性观念吗？

另外，全真教积极举行斋醮，反倒是受到窪德忠批判，属于张伯端一系内丹道派的牧常晁却对斋醮持否定言论，这值得我们注意。自南宋灭亡前后至十三世纪末，牧常晁活跃于福建地区，虽然他部分涉及全真教的言论，但基本上还是属于张伯端一系内丹道的人物。[②] 有人问，是否能够通过斋醮而达到圣位？对此他回答道，古代原本没有斋醮，虽然斋醮能引发世人的虔敬之情与布施之心，给出家者带来好处，但"若顾此以证圣成真者，梦幻泡影耳"。[③] 当然，仅凭此一例，我们或许无法论断张伯端一系内丹道的整体倾向，但也令我们知道，张伯端一系内丹道在与全真教融合后，也有此否定斋醮的主张；同时，禅宗同样依附于国家权力举行普渡法会，这样我们就不能轻率地断定张伯端一系内丹道是否比全真教更"迷信"，或者说全真教与禅宗相比哪一方更具咒术性质。相反，如果能够将其频繁进行普度和斋醮的目的视为救济众生，那么，对于能否简单地将它们视为巫术式的思维，也就需要更加慎重地加以判断了。

其次，有观点认为，"新道教"，特别是全真教，接受佛教的影响，以度化精神方面的苦恼为目的，以下对此种观点加以考察。首先，韦伯对儒道佛三教的看法大致可归纳如下：

韦伯认为，正统的儒教和异端的道教共同构建了五行思想这一理论基础，"'宇宙一体论'的哲学和宇宙起源论把整个世界变成了一个咒术园地"(M.韦伯

---

① 七真中最早受召于金朝的王处一流传着被僧人下毒的逸闻，这也可以视作全真教与佛教间起争执的最早事例[秦志安《金莲正宗记》(《道藏》第715—716册)卷五"玉阳王真人"]。不过，除了《金莲正宗记》之外，《金莲正宗仙源像传》(《道藏》第716册)、《历世真仙体道通鉴续编》(《道藏》第149册)卷三中记载的王玉阳传中，并没有明确记载下鸠毒的是佛僧，而且各传记中也有记载混乱之处。[前引蜂屋邦夫著书(1998)，271页]不过，在所有传记中，都提到王处一在首次应召时被人下鸠毒，这表明有些人不满于全真教势力的扩大。

② 请参照横手裕著《全真教的变化》(「全真教の変容」，《中国哲学研究》第二期，中国哲学研究会，1990)、森由利亚《近世内丹道三教一致论》(「近世内丹道の三教一致論」，野口铁郎等编『道教と中国思想』[讲座道教・第四卷]，雄山阁出版，2000)。

③ "或问，斋醮之法可以证圣成真否。答云。三代以前即无此事，不过祭祀之法也。在老氏谓之醮，在佛氏谓之斋，其词无非歌咏其善。亦有三种之利也，一能发世人恭敬心，二能启世人布施心，三能利及出家人。若顾此以证圣成真者，梦幻泡影耳。"[牧常晁《玄宗直指万法同归》(《道藏》第734—735册)卷三，十一左—十二右]

著，木全德雄译『儒教と道教』，329 页)[①]。这也使得基督教成立的“奇迹在伦理上的合理性完全无从谈起”。(329 页)另一方面，佛教传入中国后，中国民众期待它能起到基督教那样的“拯救共同体的作用”，(295 页)并不遗余力地渡化以“摆脱轮回转世的‘车轮’”。(456 页)但韦伯得出结论认为，儒道佛三教最终未能产生近代资本主义精神。而这仅可能产生于基督新教。

姑且不论牵涉近代资本主义精神是否合适，笔者先就其所谓的巫术与度化的问题进行些许探讨。因为这关系到由常盘大定提出并由窪德忠继承发展的下列观点。常盘大定认为，以往的金丹宗属于“长生不死、飞升成仙”的“迷信”，而王重阳则在佛教的影响下摆脱了“迷信”，创立了全真教。而窪德忠在常盘大定观点的基础上，认为全真教消弭了道教的巫术宗教属性，对此前文已有所论述。

若将其置于上述韦伯的论述结构中，则是否就可以认为，佛教是以渡化为目的的，与之相比，道教说到底是巫术性的，是无法加以度化的呢？换言之，相对于禅宗的顿悟，又应如何定位道教通过内丹炼养最终达成冥合于道的境界呢？特别是炼成内丹基本是以阴阳五行思想为基础的，其思想背后存在着反逆自然造化生成顺序而最终得道的认识。该如何将这两种最终境界结合在一起呢？而实际上，这正是张伯端一系内丹道以及全真教的性命论所思考并加以讨论的问题。因为张伯端一系内丹道吸收了禅宗的顿悟说与性说的思想，先于全真教对性与命，亦即顿悟与内丹修养的关系进行了深入的探讨，将其视为互补或对等关系。[②]如此看来，对于全真教与张伯端一系内丹道，或是道教与佛教，并不能用简单的二分法将他们定义为单纯的“迷信”或是度化了。

窪德忠在《中国的宗教改革——全真教的成立》之后，撰写了《道教史》(『道教史』，山川出版社，1977)一书。该书作为与儒教史、佛教史、基督教史等并列的世界宗教史丛书之一由山川出版社刊行。正因如此，窪德忠对于全真教的观点，虽然还包含着上述种种问题，但却对日本的道教研究产生了决定性的影响力。从常盘大定开始，之后到中国的陈垣，再到窪德忠，可以说这些学者对“新道教”的探讨，确立了一个全真教研究框架的方向性。

---

① 本书引自木全德雄译《儒教与道教》(『儒教と道教』，创文社，1971)，译自 Max Waber, *Gesammelte Aufsätze zur Religionssoziologie*, 3Bde., 1920-1921。这相当于原著第一卷《世界宗教的经济伦理——比较宗教社会学试论》(「世界宗教の経済倫理比較宗教社会学試論」)的绪论部分以及《儒教和道教》部分。

② 请参照本书第Ⅰ部第一篇第一章。此部分围绕张伯端、白玉蟾相关的佛道二教的各种探讨进行了阐述，如，张伯端认为消弭顿悟后的习漏是需要内丹的，且认为内丹与顿悟二者是互补关系，白玉蟾将金丹与佛教的圆觉、儒教的太极等同而视等。

## 二、在此之后的“新道教”

### 1.在中国的发展——唯物史观对“新道教”的否定及其复兴

1949年新中国成立,在马克思主义史观的影响下,也产生了对“新道教”的否定性的评价。在此列举侯外庐主编的《中国思想通史》(人民出版社,1957—1960,以下简称《通史》)加以讨论。虽然该书先于窪德忠的《中国的宗教改革》,但因具有代表性,故以该书为例。

侯外庐(1903—1987)曾受教于李大钊(1889—1927),是中国首位翻译《资本论》的人。《通史》由侯外庐主笔,兼收儒道佛三教,涵盖了古代至十九世纪四十年代的思想史。这里主要涉及的是第四卷下册第十七章“封建社会后期道教的传统及其僧侣主义”的第二节“宋元时代的道教及其与道学的关系”。其中对全真教的评价与陈垣完全相反。

首先侯外庐认为,“全真教仍然是一种统治阶级的高贵宗教,它既不是民间的宗教,也不具有抗金性质”(第四卷下,802页)。全真教之所以“势如风火”,是因为被宋朝统治者抛弃的北方人民为了摆脱战乱带来的苦难和贫困,不得不拿起统治阶级的思想武器,即不得不依赖全真教这种宗教。

那么,为什么说全真教是“统治阶级的高贵宗教”,“不具有抗金性质”呢?据《通史》记载,这是因为全真教始祖王重阳及七真等人都出身于当地的显赫家族。此外,在金朝傀儡政权的齐阜昌年间(1131—1137),王重阳应试而未中。此外,王重阳在金天眷年间(1138—1140)又参加了武举。因此,《通史》对王重阳做出了严苛的评价,认为他绝对不是“抗节不仕的志士”。

如上所述,王重阳参加科举一事被视为全真教并不是由“遗民”所创的重要指标。陈铭珪的《长春道教源流》中认为王重阳“有宋之忠义”,否定了他参加武举的事实(29页),而吉冈义丰的《白云观的道教》,以及后来窪德忠的《中国宗教改革——全真教的成立》中却指出了王重阳参加科举的历史事实。另一方面,认为王重阳是宋朝“遗民”的陈垣在《南宋初河北新道教考》中并未提及参加科举一事。《通史》正是针对王重阳的这一点进行批判的。

另有需要注意的一点是,《通史》使用了“民间宗教”一词。“民间宗教”这一表达令人联想到吉冈义丰所谓“出家道教”相对的“民众道教”,或者战后被日本学术界热议的与“教团道教”相对的“通俗道教”,或者“民间信仰”等术语。但是在该书中,“民间宗教”是指像“忠义巡社”这种为抗金而结成的民间军事组织,是与对抗金、元朝而“起义”直接相关的群体。此外,对于全真教文献中的“会首”,《通史》认为他们原本是指这些集团的首领。关于这一点,侯外庐的《通史》和陈垣的《新道教考》都同样引用了王恽《秋涧先生大全文集》卷五十三的“卫州胙城县灵虚观碑”。该碑记载了李志远目睹金朝南京(汴京,今河南省)被蒙古军攻陷的惨状而后建立灵虚观的过程。李志远(1169—1254)是马丹阳再传弟子,相当于七真的下一代。

碑文载曰:至壬辰年(1232),金人撤退后,元军包围京城(汴京)。次年,京城发生大饥荒,百姓相食。“时全真教大行,所在翕然从风,虽虎苛狼戾,性于嗜杀之徒,率授法号,名会首者皆是也。”此时,师父(李志远)目睹汴京陷落的惨状,便建立了灵虚观。自此仁风一起,众人洗心革面,那些贪婪残忍之人也变得温和善良。

问题在于,对于同一篇文章,陈垣积极评价了全真道士们对会首的教化(卷一《全真篇上》杀盗之消除第三),而《通史》却得出否定性的结论,认为会首受全真教的影响,被笼络归顺,其组织也就此解散。(804—805 页)也就是说,《通史》批判全真教消弭了使阶级斗争尖锐化的机缘。此外,《通史》所说的“民间宗教”与日本学界所讨论的完全不同,它带有强烈的政治结社色彩,是可以引入阶级斗争论的问题。《通史》中基本没有提及真大道教和太一教,也并未使用“新道教”一词,[①]可以说是从马克思主义意识形态的立场上对其进行了实质性否定。

在此,简单介绍下新中国成立后的陈垣。[②] 陈垣作为一名热忱的爱国主义者,自新中国成立后开始学习马克思主义,据说他经常讲:“我是闻道太晚了。”他去世前,“文化大革命”的风暴席卷整个中国。抗日战争时期,陈垣投身于史学考证以寄托情怀,但在中国人自己发起的“文化大革命”期间,陈垣选择保持沉默。他于 1971 年 6 月 21 日在北京去世,享年九十一岁。

不久,随着中国改革开放以及 1991 年苏联解体,唯物史观销声匿迹。

任继愈编著的《中国道教史》(上海人民出版社,1990)由中国社会科学院的研究者撰写,可以看作是当今中国道教研究的代表性著作之一。在 1990 年上海人民出版社出版的旧版中,宋代的内丹道、金元的全真教以及明清时期的全真教

---

① 但是,《通史》第四卷下 801 页将这三教归为“新的道教派别”。

② 据前引牛润珍著作“四、建国后二十三年:焕发青春与晚年阴郁、苦闷”(90 页)。

部分均由陈兵编写。[①] 陈兵是二十世纪八十年代以来，张伯端一系，也就是所谓全真教南宗以及江南道教研究的领军学者。[②]

在2001年出版的中国社会科学院出版社版的增订本中，唐代剑对金元全真教部分做出较大篇幅的修改。[③] 但无论是旧版还是增订版，都叙述了在全真教创立时期发生的民族间冲突，全真教、真大道教、太一教产生在这种社会背景下。特别是在增订本中，将这三个教团称为“河北新道教”。(670页)由此可见，基本上可以说陈垣的观点在此重新得到采纳。

但相关论述几乎都以全真教为中心。《通史》中称全真教为“统治阶级的高贵宗教”。对此，《中国道教史》也承认王重阳应试的事实，但却认为他的内心与经历北宋灭亡的士大夫们是相同的。另外，对于全真教的变化，日本学界认为这在于元朝时期陈致虚等推进的南北宗融合，而该书则与陈垣的观点相同，认为全真教的变化是由教团扩张引起的。由于该书重新采用了陈垣所说的“新道教”的观点，可以说相同的论述框架再次得到呈现。但对全真教的思想内容进行了深入讨论，这是与以往大相径庭的。例如，关于全真教与张伯端一系内丹道的关系，该书简略地从心性论的观点论述二者相似之处颇多，这也值得留意。

### 2.在日本的发展——以林灵素、《悟真篇》(『悟真篇』)、净明道为中心

战后，日本没有发生如中国一般巨大的体制变化，因此关于“新道教”也未引发大的争论。窪德忠之后日本学界的相关研究，宫川尚志(1913—2006)与秋月观暎(1923—2011)二人值得关注。

宫川尚志在1954年发表的《关于刘一明的〈悟真直指〉》(「劉一明の悟真直指について」)(『岡山大学法文学部学術紀要』第3期，1954)一文中，研究了清代道士刘一明对《悟真篇》所做的注解。这是日本首次正式研究北宋张伯端的《悟真篇》，是该领域先驱性的研究。1975年，宫川又先后发表了《宋徽宗与道教》(「宋の徽宗と道教」，『東海大学紀要』文学部第二十三辑，东海大学文学部，1975年)及《林灵素与宋朝道教》(「林霊素と宋の道教」，『東海大学紀要』文学部第二十四辑，东海大学文学部，1975)，主要考证了宋徽宗时期林灵素等道士的行迹。

---

① 卿希泰编《中国道教史》第三卷(四川人民出版社，1993)中，关于宋代及金元内丹道及全真教部分由陈兵负责编写。

② 陈兵的相关论述请参看陈兵著《道教之道》“宗教文化丛书”(今日中国出版社，1995)。

③ 增订本第十五章“金元全真道”。此外，增订本第十四章“两宋内丹派道教”中李远国对陈抟和张无梦作了补充。

1978年在《南宋道士白玉蟾事迹考》(「南宋の道士白玉蟾の事蹟」,内田吟风博士颂寿纪念会编『東洋史論集——内田吟風博士頌寿記念』),同朋舍,1978)中总结了白玉蟾的生平。作者进行这一系列研究背后的动机,正如其在探讨林灵素与宋徽宗的论文开头部分所作的如下陈述:

> 宋代道教的研究在日本属于较落后的领域。金代,换言之,即南宋时期河北的革新道教诸派虽然一定程度上已被视作研究对象,但关于道家南宗、甚至朱子学、禅宗以及新兴宗派、白云菜、明教等的概论也还尚未进行。
>
> (宫川尚志《林灵素与宋朝道教》,1页)

由此可以知道,宫川发表这一系列论文的背后,是他认为有必要对包括“新道教”在内的当时的道教进行综合性研究。若对宫川的观点加以补充说明,那便是在审视革新道教诸派即“新道教”时,不可避免地也要探讨产生出“新道教”的早期诸派,它们因此而受到批判,甚至可以称它们是“新道教”的“底片”。

此外,除林灵素外,宫川还提到了朱子学、禅宗以及白云菜等,由此可以清晰地看出宫川与常盘大定具有相同的问题意识。如此一来,就可以理解为什么宫川不仅研究南宗始祖张伯端的《悟真篇》及五祖白玉蟾,同时还要选择林灵素进行研究了。正如前文对常盘大定和窪德忠所作的分析,全真教为代表的“新道教”之所以成立,一个原因便在于北宋徽宗时期过度崇信道教的政策,并且也正是因为这些“金丹宗”的存在而导致全真教“堕落”。

宫川尚志所著的《林灵素与宋朝道教》仅做了基础性的工作,简单考证了林灵素的事迹,并没有涉及后世如何评价林灵素。对此我们稍作补充说明,作为金朝七真之一并巩固了全真教地位的丘处机,以及南宋时南宗的集大成者——白玉蟾都对林灵素予以肯定,[①]这值得我们注意。林灵素的传记被放在《宋史·方伎传》中,是以讨好徽宗的形象出现的。此传记的撰写背景以及“新道教”对北宋时期道教所作的反应,都是值得今后探讨的问题。

在介绍宫川的上述研究时,我也想同样介绍秋月观暎对净明道的研究。秋月观暎积极研究当时不太受关注的净明道,著有《中国近世道教的形成》(『中国近世道教の形成』,创文社,1978)一书。特别是在第十章“论净明道在近世中国

---

① 移剌楚材《玄风庆会录》(《道藏》第716册七右)、白玉蟾《天师侍晨追封妙济真人林灵素像赞》(《白玉蟾全集》,精华十一二:九八四)。另外,窪德忠也注意到丘处机对林灵素的高度评价[窪德忠《蒙古朝的道教与佛教——以二教的论争为中心》(『モンゴル朝の道教と仏教——二教の論争を中心に』),平河出版社,1992,56页]。

宗教史上的作用”(「近世中国宗教史上における净明道の役割について」)一文中,秋月建议将净明道也列入“新道教”中。(250页)

净明道发源于六朝时期开始的许逊(239—301)信仰,但实际上是开始自何真公为应对南北两宋交替期的危机而提出的教法。十三世纪末,刘玉(1258—1308)清整了许逊教团的教法教义,净明道得以脱胎换骨,形成新教团,拥有独特的伦理观和实践性的教义,持续进行社会性强化活动。秋月观暎提倡将净明道纳入“新道教”,并举出以下理由:净明道与全真教均具有三教合一的要素,均是在宋、辽、金纷争的社会形势影响下创立的,同时也进行了教法的清整等。

但也有几个不得不考虑的问题。何真公所属的玉隆万寿宫是净明道得以创立的直接契机,在宋代受到历代皇帝的尊崇,逐渐成为国家性的信仰。(439页)特别是徽宗在政和二年(1121)将其尊号奉为“神功妙济”,在玉隆万寿宫举行了七昼夜的斋醮,显示出对其虔诚的信仰。在这背后,除了当时饱受内忧外患的政治状况之外,还有早于林灵素、活跃于徽宗时期的道士王仔昔的存在。(30—31页)

当然,秋月观暎认为,并非单纯因为与权力的勾结,而正是由于女真族南下引发的民族危机何真公才在南宋初期登上历史舞台,以及后来刘玉消除了其咒术性,即通过刘玉对教法的“清整”净明道得到了进一步的完善。但是我认为,净明道拥有六朝时期以来的悠久传统,并与当时的政治权力关系密切,这与第三十代天师张虚靖(1092—1127)的正一道能够出入徽宗朝廷、徐知常所属的茅山派在元朝时期又重新掌握了权力的历史事实有相通之处。另外,也有观点认为,刘玉对教理的“清整”也与当时的雷法、清微派一样,符合追求道法简洁的历史潮流。[①] 这样看来,净明道的定位问题,以及正一道在元代的势力重新得到发展的问题等,均与如何界定“新道教”这一重要问题是相互关联的。

在此,再简单地梳理一下净明道的教理教义。

秋月观暎认为,净明道的教义在于追求心灵净明,以忠孝作为行为规范。这里所谓的净明是指正心诚意,忠孝是指扶植纲常。(182—183页)相对于此前何真公“烦而不简”的教义,刘玉则通过“传统的忠孝观念对教义进行伦理性、宗教性的内在化变革,通过宋学主张的理法将其教义理论化、体系化”。(191页)值得再次注意的是,秋月虽未强调,但南宋时期的净明道强调符法发自“正性”。[②] 另

① 请参照畑忍《“道法”在净明道的发展——元代净明道士刘玉的“道法”观》(「『道法』の净明道的展開——元代净明道の士　劉玉の『道法』観——」,《东方宗教》第九十五期,日本道教学会,2000)

② 任继愈编《中国道教史》(增订本)“第十六章宋元符箓派道教”,756页。另外,此书在此指出,强调“正性”发用是与清微派、神霄派相同的。

外也请留意，有学者指出，宋学，即朱熹(1130—1200)所集大成的朱子学，便是在批判地吸收借鉴禅宗性说的基础上建立的。

因此可以说，净明道顺应了当时重视性说的思想潮流而提出了自己的教义，在这一点上，是与全真教及张伯端一系的内丹道相同的，但其教义又体现在忠孝这一儒教的伦理纲领，则又与之截然不同。当然，表面上全真教也并不否定儒教伦理。但有学者指出，梳理王重阳的教义可发现，比之佛教，儒教所占比重极低。[①] 另外，后代的陈致虚在《上阳子金丹大要》(《藏外道书》第 9 册)卷一《道德经序》[②]中也指出，儒教的纲常应在修行内丹之前修习，由此仅可达到“和光同尘”的境界。[③] 换言之，它是在内丹之外，仅附带增加了社会性的行为而已。事实上，在陈致虚的教义中，对三纲五常，即“纲常之道”这样的社会行为定位并不高。[④] 全真教终究与净明道不同，全真教认为只有获得超越现实形态的本来性，才能真正应对现实世界。但这往往会导致陷入一种陷阱，因为它缺乏应对现实世界遭受各种困难和状况时的具体指导。也就是说，无论是道还是天理，在现实社会中又应该如何应用？全真教缺乏指导社会行为的具象性。荒木见悟认为，以大慧宗杲(1089—1135)为代表的禅宗与朱熹创建的朱子学之间的分歧点，就在于对现实问题的处理上，[⑤]这也可以说是全真教与净明道的差异所在。对此，我们可以看一下《净明忠孝全书》(《道藏》第 757 册)。[⑥] 本书中有虞集(1272—1348)等著名的儒者所作的序文，其中尤以国史院编修滕宾的序言颇具象征性：

> 噫，方外之士守其师之言，而不畔传之，世世如金玉而藏诸。正心修身之学，躬行践履之间，凛然如在左右。吾党之士泚颡而深愧之矣。
>
> (《净明忠孝全书》序，四右)

净明道中的正心修身之学体现为对忠孝及礼的实践，这或许是儒者们有目

---

① 蜂屋邦夫也指出，王重阳的教义中，“三教之中，涉及儒教的部分最少”，“重阳似乎并没有意识到儒教的特色(世俗的伦理和习俗)而对儒教加以尊重，而是在常识范围加以考虑的”[前引蜂屋邦夫(1992)，183 页]。

② 《上阳子金丹大要》收录于《道藏》第 736—738 册，本稿使用的是《藏外道书》本，此版本被认为保留了其原貌。有关《上阳子金丹大要》的版本考证，请参照本书第Ⅰ部第三篇第二章第一节。

③ “夫金丹之道，先明三纲五常，次则因定生慧。纲常既明，则道自纲常而出。非纲常之外，而别求道也。是谓有为。故云，和其光，同其尘也。乃至定慧圆明，是谓无为。故云，知其雄，守其雌也。道至无为，则神仙之事备矣。”(《上阳子金丹大要》卷一《道德经序》，十二左)

④ 请参照本书第Ⅰ部第三篇第二章第三节第一项。

⑤ 请参照荒木见悟《佛教与儒教》[『仏教と儒教』(新版)，研文出版，1993]第三章《朱子的哲学》(「朱子の哲学」)。

⑥ 前引秋月观暎著作，153 页，以及任继愈编《中国道教史》(增订本)，759 页。

共睹的。但净明道不同于朱子学、全真教，进入清朝后便消亡了，又该如何理解这一历史事实呢？同时，正如秋月受韦伯影响所指出的，净明道中读书官僚阶层与普通民众两种不同受众阶层的差异，(191—192 页)也是一个值得充分探讨的问题。如此看来，净明道与全真教一样，都在研究中国近世宗教类型、分布与共存方面具有非常重大的意义。

在研究净明道时，南宗五祖白玉蟾的《旌阳许真君传》[《修真十书》(《道藏》第 122—131 册)卷三三所收《玉隆集》]是不可或缺的资料。此外需要补充说明的是，《悟真篇》序文中也有提及许逊的篇章。① 可以说，净明道在所谓南宗形成的最开始阶段就与南宗保持了密切关系。这或许表明，在宋代新的宗教性、思想性运动中对各种可能性都进行了探索，也表现出其复杂性和多样性。②

日本的道教研究界会在一些时期进行综合性的研究。1983 年，福井康顺、山崎宏、木村英一、酒井忠夫监修出版了《道教》全三卷(平河书店)，便是其中之一。第一卷是"何谓道教"(「道教とは何か」)，第二卷是"道教的发展"(「道教の展開」)，第三卷是"道教的传播"(「道教の伝播」)，对道教及其相关内容进行了综合性概述。可以说，该书与上文所举窪德忠的《道教史》一样，都是日本道教研究的入门书籍。特别是第一卷的《道教史》是由秋月观暎编写的，所以"五、宋代道教与新道教的出现"(「五、宋代の道教と新道教の出現」)一章中，除了以往的全真教、真大道教、太一教之外，还对净明道进行了大幅描写，引人注目。此处秋月并没有明确指出净明道是"新道教"，但平河出版社出版的日本代表性的道教词典——《道教事典》(『道教事典』)中，"新道教"条是秋月观暎负责编写的，在此他明确地将净明道列为"新道教"之一。

净明道的重要性毋庸置疑。但是否应该将其纳入"新道教"这一框架，则是另一个问题了。相反，净明道拥有独特的忠孝伦理观，不应将其兴盛仅仅局限在道教的框架内，而应与同时代儒教的发展等相结合，在涵括三教整体在内的近世这样一种大思潮中去加以理解。

---

① "西山许真君上升之日曰，吾上升后一千二百四十载，五陵之内有八百人得仙。豫章江中生出大洲，横过江口，是其时也。距今淳熙甲子凡一千二百二十六载、大洲横江，若合符契。噫，天生旌阳主仙事于晋室，今垂识如此，吾知夫五陵之内坐进此道者，非悟真的子即悟真的孙。盖天将扇真风于宇宙，契仙识于豫章。"[《紫阳真人悟真篇注疏》(《道藏》第 61—62 册)陈达灵序，四左—五右]陈达灵或许是与张伯端再传弟子翁葆光大约同一时期的人物。此处根据许逊的谶言，即五陵会出现八百名得仙者，而认为这些人都是悟真仙翁，也就是张伯端的传人。"淳熙甲子"或许是甲午(1174)之误。

② 秋月也涉及了后来清代全真教龙门派与净明道之间的交流。(170—174 页)

## 三、欧美的全真教研究

最后,笔者想简单介绍一下欧美的"新道教"研究。

据管见所及,目前欧美的研究中,基本上没有全面采用以全真教、太一教、真大道教为"新道教"的框架。托马斯·克立礼(Thomas Cleary)与孔丽维(Livia Kohn)在研究全真教时,[①]虽采用了与以前的道教相比具有革新性,或者说是新的教派的说法,但并未将其与太一教、真大道教合称"新道教"进行整体探讨。而姚道中(Tao-Chung Yao)在孔丽维(Livia Kohn)编著的 *Daoism Handbook* 的第十七章"Quanzhen—Complete Perfection"中写道,全真教是在宋、金、元时代的纷争导致社会秩序崩溃的大背景下出现的。将之与太一教、真大道教合称为三个"new Daoist movement"。[②] Yao 参考了陈垣等人的中国文献,[③]毫无疑问,中国的"新道教"概念在此得到了延续。但是"new Daoist movement"这种说法似乎目前还未固定下来。

如果将"新道教"一词直译为英语,则是"Neo-Taoism"。但"Neo-Taoism"这个词一般是指王弼(226—249)、何晏(? —249)、郭象(? —312)等为代表的玄学的英文译词。[④] 但在欧美当代道教研究者们编纂的道教大词典——玄英(Fabrizio Pregadio)编 *The Encyclopedia of Taoism*(London and New York: Routledge,2008)的"Xuanxue(玄学)"条中,并未使用"Neo-Taoism"这一译词,现在的倾向好像是更多采用与玄学本来意义更接近的"Arcane Learning""Mysterious Learning"或"Profound Learning"等译词。[⑤]

相比于"新道教",我们需要注意的是欧美学界围绕"新儒教"进行的讨论。[⑥]

---

① Thomas Cleary, *Vitality Energy Spirit: A Taoist Sourcebook*, Boston: Shambhala, 1991. Livia Kohn, *Daoism and Chinese Culture*, Three Pines Press, 2001.

② Tao-chung Yao, "Quanzhen—Complete Perfection", in Livia Kohn ed., *Daoism Handbook*, Leiden: Brill, 2000, p.567.

③ Yao 在此指示读者参阅郑素春《全真教与大蒙古国帝室》(台湾学生书局,1987)、陈垣《新道教考》及卿希泰编《中国道教史》等书。如本书正文所写,卿希泰编《中国道教史》中,全真教概说部分为陈兵所写,重新启用了陈垣"新道教"的观点。笔者未参阅郑素春著作。

④ 例如,可参照 Hinnells 编《世界宗教事典》青土社(John F. Hinnells ed., *The Penguin Dictionary of Religions*, Penguin Books, 1984)中的"玄学"条。(150 页)

⑤ 该条目由 Livia Kohn 负责编写。(1141 页)

⑥ 以下围绕"Neo-Confucianism"的一系列讨论,本书参阅了吾妻重二著《关于"Neo-Confucianism"一词——视角的反省》(「"Neo-Confucianism"の語をめぐって——視角の反省」,吾妻重二『朱子学の新研究』第三部第三章"美国的宋代思想研究"(「アメリカの宋代思想研究」),创文社,2004,523—548 页)。

如前所述,最早使用"新道教"一词的是常盘大定。他将全真教视为道教在禅宗兴盛影响下的产物,并将同一时期出现的朱子学称为"新儒教"。"新儒家"一词在日本并未作为学术术语固定下来,但在欧美,由于冯友兰的二卷本《中国哲学史》的英译本——卜德(Derk Bodde)译 *A History of Chinese Philosophy* 一书的影响,其作为道学的译语而被学界广泛使用。"新儒教"一词在英语中称作"Neo-Confucianism"。据说在欧洲,传统上该词原本用于指朱子学和阳明学,1904 年冈仓天心在纽约出版的 *The Awakening of Japan* 中也用到了该词。

颇为有趣的是,近年来,美国围绕"Neo-Confucianism"这一术语的使用方法展开了争论,主要在田浩(Tillman)与狄培理(De Bary)之间围绕"新儒教'Neo-Confucianism'"展开了一系列的讨论。[①] 讨论的焦点在于,以往由 De Bary 等人使用的"Neo-Confucianism"这一表达语义含糊不明晰。也就是说,即使该词体现了朱子学等对近世中国和东亚起到的革新性和重要性,但这也仅局限于朱子学和心学,并未考虑欧阳修(1007—1072)和王安石(1021—1086)等当时复杂的思想状况。对此,Tillman 主张采用"道学"这一更为严谨的术语加以研究。

吾妻重二认为这种讨论并非事不关己,[②]但问题在于,"新道教"这一用语与"Neo-Confucianism"存在相同的问题。当时中国有多个宗派兴起,这确实是衡量其革新性和重要性的一个指标。但与此同时,这会导致我们容易忽视除了"新道教"所涵盖的教团以外的其他教派的存在,例如净明道以及所谓"旧道教"诸派在内的当时形形色色的宗教动向。我们必须意识到它的这些局限性。

## 结语

如上,本章以中国和日本为中心,追寻着从战前至战后的全真教研究中巨人们的背影,回顾了"新道教"研究的发展状况。但基于以上问题,可以说我们是时候该重新审视过去的"新道教"研究框架了。这并不代表要否定全真教等运动的重要性,而是到了该对中日双方构筑并积累起来的研究框架进行重新思考的时

---

① Hoyt Clevel and Tillman, "A New Direction in Confucian Scholarship: Approaches to Examining the Differences between Neo-Confucianism and Tao-hsieh", *Philosophy East & West* 42, no. 3, 1992. Wm. Theodore de Bary, "The Uses of Neo-Confucianism: A Response to Professor Tillman", *Philosophy East West* 43, no.3, 1993. 吾妻重二指出,De Bary 对于"Neo-Confucianism"这一用法的批判,在 Peter Bol 等研究者之间形成共识(见前引吾妻重二著作,530—531 页)。

② 见前引吾妻重二著作,531 页。

候了。

全真教研究是在大的时代潮流和意识形态的限制下展开的。特别是在中日两国最早提出“新道教”的常盘大定和陈垣身上,我们可以看到“迷信”和“反抗”这两个要素——归根结底,这里深刻地留着“近代”的时代烙印。“新道教”这一术语,既是体现全真教和其他教派重要性的一个指标,但也包含着危险性——容易对“新道教”和“旧道教”两者做出先天性的评价,或过分强调两者的割裂性。基于此,我认为有必要重新思考全真教研究的框架。我们必须敏锐地感受到各个时代的意识投下的影响——也包括我们所生活的现在,同时也要基于资料进行实证主义的研究。

根据上述思路,下一章开始我将对上述几个问题点进行具体论证。这大致可以归纳为以下三点:首先,被称为“旧道教”的张伯端一系内丹道是什么,其问题在何处;其次,与此相对,全真教是如何连续而又有所不同的,即考证全真教的所谓革新性;再次则是后来全真教的“退行”具体是什么,其意义何在等。下文将分为三篇进行探讨。[①]

① 本书后面的三篇标题分别为“第一篇　宋代的内丹道中的性命论及其诸相(宋代の内丹道における性命説とその諸相)”“第二篇　金代全真教的性命论及其诸相(金代の全真教における性命説とその諸相)”“第三篇　元代全真教的性命论及其诸相(元代の全真教における性命説とその諸相)”。——译注

# 全真教历史文献整理与述评:内部文献*

高万桑(Vincent Goossaert)　著

张琬容　译　　秦国帅　校

**作者简介**:高万桑(Vincent Goossaert),法国高等研究实践学院(École Pratique des Hautes Études)讲席教授,代表作有 *The Taoists of Peking*, 1800-1949,*Making the Gods Speak* 等。

**译者简介**:张琬容,辽宁社会科学院哲学研究所副研究员,法国高等研究实践学院博士。

全真教历史资料数量众多,种类丰富,且尚未经过系统收集整理。因此,本论文有必要对这些资料开展批判性介绍。虽然我们不可能在一篇博士论文中深入考辨数量如此庞大的材料,但是为了我本人和未来学者的研究,本论文还是需要对其进行梳理,并且指出是否具有研究价值。本论文的研究对象是全真教的制度史和社会史,因此,我们是从实践的角度研究这批材料,而非思想或者文学的角度。但是,文献制造本身就是一种宗教实践,所以研究这些文献在全真教身份认同中的作用,以及全真运动在整个道教文献传统中的地位也是必要的。最广为人知和最容易获得的资料是全真祖师所撰写的并保存在道藏之中的文本①,即"内部"文献,尽管它们目前没有当代批注本。② 在研究这些教内经典之后,我们将回顾"外部"文献,也就是所有关于全真教的文本。它们大多是碑刻,提供了有关组织与实践的大量信息,但是这类信息通常不会出现在内部文献之中。

---

* Vincent Goossaert,*La création du taoïsme moderne*: *L'ordre Quanzhen* 1170-1368(《近代道教之建立:1170—1368 年的全真道》),Thèse de doctorat, Paris : École Pratique des Hautes Études, 1997, Volume 2, Chapiter 1-4, pp.406-470.

① 蜂屋邦夫(1992)点校了王重阳与马丹阳的作品。蜂屋邦夫:《金代道教の研究:王重陽と馬丹陽》,东京:汲古書院, 1992。

② 到博士论文写作的 1997 年。——译注

## 一、教内文献整理

全真祖师所作的很多文本并没有编入1244年由全真教自己主持的道藏(《玄都宝藏》——译注),而是在1444年被收录在最后一次结集的《道藏》之中,也就是我们今天所能见到的道教藏经。第四十三代天师张宇初(1361—1410)在结集的开篇表达了对全真传统的高度推崇,这是一种在当时广受认可的态度。这种推崇的态度,加之蒙元时期销毁道经所造成的散失,导致某些严格意义上来说不是正统经典的文献能够被接纳进入道藏。由于这些特殊的情况,我们掌握了大约六十个文本,这个数量相当可观,除了极少数特例,绝大部分文本还没有被研究过。不过,这种汇编本身并不能构成一个资料库。如果现在谈论"全真文本"和"全真资料库"的话,那么我们应该明确,使用这些概念只是为了文献整理的工作。全真教实际上并不是围绕某一部单独的书籍建立的,它的著作并不是来自某一种启示,也没有形成一个独特的文学体裁。在我们所说的全真教书籍中,没有任何一部,无论标题还是内容,能够系统地代表全真教的自我认同。甚至,在其中的一些书籍中寻找"全真"这个词或祖师们——王重阳或七真中的某一位——相关的说法都是徒劳的。事实上,全真教并没有自己的文学认同。全真高道是各自撰写短文(大多数是诗歌和散文)来宣扬他们的生活方式。为了吸引更广泛的受众,他们使用最通俗的方式传教。他们在作品中宣传的是道教的一般教义(玄风)和清静无为的教化,这意味着他们在写作的时候代表的是整个道教传统。

我们确实能够找到一份全真发源时的经典性启示。事实上,当先后在甘河和醴泉际遇两位神仙时,王重阳就获授了吕洞宾的《秘语五篇》,从象征性的角度看,我们可以将其视为全真教的创建时刻。[①] 王重阳在去世之前将这些启示传授给了马丹阳,马丹阳又传给了他的弟子杨明真。[②] 书中只谈到了这三次授受,之后再没有提及秘语的传承。秘语的文本并不算神秘,因为它们被公开抄录在《金莲正宗记》并流传于世,14世纪初时它们还被刻在了石碑上。[③] 对"流传于世"(libre circulation)这个说法,有必要稍作解释。在全真祖师的传记中,每每提到他们的作品时,都会强调"传于世"。这意味着,它不同于《道藏》及其他一般的教

① 《金莲正宗记》,2.2b-3a。

② 《金莲正宗记》,2.6b;碑刻续1,《终南山重阳万寿宫碧虚杨真人碑》。(本文中的碑刻编目见于《道家金石略》,以及高万桑博士论文第531—557页,下同。——译注)

③ 碑刻1(《秘语碑》),《道家金石略》按年代排序时误将其列于首位,另外参见碑刻167(《崇道诏书碑》)。

内文献(无论是入教仪式文献或者传统的修炼文献),它是可以出售的,可以被教外的人获得的。通过公开王重阳所受秘语的举动,全真教表现出了打破秘传,不以任何形式保密内部文本的意愿。但是,为了满足传道的个体差异,祖师们也使用了口头指导和个体授受的方式。全真教拒绝在入道者与世俗人之间划出一条文字上的界限。与禅宗类似,这条界线的标志是精神传承的“印可”。然而,与禅宗不同的是,这种态度似乎并不是对文本传承的意识形态的质疑,而是针对文本传承局限性的解决方案。所以说,任何人都可以阅读全真派的书籍。而且,据我所知,即使没有任何全真教义的著作由教外之人撰写,也并不存在限制书写和传播这些书籍的规定。

那么,我们该如何界定全真教文本呢?最可靠的标准,也是我认为最合理的标准,就是全真教文本的作者应该是全真教的教徒,也就是说,作者的传承应该可以上溯到王重阳。作者的身份信息并不总显而易见,因为有些文本的作者并未被记载于碑刻资料。即使无法从外部资料找到作者信息,我们仍然有可能看到他们的序言。作者在这种情况下并不总会阐明师承,但是他与全真教的明确联系足以作为充分的证据。在1279年中国重新统一以前,“全真”一词的用法是相当明确的。事实上,在此之前,我们并没有看到任何一个道士既属于全真派,又属于其他道派的(不考虑全真道士会自由交替使用不同派别的科仪法箓)。此后的情况则变得很复杂,特别是我们发现一些道士声称自己同时属于全真派、南宗、正一派和清微派等多个道派。比如,李道纯(活跃于1290年)、苗善时(活跃于1288—1324年)、陈致虚(活跃于1331年)、王玠(14世纪中期)、金志阳(1276—1336年)和黄公望(1269—1354年),他们都在《道藏》中留下了与全真教相关的作品。

我选择将这些道士的作品排除在全真教资料库之外,但是可能使用它们进行比较研究。这一决定有以下理由。首先,这些道士都来自南方,全真教在那里并不占主流地位,而且也并没有记载表明他们与全真教组织有来往。这些道士的作品涉及全真教的语句大多空泛而抽象。全真作品极少被引用,但是南宗作品则无处不在,特别是《悟真篇》和白玉蟾(1134?—1229?)的著作。尽管思想观念的内容很难作为选择的标准,但是我们也应该注意到,这些作品总的来说比全真教文献更具有教义性和技术性。此外,排除这些经典也考虑到了年代的标准。我们当然可以确切地看到,试图综合南宗与全真教的道士们的作品都写作于1281年之后,而原初的全真教著作则半数是完成于这一时间之前。不过我们的全真资料库也收入了两部14世纪的著作,它们非常明显属于全真教,而且在风格和内容上都与先前的作品一致。我们很难解释1280年前后中国北方全真教文献造作急剧减少的现象。这两个日期上的重合,可能表明忽必烈谴责道教这一事件确实产生了非常深刻的影响。但是，碑刻文献没有给人这种印象，全真教的社会活动在 1281 年之后并没有明显减少。

以作者履历为标准建构全真教资料库也让我们排除了一些作者不详的文本，尽管它们的内容与公认的全真教文本非常接近，人们很可能无意中将它们归到全真教。这实际上有一个非常微妙的论据：全真教文本存在独有的特质，但是并没有自己的术语。而且，他们表达自我的文学体裁是当时最常用的。确实，想要比较全真教诗歌与侯善渊等同时代中国北方其他道士的诗歌，找到可能存在的差异，需要进行非常深入的分析。所以说，我们所构建的全真资料库具有两个优点，它在内容上很广泛，年代跨度很长，而且作者的身份都可以明确。但是，这并不一定保证文本的真实性。因为道教经典大多数只存有一个版本，我们很难通过对比研究来验证其准确性。不过，目前并没有出现任何不一致的问题促使我们质疑这些文本的真实性。大多数书名在传记文献中都已经被提到了。只有两本内丹文献，一本托名王重阳，[①]另外一本托名丘长春，[②]这是值得怀疑的，但它们极少在本文的研究中被使用。

托名为王重阳的那本书有一个非常复杂的编撰历史。该书部分内容是在马丹阳生前编撰的。1183 年，王重阳大弟子马丹阳的亲信在其去世前不久对该书进行了全面的修订，并重新出版。因此，马丹阳身边的弟子们在描述祖师遗产时，特别强调这是一部传授给最宠信的弟子的经典。虽然没有充分理由相信这部文集中出现了伪造的内容，但是有理由认为不受欢迎的文本已经被删除了。无疑，要在马丹阳身后还原王重阳，就像在柏拉图身后还原苏格拉底一样困难。相对而言，其他作品则少有文本历史问题。

下面这个表格主要是基于我有幸参与的“道藏小组”工作，[③]但与《道藏提要》中全真教部分的文本列表有两处不同。首先，我的列表包括全真教祖师撰写的所有作品，特别是包括了在《道藏提要》中被归入其他类别的经典注疏。因为我们整理的重点是全真教祖师的文本创作，而不是对道教文献的整体概述。其次，我们没有收录自称同时属于全真教和南宗两个教派的道士们的作品。下表即经过本标准筛选出来的全真资料库，并按照本论文提出的五个分类进行分组，每个类别在下文中都有更详细的介绍。

---

① 疑即《重阳真人金关玉锁诀》。——译注

② 疑即《大丹直指》。——译注

③ 本工作小组编撰了一部《道藏》的研究提要，计划在芝加哥大学出版社出版（Franciscus Verellen and Kristofer Schipper, *The Taoist Canon: A Historical Companion to the Daozang*, Chicago: Chicago University Press, 2005. ——译注）

表 18　现存全真著作列表

| 类别 | 《道藏》中的编号与标题 | 作者 | 内容 | | |
|---|---|---|---|---|---|
| | | | 诗 | 词,歌 | 论 |
| 文集 | 1153 重阳全真集 | 王重阳(1113—1170) | × | × | × |
| | 1154 重阳教化集 | 同上 | × | | × |
| | 1155 重阳分梨十化集 | 同上 | × | | |
| | 1149 洞玄金玉集 | 马丹阳(1123—1184) | × | × | |
| | 1142 渐悟集 | 同上 | | × | |
| | 1150 丹阳神光灿 | 同上 | | × | |
| | 1160 水云集 | 谭长真(1123—1185) | × | × | × |
| | 1141 仙乐集 | 刘长生(1147—1203) | × | × | |
| | 1161 太古集 | 郝广宁(1140—1213) | × | | × |
| | 1152 云光集 | 王玉阳(1142—1217) | × | × | |
| | 1159 磻溪集 | 丘长春(1148—1227) | × | × | |
| | 1143 草堂集 | 王丹桂(活动于 1182 年) | | × | |
| | 1264 离峰老人集 | 于道显(1168—1232) | | | |
| | 1146 葆光集 | 尹志平(1169—1251) | × | × | × |
| | 247 会真集 | 王吉昌(活动于 1220—1240) | | × | × |
| | 248 启真集 | 刘志渊(1186—1244) | × | × | × |
| | 1064 洞渊集 | 冯长筌(活动于 1232 年) | × | × | × |
| | 1151 悟真集 | 李通玄(13 世纪中期) | × | × | |
| | 1140 云山集 | 姬志真(1193—1268) | × | × | × |
| | 1147 西云集 | 祁志诚(1219—1293) | × | | |
| | 1145 玄虚子鸣真集 | 不详(活动于 1251 年) | × | | |
| | 1073 道禅集 | 王志坦(1201—1273) | × | | × |
| | 1144 自然集 | | | | |

| 类别 | 《道藏》中的编号与标题 | 作者 |
|---|---|---|
| 合集 | 1100 鸣鹤余音 | |
| | 1055 纯阳真人浑成集 | 何志渊(活动于 1240—1252)编纂 |
| 语录 | 1234 丹阳真人直言 | 马丹阳 |
| | 1057 丹阳真人语录 | 同上 |
| | 1058 晋真人语录 | 不详 |
| | 1310 清和真人北游语录 | 尹志平 |
| | 1059 盘山栖云王真人语录 | 王志谨(1178—1263) |
| | 1258 真仙直指语录 | 合编 |
| | 1076 随机应化录 | 何道全(? —1399) |
| 宣教文本 | 1158 重阳真人授丹阳二十四诀 | |
| | 1233 重阳立教十五论 | |
| | 1058 无为清净长生真人至真语录 | 刘长生 |
| | 267 上乘修真三要 | 高道宽(1195—1277) |
| | 276 析疑指迷论 | 牛道淳(活跃于 1299) |
| | 1229 全真坐钵捷法 | 匿名(14 世纪?) |
| | 1235 全真清规 | 陆道和(14 世纪?)编辑 |
| | 1156 重阳真人金关玉锁诀 | 托名王重阳 |
| | 244 大丹直指 | 托名丘长春 |
| 经典注疏 | 122 黄帝阴符经注 | 刘长生 |
| | 401 黄庭内景玉经注 | 同上 |
| | 974 太上老君说常清净经颂注 | 刘通微 |
| | 313 生天经颂解 | 王吉昌 |
| | 102 元始天尊说太古经注 | 冯长筌 |
| | 102 元始天尊说太古经注 | 长筌子① |
| | 106 太上赤文洞古经注 | 同上 |
| | 727 文始真经注 | 牛道淳 |

① “长筌子”原缺,据《道藏》补。——译注

续表

| 类别 | 《道藏》中的编号与标题 | 作者 |
|---|---|---|
| 历史、传记、碑刻 | 594 体玄真人显异录 | |
| | 176 玄风庆会录 | (耶律楚材编) |
| | 1429 长春真人西游记 | 李志常(1193—1256) |
| | 173 金莲正宗记 | 秦志安(1188—1244) |
| | 175 七真年谱 | 李道谦(1219—1296) |
| | 955 终南山祖庭仙真内传 | 同上 |
| | 973 甘水仙源录 | 同上(编者) |
| | 174 金莲正宗仙源像传① | |

现存藏外全真祖师作品列表

| 标题 | 作者 | 位置 |
|---|---|---|
| 玄风庆会图 | 史志经(1202—1265) | 1305 年版,重编于 1925 年上海涵芬楼 |
| 老子八十一化图 | 同上 | 有三种不同的明代版本 |
| 七真仙传 | 王粹(去世于 1243 年) | 1417 年版,现存台北台湾大学图书馆 |
| 太上老君道德经述注 | 何道全 | 1502 年版,现存北京图书馆 |

## 二、失传文本

除了这个已经相当丰富的全真资料库之外,我们还必须考虑那些已经失传的文本。全真教在 1281 年经历了蒙元朝廷对《道藏》的销毁,尽管这次毁书并非专门针对全真教的文本,但却对其造成了不小的影响。其他大部分的作品则在几个世纪的传承过程中逐渐失传。通过作品标题或者作品中留存下来的引文,我们能够判断这些已佚的文本在全真教的文献造作及辅助年轻道士的修行中是否具有代表性。因而,我整理了一份关于全真教失传作品的书目。为此,我查阅了两种资料:文献书目和全真祖师传记。查阅前者的成果不尽如人意,因为它们

① 此处疑有排版错误,原文中,175、955、973、174 归于经典注疏类,应为历史、传记、碑刻类。——译注

并没有提供足够的信息来判断这些作品属于哪个教派。比如，龙彼得（Van der Loon，1984）关于宋代道书目录的研究就无法进行这类分析。对于文献书目的作者来说，按照教派分类似乎没有任何意义，因为他们并不是道士。而且，元代本身就很少有书目。在《道藏》的《道藏缺经目录》（DZ1430）中，除了其他已知文本之外，我们并没有发现任何明确属于全真教的作品。

我也使用了一些保存在文集中的序言，[①]但是这种资料极少提到全真作品。需要注意的是，一般来说，这个时期的中国北方很少有完整的文人著作流传下来。比如，能在《四库全书》中保存下来文集的绝大部分元代学者，都是在江南度过整个文学生涯的。因此，我更多地借助于碑刻，并辅以传记，因为碑刻与传记的作者大都不会忘记指出这些道教大师有作品存世，且广为流传。

这类文献资料中的祖师传记都是非常翔实的，并尤其重视祖师们的著作。毫无疑问，大量归于马丹阳和刘长生名下的作品，应该是这两位祖师所作诗歌的不同版本或其中的一部分。可以想象的是，这些已佚作品的内容，能够在现存书籍中找到一部分，七真中其他人的情况也应当如此。但是，在我的列表中，大多数作品的作者都没有任何文本存世，这些的确是失传了。此外，值得进一步思考的是，一些貌似失传的传记作品，是否仅与现存作品标题不同。不过，但凡文献书目所录的标题与我们所掌握的文本不一致的，我们就将其列入下表。

**表 19　失传全真著作列表**

| 序号 | 标题 | 作者 | 出处 |
|---|---|---|---|
| 1 | 云中录（《上阳子列仙志》中，“录”字为“集”字） | 王重阳 | 金莲正宗记 2.8b<br>金莲像传 22b<br>上阳子列仙志 3a |
| 2 | 韬光集 | 同上 | 金莲像传 22b<br>通鉴续篇 1.11a<br>上阳子列仙志 3a |
| 3 | 好离乡 | 同上 | 重阳分梨十化集序 2a |

① 我们可以通过陆峻岭的《元人文集篇目分类索引》（北京：中华书局，1979 年）辨认一些作品。

续表

| 序号 | 标题 | 作者 | 出处 |
| --- | --- | --- | --- |
| 4 | 摘微集 | 马丹阳 | 金莲正宗记 3.13a<br>通鉴续篇 1.23a |
| 5 | 三宝集 | 同上 | 同上 |
| 6 | 行化集 | 同上 | 金莲正宗记 3.13a<br>通鉴续篇 1.23a<br>金莲像传 26b<br>上阳子列仙志 4a |
| 7 | 成道集 | 同上 | 金莲像传 26b<br>上阳子列仙志 4a |
| 8 | 圆成集 | 同上 | 金莲像传 26b<br>通鉴续篇 1.23a<br>上阳子列仙志 4a |
| 9 | 精微集 | 同上 | 金莲正宗记 3.13a<br>金莲像传 26b<br>上阳子列仙志 4a |
| 10 | 微语集 | 同上 | 席上腐谈 2.22 |
| 11 | 道德经注 | 刘长生 | 金莲正宗记 4.6b<br>金莲像传 31b<br>通鉴续篇 2.9b-10a<br>碑刻 53 长生真人刘宗师道行碑<br>七真年谱 12a<br>上阳子列仙志 5a |
| 12 | 盘阳集 | 同上 | 金莲正宗记 4.6b<br>金莲像传 31b<br>通鉴续篇 2.9b-10a<br>碑刻 53 长生真人刘宗师道行碑<br>七真年谱 15b<br>上阳子列仙志 5a |

续表

| 序号 | 标题 | 作者 | 出处 |
|---|---|---|---|
| 13 | 太虚集 | 同上 | 金莲正宗记 4.6b<br>金莲像传 31b<br>通鉴续篇 2.9b-10a<br>碑刻 53 长生真人刘宗师道行碑<br>七真年谱 12a<br>上阳子列仙志 5a |
| 14 | 安闲集 | 同上 | 同上 |
| 15 | 同尘集 | 同上 | 金莲正宗记 4.6b<br>金莲像传 31b<br>碑刻 53 长生真人刘宗师道行碑<br>上阳子列仙志 5a |
| 16 | 修真集 | 同上 | 同上 |
| 17 | 大成集 | 同上 | 通鉴续篇 2.9b-10a |
| 18 | 大同集 | 同上 | 同上 |
| 19 | 神光集 | 同上 | 同上 |
| 20 | 崑嵛文集 | 郝广宁 | 太古集序 1b |
| 21 | 三教入易论 | 同上 | 碑刻 238 广宁通玄太古真人郝宗师道行碑<br>太古集序 5a |
| 22 | 示教直言 | 同上 | 碑刻 238 广宁通玄太古真人郝宗师道行碑<br>金莲像传 41a<br>上阳子列仙志 6b<br>太古集序 5a |
| 23 | 心经解 | 同上 | 同上 |
| 24 | 救苦经解(1 卷) | 同上 | 同上 |
| 25 | 清真集 | 王玉阳 | 金莲正宗记 5.5a |

续表

| 序号 | 标题 | 作者 | 出处 |
| --- | --- | --- | --- |
| 26 | 鸣道集 | 丘长春 | 金莲正宗记 4.12b<br>金莲像传 35b<br>通鉴续篇 2.22a<br>碑刻 35 长春真人本行碑<br>真诠 12b<br>七真年谱 17a;18b<br>上阳子列仙志 5b<br>缀耕录 10.153<br>席上腐谈 2.22 |
| 27 | 破迷集 | 姚玹(活动于 1170—1183) | 祖庭内传 1.9b |
| 28 | 全道集 | 刘通微(去世于 1196 年) | 祖庭内传 1.5b |
| 29 | 明源集 | 段光普(活动于 1180 年) | 祖庭内传 1.23a |
| 30 | 混成集 | 赵抱渊(1135—1206) | 碑刻 18 延安路赵先生本行记 |
| 31 | 应缘集 | 刘真一(去世于 1208 年) | 祖庭内传 1.14b |
| 32 | 玄通集 | 王志远(1150—1210) | 祖庭内传 2.16a |
| 33 | 仙梯集 | 赵悟玄(1149—1212) | 碑刻 261 弘玄真人赵公道行碑<br>祖庭内传 1.21b |
| 34 | 天游集 | (陶)无名老人(1142—1227) | 庄靖集 8.1a-3a |
| 35 | 思玄集 | 赵九渊(约 1150—1227) | 祖庭内传 1.17a |
| 36 | 大方集 | 郎志清(1180—1230) | 庄靖集 8.3a-4a |
| 37 | 虚静子文集 | 赵某 | 寓庵集 4.43b |
| 38 | 清虚集 | 薛知微(1150—1232) | 祖庭内传 2.17b |
| 39 | 长安集 | 杨明真(1154—1233) | 碑刻 40 终南山碧虚真人杨先生墓铭<br>碑刻 105 终南山重阳万寿宫无欲观妙真人李公本行碑<br>碑刻续 1 终南山重阳万寿宫碧虚杨真人碑<br>祖庭内传 2.4b |

续表

| 序号 | 标题 | 作者 | 出处 |
|---|---|---|---|
| 40 | (杨明真)语录 | 同上 | 碑刻续1终南山重阳万寿宫碧虚杨真人碑 |
| 41 | 圆通集 | 白自然(去世于1242年) | 碑刻656金华山三阳洞主阳和子白先生墓志 |
| 42 | 烟霞录 | 秦志安(1188—1244) | 碑刻74通真子墓碣铭<br>碑刻108重阳成道宫记<br>道藏缺经目录2.21a |
| 43 | 绎仙传 | 同上 | 碑刻74通真子墓碣铭 |
| 44 | 婺仙传 | 同上 | 同上 |
| 45 | 林泉集 | 同上 | 同上 |
| 46 | 会仙录 | 刘道宁(1172—1246) | 碑刻78浑源县真常子刘君道行记 |
| 47 | 随应录 | 同上 | 同上 |
| 48 | 总仙录 | 同上 | 同上 |
| 49 | 乐全集 | 宋德方(1183—1247) | 碑刻183玄都至道崇文明化真人道行碑<br>碑刻233神仙□□洞天长生万寿宫碑<br>碑刻311玄通弘教披云真人道行碑<br>祖庭内传3.23b |
| 50 | 洪钟集 | 于志道(1166—1250) | 祖庭内传3.20b<br>碑刻93终南山重阳万寿宫洞真于真人道行碑 |
| 51 | 无相集 | 张志谨(活动于1223—1250) | 碑刻158重修天坛灵都万寿宫碑 |
| 52 | 丁灵阳文集 | 丁灵阳(活动于1250年) | 席上腐谈2.22 |

续表

| 序号 | 标题 | 作者 | 出处 |
|---|---|---|---|
| 53 | 应缘录 | 尹志平(1169—1251) | 碑刻 122 清和演道玄德真人仙迹碑<br>碑刻 144 玄门掌教清和妙道广化真人尹宗师碑铭 |
| 54 | 水谷代腹 | 何志渊(活动于 1240—1252) | 碑刻 220 乐全观记 |
| 55 | 又玄集 | 李志常(1193—1256) | 碑刻 153 玄门掌教大宗师真常真人道行碑<br>祖庭内传 3.13a |
| 56 | 重阳真君悯化图 | 同上 | 松乡集 4.30b-31a<br>玄风庆会录序 5b |
| 57 | 泛霞图 | 毛养素(1178—1259) | 碑刻 118 颐贞冲虚真人毛尊师蜕化铭<br>寓庵集 4.38a-b |
| 58 | 地元经 | 李志方(1185—1260) | 碑刻 146 重玄子李先生返真碑铭 |
| 59 | 酎泉集 | 李志全(1192—1262) | 碑刻 155 故讲师李君墓志铭 |
| 60 | 修真文集 | 同上(编辑)<br>祖师的文本 | 同上<br>道藏缺经目录 2.21a |
| 61 | 崧阳文集 | 乔志高(1188—1264) | 碑刻 208 大元中岳崇福宫宗主栖云虚静真人寿宫记 |
| 62 | 华山志 | 史志经(1202—1265) | 碑刻 152 洞玄子史公道行录 |
| 63 | 玉阳内传 | 孙道古(活动于 1200—1265) | 碑刻续 115 灵神洞明贞晦真人道行记 |
| 64 | 范无生本行 | 同上 | 同上 |
| 65 | 女真戒律 | 同上 | 同上 |

续表

| 序号 | 标题 | 作者 | 出处 |
| --- | --- | --- | --- |
| 66 | 道德经解（收于《道德经总章》） | 姬志真（1193—1268） | 云山集序 2a<br>何道全，道德经注<br>甘水仙源录 8.23b-24a |
| 67 | 周易（收于《周易直解》） | 同上 | 云山集序 2a<br>甘水仙源录 8.23b-24a |
| 68 | 南华解义 | 同上 | 云山集序 2a |
| 69 | 冲虚断章 | 同上 | 同上 |
| 70 | 信心录 | 王志坦（1201—1273） | 碑刻 182 崇真光教淳和真人道行之碑 |
| 71 | 六牛图 | 同上 | 同上 |
| 72 | 艧泽蒙斋集（16 卷） | 申志贞（1210—1284） | 碑刻 216 洞元虚静大师申公提点墓志铭 |
| 73 | 老子衍义 | 重阳宫的一位道士，约十三世纪末 | 秋涧集 42.11b-12a<br>（更好的版本收录于《中州名贤文表》25.22b-24a） |
| 74 | �溪集 | 李道谦（1219—1296） | 碑刻 273 玄明文靖天乐真人李公道碑 |
| 75 | 筼溪笔录 | 同上 | 同上 |
| 76 | 终南山记 | 同上 | 碑刻 273 玄明文靖乐真人李公道行碑<br>玄风庆会录 1.17a |
| 77 | 希声集 | 孙德彧（1243—1321） | 碑刻 323 玄门掌教孙真人墓志铭 |
| 78 | 清净经注 | 何道全（去世于 1399 年） | 真诠 13b |
| 79 | 心经注 | 同上 | |
| 80 | 全真纪事 | 不详 | 缀耕录 29.446 |
| 81 | 全真传 | 不详 | 体道通鉴 31.2b；49.7a |

## 三、全真文本的类型

前文所列全真祖师著作包括存世和失传两类，共计一百四十一种。在对失传文本假设成立的基础上，它们的分类如下：

表 20　全真作品列表

| 类别 | 道藏 | 藏外 | 失传 | 总计 |
|---|---|---|---|---|
| 文集 | 25 | — | 54 | 79 |
| 语录 | 7 | — | 2 | 9 |
| 宣教文本 | 9 | — | 2 | 11 |
| 经典及注疏 | 7 | 1 | 11 | 19 |
| 传记 | 8 | 3 | 12 | 23 |
| 总计 | 56 | 4 | 81 | 141 |

这些文献被保存下来的还不到一半，但是从作品的类别分布来看，我们所掌握的资料库在体裁方面似乎对整体来说足够有代表性。不过这些作品很难代表全真教发展的不同时期：1250—1320 年期间的作品比前几代的作品失散得更多。最后应该指出的是，全真女冠的任何作品都没有保存下来。[①]孙道古至少有三部作品（失传作品列表 63—65），可能还有其他作品。诚然，对于研究女性在全真运动中的地位来说，藏内文献是极不充分的一种资料。

### 1.文集

文集显然是全真文献中最重要的类别。这些文集的命运颇为吊诡。那些旨在不分教派、自由传播的作品仅仅保存在《道藏》之中。一旦明代的《正统道藏》没有流传下来的话，那么，我们今天就只能看到这批文献的极少一部分。明代或者清代的合集丛书都没有收录全真教诗集。蒙元诗歌选集中也没有抄录全真诗

① 孙不二是七真中唯一没有留下文集的人，在《鸣鹤余音》中，有几首托名为她的诗。明清时期的很多女丹作品都被认为来自她。参见 Catherine Despeux, *Immortelles de la Chine ancienne: Taoïsme et alchimie féminine*, Paris, Puiseaux-Pardes, 1990; Judith Boltz, *A Survey of Taoist Litterature, Tenth to Seventeenth Century*, Berkeley, Institute of East Asian Studies, University of California, 1987, pp.155-156。

歌,如清人编辑的《元诗选》和《元诗纪事》,道教诗人的地位几乎为零。这种忽视是因为当时观念的偏狭还是因为这些作品已经不复存在了呢?这两种观点当然是有联系的。事实上,这些全真教诗歌似乎从一开始就被文人们归属在道教文学,而非一般意义上的诗歌。13世纪中叶的文人元好问虽然很熟悉全真教,但是在金代诗歌文选《中州集》中,他并没有收录任何全真诗歌。全真教祖师的文集在明清时期的书目中显然是缺席的,即使它们被列在其中,也是归于道教一类,而非诗歌一类。同样,它们在当时的文学作品集中也几乎没有保留任何序言和后记,[①]不同的是,全真传记作品则至今仍然有读者。

通过爬梳明代和清初一些重要书目中提到的全真教作品,我们可以更清楚地了解全真教书籍的流传情况。

① 我们需要注意到一个例外是王世贞(1526—1590),他为全真教的传记写了几篇序言,值得一提的是它们都被收录在《道藏》版本中。

表 21　出现于明代和清初部分文献书目中的全真作品

| 书名 | 文渊阁 | 百川书志 | 晁氏宝文 | 万卷堂 | 赵定宇 | 徐氏家藏 | 近古堂 | 澹生堂 | 国史经籍 | 脉望 | 玄赏 | 千顷堂 | 金艺文 | 明艺文 | 四库总目 | 续通考 |
|---|---|---|---|---|---|---|---|---|---|---|---|---|---|---|---|---|
| 文集 | | | | | | | | | | | | | | | | |
| 水云集 | | | 802a | | | | | | | | | 29.16b | 65b | | | |
| 太古集 | | | | | | | | | | | | 29.16b | 65b | | | |
| 云光集 | | | 800b | | | | | | | | | | | | | |
| 磻溪集 | | | 800a | 3.6a | | | | | | | | 16.25b | | | | |
| 葆光集 | | | 800b | | | | | | | | | | | | | |
| 离峰老人集 | | | | | | | | | | | | | 65b | | | |
| 启真集 | | | | | | | 2.1b | | | | 8.8b | | | | | |
| 天游集(佚) | | | | | | | | | | | | | 65b | | | |
| 林泉集(佚) | | | | | | | | | | | | | 65b | | | |
| 云山集 | 16.8a | | 800b | | | | | | | | | | | 298b | | |
| 合集 | | | | | | | | | | | | | | | | |
| 鸣鹤余音 | | | | | 1585a | | | | | 3.37b | | | | | 1832c | |
| 全真宗眼<br>方外玄言 | | | 802b | | | | | | | | | | | | | |

续表

| 书名 | 文渊阁 | 百川书志 | 晁氏宝文 | 万卷堂 | 赵定宇 | 徐氏家藏 | 近古堂 | 澹生堂 | 国史经籍 | 脉望 | 玄赏 | 千顷堂 | 金艺文 | 明艺文 | 四库总目 | 续通考 |
|---|---|---|---|---|---|---|---|---|---|---|---|---|---|---|---|---|
| 语录 | | | | | | | | | | | | | | | | |
| 丹阳真人语录 | | | | | | | | | | 5.16a | 8.13b | | | | | |
| 晋真人语录 | | | | | | | | | | | 8.13b | | | | | |
| 盘山语录 | | 11.2a | | | | | | | | | | 16.26a | | | | |
| 丘长春语录 | | | 800a | | | | | | | | 8.13b | 16.25b | | | | |
| 宣教文本 | | | | | | | | | | | | | | | | |
| 大丹直指 | | | | | | | | | | | 8.14a | | | | | |
| 青天歌注 | | | | | | 3.16b | | | | | | | | | | |
| 注疏 | | | | | | | | | | | | | | | | |
| 黄庭内景经注（刘处玄） | | | | | | | | | | | 8.6b | | | | | |
| 阴符经注（刘处玄） | | | | 3.5a | | | | 8.5b | 4A.12b | | 8.6a | | | | 1254c | |
| 赤文洞古经注（冯长筌） | | | | | | 3.16a | | | | | | | | | | |

续表

| 书名 | 文渊阁 | 百川书志 | 晁氏宝文 | 万卷堂 | 赵定宇 | 徐氏家藏 | 近古堂 | 澹生堂 | 国史经籍 | 脉望 | 玄赏 | 千顷堂 | 金艺文 | 明艺文 | 四库总目 | 续通考 |
|---|---|---|---|---|---|---|---|---|---|---|---|---|---|---|---|---|
| 关尹子注（牛道淳） | | | | | | | | | 4A.11b | | | | | | | |
| 道德经注（何道全） | | | | 3.4b | | | | 8.4a | | | | | | | | |
| 历史,传记 | | | | | | | | | | | | | | | | |
| 体玄真人显异录 | | | | | | | | | 4A.20a | | 8.7b | | | | | |
| 西游记 | | | | | | | | | | | | 16.25b | | | | |
| 玄风庆会录 | | | | | | | | | | | | 16.25b | | | | |
| 金莲正宗记 | 16.7a | | | | | | | | | | 8.9b | 16.25b | | 298a | | |
| 玄风庆会图文说 | | | 801b | | | | 2.3b | | | | 8.9b | | | | | |
| 八十一化图 | | | | 3.5a | | | | | | | | | | | | |
| 七真年谱 | | | | | | | 2.4a | | | | | | | | | |
| 甘水仙源录 | | | | | | | | | | | 8.8a | | | | 1262b | 4269c |
| 祖庭内传 | | | | | | | | | | | | | | | 1262a | 4269c |

续表

| 书名 | 文渊阁 | 百川书志 | 晁氏宝文 | 万卷堂 | 赵定宇 | 徐氏家藏 | 近古堂 | 澹生堂 | 国史经籍 | 脉望 | 玄赏 | 千顷堂 | 金艺文 | 明艺文 | 四库总目 | 续通考 |
|---|---|---|---|---|---|---|---|---|---|---|---|---|---|---|---|---|
| 五祖七真传 | 16.6a | | | | | | | | | | | | | 297b | | |
| 七真传 | | | | | 1585b | | 2.3b | | 3.36a 5.16b | | 8.9a | | | | | |
| 七真仙传 | | | | | | | | 8.11a | | | | | | | | |
| 玉阳王真人录 | 16.5b | | | | | | | | | | | | | 297b | | |

注：文献书目简称：文渊阁（文渊阁书目）、晁氏宝文（晁氏宝文堂书目）、万卷堂（万卷堂书目）、赵定宇（赵定宇书目）、徐氏家藏（徐氏家藏书目）、近古堂（近古堂书目）、澹生堂（澹生堂书目）、国史经籍（国史经籍考）、脉望（脉望馆书目）、玄赏（玄赏斋书目）、千顷堂（千顷堂书目）、金艺文（金艺文志补录）、明艺文（明史艺文志补编）、续通考（续文献通考）。

上表中最值得注意的问题是完全没有王重阳的作品。王重阳的人格似乎被过快地神化了，达到了与吕洞宾和刘海蟾类似的地位：这种人格只与生活的方式有关而与特定的修炼技术或文本无关。一般来说，文献书目很少收录全真祖师的诗歌文本。唯一有注疏的全真教作品是丘长春的《青天歌》。① 事实上，全真文集并不具有藏典的地位，而且由于它们缺乏内在结构，也不适合进行系统的讲学。从明代开始，所有自称属于全真教的道士都会提到王重阳与七真的活动和范例，但是却宣称自己的经典传承完全来自南宗或者其他诸派兼修的宗师。他们的核心文本是《悟真篇》，教义上的祖师是白玉蟾、李道纯、陈致虚等人。这一现象在张宇初的著作中充分体现出来，并且在整个明代得到印证。例如，在对全真教文本历史很有价值的明末道教文集《道书全集》②、《真诠》以及其他文集中，南宗的地位都非常突出。与张伯端（10 世纪）和上述三位道士的作品相比，全真教作品在当时并没有广为流传。

除了《道藏》与《道藏辑要》（这是对前者的重刊，其中某些文本有所缩略）之外，现存的全真教文集只有两个原始版本：

磻溪集，金代版本，现存北京图书馆；云山集，1319 年版本，现存北京图书馆。

这两个珍稀的版本表明，《道藏》并没有完整地保存这些作品。《磻溪集》中的几首诗被删减了，③更重要的是《云山集》中的所有散文论著都没有了。借助 1319 年版本恢复这些文论将是特别有价值的工作，因为这种文本在全真教原著中很罕见。它们的特点就是纯理论性的，当前的研究很少使用它们，但是在评价全真教的文献造作时，我们必须要考虑到它们的存在。

个人作品的传世数量很少，相对而言，集体文选在全真教文本的传播中发挥了非常重要的作用。不过，在宋德方编辑的藏经中，全真祖师的文本只有一部集体文选《修真文集》（失传列表 60）作为代表。

另外一部集体文选《鸣鹤余音》被保存了下来。它的编著历史很复杂，也很有启发。为了唱和全真教冯尊师的诗歌，南方的著名诗人虞集（1272—1348）④写作了一些诗词。两人的诗歌经过多次合编，流传至今。1347 年，南方的全真道士

---

① 《青天歌注释》（DZ137）收录了王玠的注释。这首诗也收录在丘处机的全集《磻溪集》，3.1a-b。

② 该书 1591 年版本收录于《海王村古籍丛刊》（北京：中华书局，1990 年）。

③ 相关事例参见 Florian Reiter, "A praise of Buddha hy the taoist natriarch Oin Chuii and ite eouree", *Zeitschrift des deutschen morgenländischen Gesellschaft* 143, 1993, pp.179-191。

④ 关于虞集与道教之间的关系，参见孙克宽（1981），但是他没有提到《鸣鹤余音》。Sun Kekuan, "Yü Chi and Southen Taoism during the Yuan Period", *Ching under Mongol Rule*, LANGLOIS John (éditeur), Princeton University Press, 1981, pp.212-253.

彭致中[①]增补冯尊师的其他诗词，题名为《鸣鹤余音》，这也就是《道藏》中保存的版本。明初，这部文集出版了新的版本，缩减了篇幅，并且收入了一些未发表的散文。这个文集的原版保存在台湾图书馆，书名为《全真宗眼方外玄言》。这些不同的版本都以虞集的序言作为开篇。[②]

然而，没有人注意到，这部诗集中所收录的冯尊师的许多文本(被虞集回应的诗歌和彭致中增补的诗歌)也见于《洞源集》。[③] 至于《洞源集》的作者，我们了解不多，只知道他号为长筌子，是一位文人，蒙古灭金之时在全真教避难。令人惊讶的是，在虞集的序言中，冯尊师被认为是来自南方的会稽人，不过这些文本印证了二人的身份确实如此。与全真教的其他个人文集不同，《鸣鹤余音》广为人知。所以说，全真教文本通过这种集体文选的形式在中国南方广为流传，并且吸引了当地文人的注意。

浙江奉道文人俞琰(1242 年之后—1311 年之后)的笔记可以佐证全真教文献的这一特点。在《席上腐谈》中，俞琰列举了当时著名的内丹著作，并且专门用一段话介绍全真教作品：

> 全真教主《重阳全真集》[④]，马丹阳《微语集》《金玉集》，谭长真《水云集》，刘长生《仙乐集》，丘长春《磻溪集》《鸣道集》，王玉阳《灵光集》[⑤]，郝广宁《太古集》，北方有刊本，总名《七真要训》。燕山道路迩，多刊丹书。大德己亥，携丁灵阳文集惠予[⑥]，又以马丹阳语录求予序，遂为序其篇端。[⑦]

这段概述表明，14 世纪时全真教的各种作品在中国北方出版，后以集体文选的形式在南方流传。诗歌如此，散文也是如此，《真仙直指语录》(1256)就是这样一部全真祖师文集。编纂者只留下了一个法号，[⑧]但这个法号并非典型的全真祖师名号。他还编著了另外一部内丹文论选集，[⑨]其中也收录了南宗的作品，所以

① 参见碑刻 350，《非非子幽室志》。

② 该序言收录在《"国立中央图书馆"善本序跋集录》，台北："国立中央图书馆"，1993 年，子集 4，第 414 页。这个文本也见于虞集的《道园遗稿》6.3a-4a，《四库全书》与《道家金石略》，第 798 页。

③ 金天瑞(生卒年不详)在 1364 年为《道园遗稿》6.18 所撰后记中明确提到了《洞源集》，6.18a-b。

④ 《丛书集成》和《四库全书》版本用的"金"字而非"全"字，这可能是印刷的错误。同样的错误也出现在《全真集》的书名。

⑤ 同上，"云"字误作"灵"。

⑥ 这个人与 1250 年前后的祖师祁志诚有关。碑刻 259《玄门掌教大宗师存神应化洞明真人祁公道行碑》。

⑦ 《席上腐谈》，《丛书集成》版本，第 22—23 页；《四库全书》，2.10b。

⑧ 即"玄全子"。——译注

⑨ 《诸真内丹集要》(DZ1258)。

这两部选集很可能都是在南方编纂的。不过，最著名的全真教文本依然当属《鸣鹤余音》。因为这部集体文选非常实用，又增添了著名文人虞集的诗词，因此成为在南方文人之中宣传全真文献最具有吸引力的手段。《鸣鹤余音》主要的文本体裁是诗歌，绝大多数是词，其中两个版本还包含了对研究全真教教团生活非常有用的散文文本。

《鸣鹤余音》是全真教文献造作的代表性合集，主要由诗和词组成。这些诗词基本上都有特定的语境，为某些人或群体而作，有时是为了回应某个问题或事件。它们表达了道教的生活方式，通常拒绝使用晦涩的词语。诗词中包含了内丹的修炼术语，但是并没有以系统的方式表述。这些诗词的道教色彩更多的是体现在它对神秘词语（天、仙……）的使用，以及对超越尘世的神秘诉求。从这个角度来看，全真文献的很大一部分与当时称为"道情"的体裁是完全对应的，并与如吕洞宾等神仙隐士有关。这种体裁在元杂剧中尤为兴盛，其特质已经渗透进很多剧目，而且全真教的故事在杂剧中也非常常见。需要指出的是，全真文献中的一部集子《自然集》就使用了一系列戏曲曲牌，而集中的文本应当是在全真道观举行仪式庆典时演奏的部分曲目。①

以诗歌为表达形式本身并非全真教所独有，但是将其作为宣教手段来使用就独具特色了。创作诗词且公开演唱，与文人和僧人交流诗词，以及向有志皈依的人赠诗，都表明了诗歌是全真教所偏爱的宣教载体。教义的阐释与诗歌的结构完全对应。许多诗歌，特别是分为上下阕的词，第一部分表达了人们生活的脆弱和时代的不幸，第二部分则指出道教信徒的修行成果。这种传教的用途，很大程度上是全真诗歌与其他道派诗歌的区别所在，特别是与南宗的诗歌相比。南宗的很多文本也是诗的形式，但是它们的写作风格更加具有说教性、结构性和精炼性。南宗道士的诗歌作品一般会组成一个连贯的、不可分割的短篇，诗歌的数量也极具象征意义，比如一组为八十一首。王重阳的作品则截然不同，它们数量众多，内容繁杂，常常是重复和无序的。这些诗歌随心所做，出版也几乎没有计划，每部作品似乎都是编者自己的选择。这就解释了为什么有许多诗歌同时出现在多个文本中，最典型的事例就是王重阳的两个主要的诗歌集《全真集》和《教化集》之间有大量的重合。

想要通过如此分散而繁杂的材料来研究思想结构已经非常困难了，研究社会实践几乎就是不可能的。全真教教团的现实情况既不是这些诗歌描述的对

① 参见高万桑博士论文原文第353—54页。

象，也不符合它们的精神特质，这些诗歌的目的是宣教，劝人皈依。散文文本更可能涉及教团的存在。诗歌通常是在两个个体之间创建一种连接，虽然有一些诗歌是写给教众的，但是大多数诗歌表现的是道士与弟子之间的沟通。为了让弟子们更深入参与交流，以王重阳为首的道士们还创作了藏头诗。弟子们必须深刻理解诗的意涵才能找到缺失的文字。这种诗歌体裁并非全真教独创，侯善渊也使用过。[①]

早期全真祖师在自我表达时以诗歌为主要方式，这一做法有着深刻而复杂的原因。首先，宗教诗歌是神圣的。在王重阳去世的同一年，即1170年，北方地区刊印了最古老的功过格，其中规定，赞道之文（注称“谓诗词歌颂等”）一篇为一功。[②] 在这种情况下，其实并不存在人们视全真教诗歌为娱乐的问题。但是，全真教徒有时还是不得不强调两者之间的区别：

> 道家者流，嘲弄风月，固当如是乎。予即应之曰：噫嘻，子亦误矣。且如明眼禅和，欲传妙道亦必垂一则语，以示后之学者。矧兹高尚至人，力欲恢弘正教，阐扬家风，必以言语训诫发为文章，而启迪迷人，庶有觉悟。况此冷淡生活，本是道人风味，兼其间无一字尘凡气。殆非吟咏风月者，无用之空言也。[③]

这种解释在全真教文本的序言中很常见。可以说，唯一值得推许的写作应当是对世俗之人有益的写作。诵读或吟唱诗歌有不同的情境：世俗时间（但是肯定是虔诚的状态），比如歌者请求虞集应和冯尊师的词曲；[④]或宗教时间，比如全真道观中夜晚两次打坐期间诵读诗歌以免入睡。[⑤] 创作诗歌的情境通常也是神圣的，如在讲道过程中或者仪式活动之后。这些诗当然也可以作为精神成就的表达，类似禅宗大师的证悟诗。王重阳在与马丹阳诗词唱和时传授的很多诗歌，都可以从这个意义上来解读。同样，在《随机应化录》中，师徒会面时经常用同一韵脚作诗。[⑥] 不过，更大数量的诗歌则是来自师父的劝化。因此，很多诗歌的开

---

① 《上清太玄集》(DZ1061)，5.19b，7.4b-5a。

② 《太微仙君功过格》(DZ186，4a)。关于这个文本的介绍，参见 Cynthia J. Brokaw，*The Ledgers of Merit and Demerit：Social Change and Moral Order in late Imperial China*，Princeton，Princeton University Press，1991. pp.43-52。这个文本与许逊在江西西山建立并且活跃于北方的教团（净明道）有关。没有解释其年代被追溯到晋代的问题，但是作者认为它确实来自西山。

③ 《重阳教化集》，序，2a

④ 《鸣鹤余音》，序，1a。

⑤ 《全真清规》，6a。

⑥ 《随机应化录》，2，10b-11a。

头都是“劝君”。所以说，这些文本具有表演属性，它们在劝戒某种行为，但是效果我们却无法看到。实际上，讲道的效果更多地展现在了语录文本中，因为弟子的发言也被记录了下来。

**2.语录**

全真教在南方地区流传的作品除了与虞集合作的《鸣鹤余音》，还有另外一部代表作，即《盘山语录》，收录于南宗道士汇编的《修真十书》(DZ263)。这部作品的体裁是语录，语录在全真教资料库中所占的比重不大，但却发挥着非常重要的作用。首先，这些文本是全真教教团内部教学最合适的材料。诗歌和宣教文本的对象不分教派，但与之不同，语录是专门的全真教学活动记载。中国的语录文本可以追溯到孔子的《论语》。后来，禅宗发展出来新的语录体裁，他们抄写宗教教义中的问题和答案(有时也包括行为)。这种体裁的目的是记录师父们的话语，无须费力抄写和改动等中间环节。这不仅反映了白话文对宗教教义文献的影响，而且反映了权威原则的变化，宗教学习的目的不再是获取启示教义的意义，而是与大师交流，大师正是教义的实践者。[①]

全真祖师使用语录体符合那个时代的特质。理学的夫子们就是用语录记述他们的教诲。它在佛教中也非常流行，并且影响到了很多道教流派。不过“语录”这个术语涵盖了相当多种不同的作品，[②]而真正的对话合集有时是以另外的术语来指称，如全真教资料库中的《随机应化录》。某些作品被题名为语录是具有误导性的，如第三十代张天师的作品，实际上是一个文集。此外，《道藏》中还收录了三部不属于全真派的语录。它们分别来自徐守信(神翁)(1033—1108)[③]、白玉蟾[④]和李道纯[⑤]。第一部是一部非常精彩而生动的文集，收集了很多逸事，但是它不用于教化。徐守信使用一种特殊的占卜方式，他在《度人经》这部重要的经典中抽取文字回应占卜的问题，并隐晦地预言未来的事件。另外两部文本，一

---

① 关于语录体裁的重要性，也见于 Judith Berling，“Bringing the Buddha down to Earth：Note on the Emergence of yü-lu as a Buddhist Genre”，*History of Religion* 27-1，1987，pp.56-88。不同于 Judith Boltz，*A Survey of Taoist Litterature*，*Tenth to Seventeenth Century*，Berkeley，Institute of East Asian Studies，University of California，1987，注 338，我将宣教文本与语录区分开来，因为那是对群体生活的描述。

② 《三十代天师虚靖真君语录》(DZ1249)。

③ 《虚静冲和先生徐神翁语录》(DZ1251)。

④ 《海琼白真人语录》(DZ1307)。

⑤ 《清庵莹蟾子语录》(DZ1060)。

部作者是第二代全真道士的同辈人，另一部作者是一位兼修全真的道士，都是对教学情景的真实记录。然而需要注意的是，后两个文本几乎没有故事情节或叙述，弟子的作用也非常有限，而且不太使用白话文。他们的讨论仍然是关于修炼的，类似于当时其他道教文献中出现的师徒对话。由于讨论的主题（内丹修炼的高级过程、仪式技术等）具有高度的技术性与神秘性，因此听众只能局限在入门弟子这个小范围内。

最后一点，最接近全真教公开辩论的语录文本可能要数净明忠孝道派的文献，该派同样是开放的，允许俗家弟子参与其教学活动。该道派的经典文献《净明忠孝全书》（DZ1110）收录了祖师刘玉（1257—1308）①与弟子黄元吉（1270—1324）的对话。② 这些文本略晚于尹志平和王志谨的语录文集，但同样在对话中保留了较多听众的回应，不过有时候实际举动与语言交流并没有结合在一起。

全真教语录以其开放性著称。技术性的主题被明显地排除在外，且参与者范围宽广，有时还包括普通民众在内。在这些文本中，最简短者往往只是对宗师讲说内容的记录：没有听众的回应，主题也较为抽象。我在此列出了一个简单的表格：

**表 22 “语录”之外的全真祖师论述**

| 讲授者 | 来源 |
|---|---|
| 晋真人（不详） | 晋真人语录 1a-4b |
| 马丹阳 | 真仙直指语录 1.1a-9b |
| | 丹阳真人直言 |
| 谭长真 | 真仙直指语录 1.9b-10b |
| | 水云集 1.20b-21a |
| 刘长生 | 真仙直指语录 1.11b-12a |
| 丘长春 | 真仙直指语录 1.12a-19a |
| 郝广宁 | 真仙直指语录 1.19a-22b |
| 尹志平 | 葆光集 1.42b-45a |
| | 真仙直指语录 2 |

① 《玉真先生语录》卷三至卷五。

② 《中黄先生问答》卷六。

完整的语录文集是最有价值的，如马丹阳、尹志平、王志谨和何道全的语录。这四部作品中的一些逸事和背景叙述用最生动的方式展示了全真教的教学活动。尹志平的语录篇幅最长，虽然它记录的听众回应较少，但是保留了非常丰富的逸事与描述。马丹阳和何道全的对话录都很简短，但是包含了几种前所未见的教学方法的信息。这些文本中最令人惊讶的无疑是王志谨的《盘山语录》，让我感受到了一种完全不同的趣味。一般语录的绝大部分都是口语，记载了祖师与弟子之间激烈的、时而非常有趣的交流，《盘山语录》则远非如此。王志谨的讲说没有太多的思辨性，完全沉浸在愉悦平静的理想和对死亡挥之不去的恐惧两者的张力之中。

《盘山语录》是全真教中流传最广的文献之一，[①]研究其文本历史对于了解全真教作品传播有重要意义。《盘山语录》原版刊刻于 1247 年，后收录于《修真十书》，《修真十书》编撰时间不详，约在 13 世纪末。两个版本在文本上几乎完全相同，尽管存在一些细微差异，但不影响意涵。不过，书中的一百则逸事按照了完全不同的顺序排列，如附录二所示。[②] 我们发现，其中有四则逸事未被收录于《修真十书》。他书转引和文献书目表明《盘山语录》在明清两代广为人知，尤其是焦竑(1541—1620)在《修真十书》版序言中指出了这一点。在明代，它还被收录在其他文献中，如《玉笈金箱》。这部语录的广受欢迎可以解释为什么在明清文献中，王志谨是继王重阳和七真之后最为人所知的全真道士。[③] 附录二包含这部作品出自不同来源的三篇短序的翻译。[④] 它们反映出这部最具有代表性的全真教文本在不同背景(全真教、南宗和文人)和不同时期(元代和明代)的接受情况。

晚明文人、思想家、书法家和道教信仰者焦竑尤其关注这部作品。[⑤]这些精心编撰的文本，诸如全真高道与当时最优秀的文人交流的诗歌，只保存在《道藏》之中，在 1924 年重新出版之前极少被人阅读。但是这部充斥着抗拒死亡的白话语

① 《盘山语录》元代版本参见杨讷《元刻本盘山栖云大师语录及其作者王志谨》，《文献》51，1992 年，第 175—181 页。该书在《中国国家图书馆目录》中被误归在佛教类。

② 参见高万桑博士论文原文，附录二，第 507—508 页。——译注

③ 《盘山语录》是目前所见在《真诠》中被引用最多的语录(依次为逸事 28、80、8、?、23、23、21、22、12、67、65、6、16、31、?、51、38、39、39、?、15、85)。其他引用该书的文献：《遵生八笺》1.41b，四库全书版(关于这部作品参见高万桑博士论文原文第 215 页)；洪应明，《仙佛奇踪》，长春：吉林文史出版社，1995 年，第 142 页。

④ 参见高万桑博士论文原文，附录二，第 503—506 页。——译注

⑤ 参见 Edward T. Ch'ien, *Chiao Hung and the Restructuring of Neo-confucianism in the Late Ming*, New York, Columbia University Press,1986, p.36。

录却引起了文人们的关注,这难道不令人惊讶吗?这种意外的偏好似乎表明,对于元明两代的中国人来说,全真教的吸引力不在于其教义或修炼技术,而在于教育方式。焦竑的态度,与王志谨的同时代人相类似。对他来说,拒绝方士的修炼技术也就意味着一种拒绝传道过程中带有选择性与秘传性的宗派主义的态度。《道藏》中全真著作的所有序文都强调了这种态度,其本质是教育式的,而其理论基础则是"方便"法门(upayâ)。

### 3.宣教文本

无论文集中的诗歌还是语录中的逸事都具有专门性,它们是为了回应某个问题或者有特定的语境。在这些分散的作品中,人们只能通过大胆的诠释才能找到一个整体的逻辑。与如此丰富的片段性论述相比,宣教文本是极少的,只有很少的论著将全真视作一个最终的目标而非盟约或过程,且其教学方式已超越了"方便"法门阶段。在这方面,全真教的文献造作在《道藏》中是相当特别的。直到后来,南宗的文献才扮演了理论参考的角色。但是到了14世纪,全真教在教义经典文献上的贡献依然与其教团在社会上的重要地位有一定差距。融会诸派的高道赵宜真(1382年逝世)在其传记中被认为是全真教的传承者,他曾批判过全真教内部这种基本文献的缺乏。[①]

正如我们在失传文献列表中所看到的,宣教文本绝大多数都保存在了《道藏》之中。如果一个文本确有参考作用的话,它肯定至少会以引文的形式留下一些痕迹。因此,我们可以认为全真教并不需要核心文本,或者理论原则的预设。现代学者经常赋予《重阳立教十五论》这个地位,但是它似乎无法与之匹配,因为其他古代文献从来没有提到或者引用它。

然而,抽象思辨在全真高道的作品中并不缺席。在郝广宁的作品中,我们就可以找到术数的推衍,在王吉昌及其弟子刘志渊的作品中,我们也能看到关于内丹修炼阶段的论述性文本。可是,这种文本的数量很少,而且并非来自全真传统所认定的最杰出的高道。托名王重阳的《重阳真人金关玉锁诀》和托名丘长春的《大丹直指》很难考证其成书年代。[②] 古代文本中从来没有提及它们,很难考辨其

---

① 《原阳子法语》(DZ1071)1.2b;参见 Schipper,"Master Chao l-chen and the Ch'ing-wei School of Taoism",道教と宗教文化,秋月觀英编,东京:平河出版社,1987,p.725。

② 关于《重阳真人金关玉锁诀》的真实性,参见蜂屋邦夫,《重陽眞人金關玉鎖訣について》,《東洋文化研究所紀要》58,东京,1972,pp.75-164;蜂屋邦夫,《金代道教の研究:王重陽と馬丹陽》,东京:汲古書院,1992,第152—157页。

真实性,而且,也很难将它们与历史文献中提到的修行实践联系起来。不过与《大丹直指》不同,《重阳真人金关玉锁诀》有深刻的原创性,充满了惊人的且有远见的奥义。

全真教在当时教育领域发挥了重要的作用,但是令人惊讶的是它却如此缺乏理论基础,这又该如何解释呢?这也许不应该被理解为一种缺乏,而应该解释为一种有意为之的态度:全真所教不只全真。全真教并不打算严格界定其正宗的边界,它赋予了自己在整个道教传统乃至中华文化的名义下进行教导的权利。在由全真教所主导的讲坛(les universités)中,教学的内容包含三教。这种融合主义的主题不是一种纯粹的理论立场①,而是一种教学实践。有迹象表明,全真教在中国北方传播理学(新儒家)方面发挥了作用。②

1260年之后,全真教文献中理论性、体系化的作品变得越来越多,但是这一时期,全真教在国家教育体系(les structures éducatives du pays)中的地位开始下降。这些较晚的著作仍然保留了浓厚的全真教色彩,如牛道淳的《析疑指迷论》通过对话和寓言的方式进行讨论和阐述,高道宽的《上乘修真三要》以驯马的隐喻来描述修炼过程。

我所讨论的宣教文本不仅包括内丹修炼文本,也包括描述修炼者生活的作品。后面这种著作较为稀少,其中最重要的是《全真清规》,我们在第六章中已经详细研究过。这部作品篇幅短小,成书年代难以确定,只涉及了一些与寺院戒律相关的主题。其中《坐钵规式》用几页的篇幅论述了全真教的一个标志性修行方式,详见本文第五章。③ 王重阳的《重阳立教十五论》则以韵文的方式描述道士的修道历程,从苦修生活、功德实践(这些都是实现精神修炼的必要条件),到体道合真。这些著作与其他全真教文献一样,采用的都是隐喻和韵文式的语言,对于现代读者来说比较难以理解。但是,对于当时的道士来说,这些文献可能非常清楚明白。不过根据我在中国的观察,这些隐喻对于当今的全真道士来说同样晦涩难懂。

---

① 关于全真道三教合一主题的相关理论解释,可参见陈兵,《略论全真道的三教合一说》,《世界宗教研究》1984年第1期,第7—21页;Reiter, "Sharlamunaon mue Radautuna das Ruddhiene Bie don Ch'uan-chen' Taoismus im China des 12. und 13. Jahrhunderts", *Monumenta Serica 42*, 1994, pp.295-308;窪德忠,《金代の新道教と佛教—三教調和思想から見た》,《東方學》25, 1963, pp.68-82。

② 参见高万桑博士论文原文第160页。

③ 详见高万桑博士论文原文第五章和第六章。——译注

### 4.经典注疏

全真高道注疏经典的传统完全符合我们已经定义的特质:他们利用的是适合所有人的具有普遍性的文献。被注疏的文本大部分是三教通贯的作品:

| 道德经 | 四种注疏 |
|---|---|
| 其他先秦哲学文本 | 三种注疏 |
| 佛教文本 | 两种注疏 |
| 无宗派的信仰文本<br>(《清静经》《阴符经》《文始经》) | 四种注疏 |
| 其他 | 三种注疏 |

在最后一类文本中,《黄庭经》虽然传自上清派,但其实践范围远远超出这一道派。《升天经》与《救苦经》当然与灵宝传统有关,但是其形式非常理论化,相关解读也并没有像《度人经》等文本那样同时涉及思想观念与仪式实践的问题。另外需要注意的是,全真教文献中明显缺乏对内丹经典(如《入药镜》《悟真篇》等)的注疏,只有郝广宁的著作中保存了部分《周易参同契》的注疏。[①] 从注疏来看,全真教并不关注汉代以后道教分化发展出来的各个派别。这种否认并不明显,但是我们可以从它对文献的引用中看出来。从这个角度来说,全真教对待传统的态度与理学相似,后者是试图跨过15个世纪直溯孟子。此外,与理学一样,全真教的文献工作受到了道统观念的强烈影响,而且这种观念通过立传得到了阐明。

### 5.传记

全真传统流传下来多部传记作品,对于纯粹历史学研究和结合社会学方法的研究来说,它们都是重要资料。需要注意的是,这些传记大多具有专门性,因为它们是在特定情况下编纂的。其中最著名的作品是《金莲正宗记》,它编撰的目的是进入宋德方所编辑的《道藏》。《玄风庆会录》《长春真人西游记》和《玄风庆会图》这些关于丘长春的传记作品都在《道藏》之外得以保存,记录的是丘长春与成吉思汗相会的实际过程,但其编撰是在有争议的情况下进行的,争论由耶律

① 《太古集》,1.1a-8a。

楚材发起[①]，佛教僧人对他们的论点进行了详细阐述。内容最丰富的资料是李道谦的三部著作，其编撰背景是全真道士们与佛教僧人及忽必烈的论战，论战的高潮是1281年《道藏》的禁毁，因此，这些著作的目的是辩护性的，但它们不一定使用了辩护性的写作方式。[②]

这些著作的结构普遍存在于中国仙传作品中。它们的结构是围绕传承谱系展开的，或者是重建谱系。这里的问题不在于王重阳神秘传授七真的真实性，这一点毋庸置疑。问题在于传记文本中省略了全真教派创始人其他形式的传承、归属和宗教认同等。全真道士对于其他宗派的存在采取了一种假装无视的纯粹判教意图，先前提到的理论作品已经体现出来了这一点，传记作品呈现出来了它的历史性维度。除了老子之外，全真教只承认那些脱离所有制度性束缚的人物。它们的祖师，东华帝君、钟离权、吕洞宾和刘海蟾都与任何制度性或经典性传统没有联系。实际上，有一批内丹文献托名钟离权和吕洞宾二人，并在今日被称为钟吕派，但在全真教和以白玉蟾为核心的南宗形成之前，我们似乎不能将其称为一个道派并讨论它。

既然如此，这些文本更应该被称为仙传而非历史，与其强调它们所说的内容，不如强调它们忽略的内容。这些传记所描述的事实对于传统历史学家来说并不感到困惑，甚至对于实证主义历史学家来说也是如此，除非是叙述出生的异象和神迹等次要情节。这些传记在编年史上非常严谨，不仅明确标注未知的情况，而且经常说明信息来源。信息来源中有一个非常重要的部分是碑刻，碑文一般由文人撰写，表明全真道士认为他们的历史是开放的，可以接受审查和批判的。尽管有这些历史文献学的特质，全真教的传记文本依然是经过深思熟虑的、有意为之的产物。这些传记呈现了全真教团内部高度同质性（homogénéité）的形象，否认了该团体与当时其他宗教团体的纽带，淡化了全真祖师们修行经历与入教的差异，以及他们各自对其他社会团体不同程度的联系和认可。

唯一可以与传记做对比研究的是它们的来源，即与之息息相关的碑刻：例如，我们可以看到《终南山祖庭仙真内传》的内容几乎照搬了早期墓碑铭的文字。大部分文本应该被视为一套在原则上包含准确事实的信息，但通过交互阅读考据，可以梳理出其中的差异与空缺。无论是官方历史还是稗官野史，都不可能找

① 关于此次论战更详细的分析，参见 TZ Igor De Rachewiltz, "The Hsi-yu lu by Yeh-lu Ch'u-ts'ai", *Monumenta Serica 21*, 1962, pp.1-121。

② 关于李道谦作品的背景，也参见三浦秀一，《元代思想研究序説—全真道士李道謙の動向を主軸に》，《集刊東洋學》67, 1992, p.66-84。

到事实完全不同的版本。我们需要考虑这些事实被选择纳入某一部有教化意义的传记中的用意何在。这些原始的信息通常可以追溯到文人的碑刻，随后会以不同的方式被重新组合，但都不会完全改变其含义。这也就是说，14世纪编撰的三种王重阳与七真的传记都没有提供任何真正新的信息。这三部作品是《金莲正宗仙源像传》、陈致虚的《上阳子金丹大要列仙志》[①]和《历世真仙体道通鉴续编》的前三卷。[②] 此外，还存在着另一种版本的七真传记，即《七真仙传》。[③] 这部作品大约在1242年由文人张邦直（生卒年不详）和皈依全真道的文人王粹（卒于1243年）编撰，并于1263年由另一位皈依全真教的文人李鼎（生卒年不详）增补。这部作品的1417年重刊本目前保存在台湾大学图书馆，其叙述与前面所提到的其他传记颇为相似。值得注意的是，全真教大力出版与传播七真的修行传记，目前至少有六个不同版本。[④]

除了《祖庭内传》，这三个文本与此前其他作品一样，都没有包括七真后继者的传记。王重阳传授给他的七个弟子的教学模式似乎是具有普适性的，这七个人在修行上的不同做法足以涵盖全真教对信徒提出的一切。每个人都给出了一套完全奉行全真教的典范，不过他们当时还不需要归属于一个教团。简而言之，正如道士们的文集所收录的面向个人的传道文本一样，这些传记文本也是对个人皈依故事的再现。有一篇文本是例外，即《体玄真人显异录》，它记载了王玉阳展现的多次神迹。这里强调的是修行实践和社会活动。而且，应该记住的是，王玉阳并不完全被视为王重阳的弟子，他有着非常独立的修行事业。此外，这篇文本撰写时间较早，是在全真教受到丘长春影响之前，当时教团整合的趋势尚未达到顶峰。除了王重阳和丘长春之外，没有其他祖师享有如此个性化的传记。至于其他已经失传的传记作品，我们很难判断其内容。他们有可能将全真教的故事延续到七真之外，比如《金莲志》中提到了关于尹志平的信息，但是我们现有的版本中并没有这个信息。[⑤]

从更广泛的意义上来说，皈依主题（“化”或者“点化”[⑥]）在全真教文献中无处不在。至于吕洞宾这个人物，苗善时《纯阳帝君神化妙通纪》(DZ305)中有多个关

---

① 《上阳子金丹大要列仙志》(DZ1069)。

② 《历世真仙体道通鉴续编》(DZ297)。

③ 在这部作品中，七真包括王重阳，而非孙不二。

④ 《金莲正宗记》《金莲正宗仙源像传》《七真仙传》《上阳子金丹大要列仙志》《历世真仙体道通鉴续编》，以及《甘水仙源录》前两卷中关于七真的碑刻。

⑤ 碑刻240《大元清和大宗师尹真人行道碑》。

⑥ “度”这个词更多地指正式的皈依，特别是寺院的受戒或者仪式，而“化”则是指精神上的皈依。

于吕洞宾点化世人的精彩叙述。改编成通俗文学的作品，除了以吕洞宾为主人公的众多剧目之外，还有许多以王重阳和马丹阳为主角的剧目。①其中最值得注意的一部剧作是马致远(活动于 1295 年)的《马丹阳三度任风子》，全篇讲述了全真祖师千方百计度化一个屠夫的故事。另外还有一部类似的剧目保留下来了明代的版本:《王祖师三化刘行首》。在明代，以七真为主角的剧目继续被创作和演出，其中一部是以丘长春为主角。② 小说中也贯穿有相同的主题，自明代开始，就有多个不同的版本流传于世。③ 戏曲中强调的是"点化"这一关键时刻，即师父与尚未成为其弟子的人之间的对抗，师父需要通过一切可能的手段使弟子迈出皈依这一步。

这些文学资料虽然时代较晚，但是对于研究全真教的价值毋庸置疑。无论如何，围绕祖师特别是王重阳展开的各种点化故事的叙事模式从 13 世纪开始就已经存在了。正如我们所知道的，永乐宫吕祖殿的壁画是根据《纯阳帝君神化妙通纪》绘制的。同样，永乐宫的重阳殿也被划分为各个场景，每个场景有一段叙述，这些场景主要集中在相遇和点化的场景。我们特别要提到王重阳向他的弟子们展现了一幅他刚刚画的骷髅图，这幅图应该作为反思"勿忘你终有一死"(memento mori)主题类型的辅助材料。④这些榜题的文本已经被誊录和出版了，⑤它们肯定是基于一部关于王重阳生活的图传，⑥很可能是现仅存序言《重阳真君悯化图》五十五幅(失传作品列表 56)，《玄风庆会图》亦曾称引过。《玄风庆会图》⑦刊刻于 1309 年，由北京出资，但为了品质更好而在杭州雕版，它以类似的方式描绘了丘长春的生活，以图像分段，每段都配有释文。

---

① 关于全真教戏曲，主要参见 David Hawkes，"Quanzhen plays and quanzhen masters"，*Bulletin de l'Ecole Française d'Extrême-Orient* 69，1981，pp.153-170。

② 卿希泰:《中国道教史》第三卷，成都:四川人民出版社，1993 年，第 518 页。

③ 关于全真小说，参见 Günther Endres，*Die sieben Meister des vollkommenen Verwirklichung：der taoistischen Lehrroman Chi-chen chuan in Ubersetzung und im Spiegel seinerl Quellen*，Würzburger Sino-japonica 13，Frankfurt，Peter Lang，1985；Werner Eichom，"Bemerkungen über einen taoistischen Roman"，*Studia Sino-mongolica*（Festschrift für Herbert Franke），BAUER Wolfgang（éditeur），Wiesbaden，Franz Steiner，1979，pp.353-361。其中三部(《七真因果传》《七真祖师列仙传》《金莲仙史》)已被收入《全真七子全书》，这是一个非常有用的版本(沈阳:春风文艺出版社，1989 年)。

④ Idema 已经研究了这个主题，Wilt Idema，"Skulle and ekeletone in art and on etane"，*Conflict and accomodation in early moden east Asia*，BLUSSE Leonard et ZURNDORFER Harriet（éditeurs），Leiden：Brill，1993，pp.191-215。

⑤ 《重阳殿王重阳画传榜题四十九幅》，《文物》1963 年 8 月，第 73—78 页。

⑥ 这部作品的标题证明其体裁是画。悯化是弟子给他的非官方称号的一部分，即重阳悯化妙行真人(范怿序，《全真集》1a)，但是它不再出现于 1269 年和 1310 年的正式标题中。

⑦ 我非常感谢 Igor De Rachewiltz 提供给我这本书。

## 6.全真经典文献的批判性综述

既然皈依主题与全真教有如此密切的联系,而且全真教文献是无教派属性的、完全自由流通的,那么,皈信全真教就是可行之事。这意味着,全真教可以随时接纳一个受到宗教信仰召唤的男性或者女性,这正是全真教的本质,它为那些感受到宗教使命的人提供了一个出路,他们想要在既定的或者通常是世袭的宗教职业形式之外表达自己。因此,《道藏》中的全真教文本完全可以作为研究宗教领域中的使命与皈依的重要资源。这项工作还有待完成,也将会十分困难,因为这些文献还没有在当代出版,它们需要点校(就诗词而言),还需要编撰工具书。然而,想要理解新的皈依者所进入的教团以及推动教团发展的活动,除了一些语录合集和清规文本之外,藏内文献对我们并没有什么帮助。通过细致爬梳这些文献,我们可以找到一些元素,它们的数量和时间顺序能够支撑我们的论点,或者明确某些现象的普遍程度。然而,我们研究的根基始终是外部资源以及语录、清规文本,那么,这种研究是否具有合理性呢?这其实是合理的,因为全真教从未打算在文献造作中完整地描述自己,而且本身也强烈支持并且使用构成外部资料主体的碑刻资料来编纂自己的历史文献。

毫无疑问,这些外部资料会补充描述全真教本身没有打算解决的现实问题。特别是,我们可以反思一下以下类型的作品,它们没有被包含在我们的文献资料库(现存作品与失传作品)中:科仪本、戒律、启示文本[①]、道教通史与颂、类书、劝善书、教案集。

仪式实践,授受戒箓,接受特定神灵的启示文本,这些正好是传统道教流派之间相互区别所在:它们是身份认同的书面元素,某一道派通过这些元素在与其他道派的关系中定义自己。因此,全真教没有编撰这种类型文本的这个事实是有意义的;这并不意味着它不实践道教科仪或者遵守戒律。要想明确了解这些做法,就有必要求助于外部资源。同样,全真教也没有一部自称代表整个道教的作品,这就要求它必须在道教整体中确定自己的位置。这个位置很难解释,全真教既想服务于整个道教,又想建构独立自主的秩序,为其信徒提供进入宗教所有领域的机会。1368 年后,这个地位得到了更明确的界定,而且明显被降低了,因为宗教自由实践的时期结束了。有元一代,全真教在道教文本传统中的地位更

① 虽然《浑成集》和《鸣鹤余音》中吕洞宾的诗是杜撰的(即使确有吕洞宾所作诗歌),但是全真教并没宣称这是启示(除了五篇秘语)。

加宏大，又更加模糊不清。

## 四、全真教与道教文本传统的关系

1.全真与《道藏》

全真并不是一种启示，全真教也没有围绕包含核心教义的“经”形成经群。尽管全真教使用了仙人吕洞宾、钟离权、东华帝君的教导，但是并没有将他们的著作视为教义的来源。全真道士何志渊整理了吕洞宾的诗集《纯阳真人浑成集》，不过这部作品并没有在教内占有特殊地位。全真祖师在注疏经典的时候，并不仅仅满足于《道德经》《阴符经》和《清静经》。他们对于整个道教文献传统都秉承了最大的尊重，即使某些文本流传不广且建立的是不同于全真教的知识传承方式。

这种尊重特别体现在《道藏》的重新编辑，即 1237 年至 1244 年宋德方的编撰工作。这项庞大的工作需要投入大量的资源，这些资源大多来自全真教内，而非教外，并且没有任何来自官方的支持。这一成就充分展示了全真教在全国范围内的组织能力。当然，我们可以在此提到南宋和元代中国南部的某些佛教寺庙在世俗组织的支持下成功印刷了《大藏经》的部分内容。[①] 但是，这两个编撰活动的经济环境相当不同，当时的南方相对和平繁荣，北方则战乱频仍，而且佛教的藏经不像道教那样需要重新编辑。《道藏》的编纂完成于 1244 年，尽管在 1281 年不幸被毁，但是它仍然可以被视为全真教对中国文化的重要贡献之一。事实上，明初编撰的《道藏》并没有超出全真教所辑《道藏》的数量与卷数。[②]

《道藏》编撰工作的发起与完成也表明，全真教在文本领域的抱负不在于质疑传统，而是想要进入传统。因此，全真教并没有试图改变“三洞四辅”这个从某种意义上来说有些过时的传统道教经典结构。1244 年的《玄都宝藏》是中国历史上唯一一个由道教教派独立编撰的道藏，没有受到国家意识形态的控制。而且我们推测，宋德方和其他编者也没有打算趁机将全真教置于《道藏》的核心位置。

无论书写还是实践，全真祖师都是献身于整个道教本身，避免一切教派主义。因此，1281 年对道教的谴责并不是专门针对全真教。在辩论中，佛教徒猛烈

---

① 关于这一主题，参见 Barend Ter Haar, *The White Lotus Teachings in Chinese religious History*, Leiden, Brill, 1992, pp.33-36, 77-78。

② Van der Loon, *Taoist books in the libraries of the Sung period*, London, Ithaca Press, 1984, pp. 50-57.

抨击全真教推广反佛文献。在经过多场辩论之后，忽必烈皇帝颁布命令，除《道德经》外，所有的道教经典都是伪经，并且下令销毁四十年前所编《道藏》的书籍与刻板。这一决定的原因在很大程度上是世俗的，[①]而非神学的，主要与道教对于社会教化机构（学校、寺庙、集会）的掌控有关。

全真教在反佛中发挥的作用似乎很小。引起争议的焦点是全真道士史志经编纂的《老子八十一化图说》，虽经焚经之厄但仍留传至今，可见其受欢迎程度，文中却丝毫未提及当时所发生的事情。[②]当然，我们也可以通过隐喻的方式来理解，全真教的文献中包含了几处类似的暗示，如丘长春的西行之旅可以被看作重新演绎老子的旅程：两者都是"化胡"，这种暗示无疑会引起蒙古人的不悦，除此之外，《八十一化图说》的内容并没有什么新意。而就整体而言，全真教著作在提到佛教的时候，都是保持了尊重的态度。佛教徒为了扩大他们的攻击范围，只得在谴责的列表上加上一些与全真教毫无关系的作品。关于这个事件的唯一资料是臭名昭著的《至元辨伪录》[③]，内中列出 39 本被谴责的书，[④]绝大部分是唐代的作品。除了一部来自南方的书籍，[⑤]似乎只有一部晚近的著作，即李大方的《三教根源图》，但他是太乙派的高道。所以说，这个列表中的任何一部作品都不归属于全真派。因此，全真教唯一的过错似乎就是在重新刊印《道藏》的时候秉承了足够的尊敬，也就是说，他们既没有修正，也没有删除三教分歧较大的时代所编纂的古老作品。全真教一方面要忠于道教传统本身，即使其中包含备受争议的部分，另一方面又要忠于三教融合思潮，全真教不能也不愿在同样重要的两者中做出抉择。

2.经典的发现与发明

全真教既保持作为道教的合法性，又摈弃教派主义的态度，这种关切也体现在其与某些经典文本的特殊关系中。一个特别重要的事例就是重新发现了《关

① 参见高万桑博士论文原文第 99—100 页。

② 关于该作品的不同版本，参见吉岡義豐，道教の研究，京都：法藏館，1952；Florian Reiter (1986) "Die Einundachtzig Bildtexte zu den Inkarnationen und Wirkungen Lao-chün's". Dokumente einer tausendjährigen Polemik in China", *Zeitschrift des deutschen morgenländischen Gesellschaft* 136-2，1986，pp.450-491；Florian Reiter，*Leben und Wirken Lao-Tzu's in Schrift und Bild*，Würzburg，Königshausen und Neumann，1990。

③ 参见高万桑博士论文原文第 484—85 页。

④ 《至元辨伪录》，《大正藏》2116，52-764b。

⑤ Van der Loon，*Taoist Books in the Libraries of the Sung Period*，London，Ithaca Press，1984，p.56.

尹子》。这部九卷本的哲学著作被认为是来自老子的弟子尹喜,[1]尹喜是函谷关令,他请求老子撰写《道德经》,并成为老子的主要弟子。人们从汉代就已经知道《关尹子》这部著作的存在,《汉书·艺文志》中就已经提到了它。[2] 唐玄宗曾为古代道教先贤封圣,并为他们的著作赋予圣名,《关尹子》因此得名《文始真经》。然而,这部著作在此时似乎就已经失传了。直到 1233 年,一个名叫张仲才的人发现了这部长期失传著作的手稿,将其带回了中国北部,并呈献给道士尹志平。因此,这部著作重新回到了尹家。该书编著于楼观台,人们在传统上认为楼观台是尹喜为了等待老子到来而建造的,是历史上的第一个道观。献书的时间非常有机缘,尹志平当时刚刚到达此地,在楼观台传教,并修缮道观。《关尹子》的出现既验证了全真教拥有老子与尹喜的道统,而且也维护了尹志平的个人权威,因为他继承了尹喜的血统与精神。后人创作了一首长诗来颂赞《关尹子》重见天日并进献全真祖师之事,诗中强调了尹志平与尹喜之间的对应关系。[3] 尽管非常隐晦,但毫无疑问,丘长春因西行而被有意识地附会于老子,影响了其弟子尹志平被比之于尹喜。

这个情况确实符合史实,只有一处出入,《文始真经》的文本在当时虽然并没有被发现,但是在中国南方已经流传了半个世纪多了。事实上,早在 1193 年的《遂初堂书目》就提到了它。[4] 根据 13 世纪初的另一份文献目录,这个文本可能来自一个名叫徐藏的人(活跃于 1167 年)。由于文本的快速传播,我们已经在一部 1226 年的著作中发现了几处对它的引用。这种双重来源可以在一定程度上解释不同版本之间的细微差异。在《道藏》中,我们共有三个版本:

DZ667《无上妙道文始真经》

DZ727《文始真经注》,牛道淳

DZ728《文始真经言外旨》,陈显微

这三个版本中的第一个版本没有任何日期或编辑者的信息。另外两个版本的注疏者,一位是 12 世纪末的全真高道牛道淳,另一位是生活在中国南方的陈显微,序言题为 1254 年。第二个版本在序言中增加了一段全真教发现该经典的

---

① 我们目前重新发现的文本被普遍认为是晚期伪作,最早可追溯到晚唐时期,参见张心澂:《伪书通考》,上海:商务印书馆,1957 年,第 801 页。

② 《汉书》第三十卷,北京:中华书局,1962 年,第 1730 页。

③ 《赋关尹篇献清和大宗师言归楼观》,《古楼观紫云衍庆集》,DZ957,2.7b-8b,赵复(活跃于 1232—1235)。

④ Van der Loon, *Taoist Books in the Libraries of the Sung Period*, London, Ithaca Press, 1984, p.166.

叙述，序言由朱象先(活跃于1279—1308年)创作于1281年。[①] 朱象先也是来自中国南方，后至楼观台定居。他的序言既赞颂了全真教，又赞颂了老子和尹喜。朱象先的这篇序言并没有出现在《道藏》所收陈显微注疏版中，但是在后来的版本可以找到，尤其是《道书全集》。[②] 值得注意的是，这个在当时引起了一系列轰动的事件并没有推动文本注疏的进一步发展。该篇序言编撰于楼观台，这也可以从朱象先的另一篇跋语中得到印证，[③]但是与尹志平同时代的所有全真高道都没有注疏它，也没有在自己的著作中引用过它。正如宋德方和秦志安没有在新编的《道藏》中放入太多全真作品一样，尹志平没有趁机垄断诠释老子与尹喜传统的权力，也没有强行确立一个正统版本。他只是单纯地传播了这个文本，并实际应用在李志常所创建的道学中以供讲学。[④] 正如朱象先所说，全真宗师欢迎其他道派对他们的经典做出解释与注疏。

因此，全真派在面对经典传统时的态度是保守的：在重新编辑藏经时保留了经典的结构，拒绝创造未被传统所认可的新文本类型。全真教造作的文献主要属于文集和传记两大类，这两个文本类型在中国都有悠久的历史，且通常并未被收入《道藏》之中。这种经典结构在内丹兴起之前就已形成，以至于内丹很难在其中找到自己的位置。不过，传统经典与新兴内丹实践之间的脱节很可能给一些全真祖师带来了困扰，所以，为了调和新生的道教与古老的形式，他们试图将全真教引入正统经典之中。因此，我们应该从这个角度来审视某些"经"的存在，它们没有被正式认定属于全真教，但是有很多迹象强烈暗示它们是在这个背景中创作的。

尤其是当时出现了两部非常短的作品，即《(太上)大通经》和《(太上/无上)赤文洞古经》。这两部经典被强烈暗示与全真教有关，原因如下：首先，在《道藏》中，13世纪末之前似乎没有任何对这两部经典的引用。[⑤] 而13世纪末之后，这两部经典在一些注疏中被引用了。[⑥] 其次，这两部著作在宋代的任何文献目录中

① 关于朱象先的生平，参见王士伟：《楼观道源流考》，西安：陕西人民出版社，1993年，第22—27页。

② 《文始真经出世纪》，《道书全集》，第891—892页。

③ 《古楼观紫云衍庆集》，2.1a-b。

④ 《文始真经出世记》，3b。

⑤ 南宋理宗皇帝(1225—1264在位)书《洞古经》，参见卿希泰主编：《中国道教史》第三卷，成都：四川人民出版社，1993年。目前似乎很难确定这个文本是否与《赤文洞古经》相同。

⑥ 《大通经》被抄录在《道藏》的《玉清无极总真文昌大洞仙经注》(DZ103)1.25a，文中标注其为1309年的文献，来源于四川。而《赤文洞古经》被收录在《太极祭炼内法》2.27b，这是由郑思肖(1241—1318)根据丹阳之法编著的炼度作品，它也是全真高道编撰的《道法会元》第210卷的主要来源。

都找不到。[①]最后,这两部著作在《道藏》中都有两个不同版本,其中有三个版本都收录了元代参与全真运动或者与全真运动密切相关的高道的注疏:

大通经:

DZ105《太上大通经注》,李道纯

DZ327《太上洞玄灵宝天尊说大通经》

赤文洞古经:

DZ106《太上赤文洞古经注》,冯长筌

DZ107《无上赤文洞古真经注》,李道纯

此外,后一部著作在《道藏》中还有其他不同的形式,如DZ102《元始天尊说太古经注》,该文本有多种版本,也由冯长筌作注。

《大通经》和《赤文洞古经》在整个历史过程中都保持了紧密的联系。例如,DZ105注疏中引用了《赤文洞古经》。这两部经典在《道藏》和《道书全集》[②]中都是相邻的,在北京白云观19世纪的一部文献中也是一同收录的。[③] 两者在被引用的地方也常常并列出现。张宇初《道门十规》[④]列出主要道经时亦包含这两部,置于三洞诸品之外,为内而修己之书(即唐明之间历代出世的内丹文本)。在该书目中,它们与《清静经》、《生天经》[⑤]、《虚皇四十九经》[⑥]一同列出,这些也都是没有道派归属的短经,前两篇有全真祖师作注。经文首次出世即有注疏的情况并不罕见,后人怀疑注疏者实际上很可能就是经文本身的作者。冯长筌是否也属于这种情况呢?众所周知,他在全真教文献方面贡献颇巨,因此,这个假设似乎是合理的。

在此,我们还有必要提到另外两部可能在全真教背景下创作的经典。其一是《太上老君外日用妙经》(DZ646),1352年刻于楼观台的石碑。[⑦] 全真教团有在石碑上刊刻祖师经典的传统,如《道德经》和诸位仙真的诗歌。因此,这个石碑暗示,在14世纪,全真宗师们认为《外日用妙经》属于他们的传统。其二为《元始天尊说得道了身经》(DZ25),尽管并没有来自全真派的文献记载它,但是经文中明

① 对此,我引用了龙彼得的研究。Van der Loon, *Taoist Books in the Libraries of the Sung Period*, London, Ithaca Press, 1984.

② 《道书全集》,第613—616页,涉及冯长筌对《赤文洞古经》的注疏,以及李道纯对《大通经》的注疏。

③ 参见高万桑博士论文原文第495—96页。

④ 《道门十规》(DZ1232),5a。关于该文本参见高万桑博士论文原文第487页。

⑤ 《元始天尊说生天得道经》(DZ24)。

⑥ 《虚皇天尊四十九章经》(DZ18)。

⑦ 碑刻862《太上老君日用妙经》。

显涉及了全真教。经文运用了非常详细的内丹原理，因此，它可能是出现在全真教与南宗已经充分互动的相对较晚的时代。所有这些文献表明，神秘的全真教倾向于用短经来表达自身，这些经文模仿了道教中普遍认可的作品，如《清静经》和《阴符经》，而不同于当时南宗道士所撰的内丹论著。与那些侧重教学且秘传的丹书相反，前文所描述的经具有两个特点：一是它直接来源于古代道教文献的形而上学思想，以仿古的形式表述；二是内丹术语以不规则的韵文方式呈现。这两个特点的出现似乎在于将内丹实践合法化，使其表现为一种自然而然地实现老子教义的方式，而非仅仅是一种修炼方法。

这些注疏不仅对道教文献史有重要意义，还揭示了全真教所追求的使命，即对道教进行社会性更新。全真教如果要突破道教分裂成为几个封闭且世袭的教派的僵化状态，那么，它必须在文献创作中摆脱这种教派逻辑。这种态度的结果是全真教文献的开放性，正如我们所见，它不将自己视为一个封闭的资料库，也并不从其内部拒绝任何异端。全真文献意在为人所用，因此不对文本的传播和传承设置任何限制。此现象与全真文献内容本身的特点是一致的，撰写全真作品的意图，基本上是展示该教派与整个传统的共同之处，而不是突显其与其他传统之间的差异。实话说，从诸多的视角来看，在定义全真教的本质问题上，全真教内部文献有时候并不比外部文献更有用。以全真教为目标，外部文献往往尝试着去做出界定，而这样一种做法却在全真传统的内部文献中明显地缺失了。

# 贺龙骧《女丹合编》中的男性和女性*

阿琳娜(Elena Valussi)　著
胡劼辰　译

**摘要**:本文所探讨的"女丹"兴起于17世纪以降的中国,它是一种专门针对女性的道教修炼传统。本文旨在通过仔细分析《女丹合编》这一较具代表性的文集来描述女丹的传统。该文集于1906年在四川成都首次刊行。对其编纂历史、内容和序言的详细讨论,以及对其编纂者贺龙骧的介绍,可以揭示出帝制晚期中国的性别、宗教和身体观等一系列相互关联的议题。

**关键词**:女丹、性别、身体、道教、四川、印刷、贺龙骧

**作者简介**:阿琳娜(Elena Valussi),伦敦大学亚非学院(SOAS, University of London)博士,现任芝加哥洛约拉大学(Loyola University Chicago)历史系高级讲师(Senior Lecturer)。

**译者简介**:胡劼辰,香港中文大学宗教学博士,现任复旦大学哲学学院宗教学系副教授。

## 绪论

> 有天地,即有男女。男子成仙者多,女子成仙者少,何也?盖男子可以游方访道,女子难以出门求师;男丹经汗牛充栋,随地可购,女丹经零星散漫,无有专书;男能识字解义者,十有七八,女能识字解义者,百难一二。设

---

* Elena Valussi, "Men and Women in He Longxiang's *Nüdan hebian*", *Nan Nü: Men, Women and Gender in Early and Imperial China*, 2008, 10, pp.242-278.

经原作者同意,原文中的极个别笔误(如页码、错字等)在本次中译过程中已直接修订。另,原文中曾引用了会议论文及博士论文,若文章在近年已正式出版,则本次中译过程中径改为正式出版物的信息。以上两种情况不再额外出注说明。——译注

使女丹有专书，女皆识字义，并许其方便出游，寻师访道，则女子之成仙者，未必不如男子之多也。①

——贺龙骧

《女丹合编》是由贺龙骧（活跃于1900年前后）编撰的一部针对女性的道教修炼文集。该书于1906年在四川成都的龙门派道观二仙庵刊行。这些文本中描述的修炼技术通常被称为“女丹”，隶属于“内丹”这种道教修炼传统——后者在很长一段时间中并没有就性别做出明显的区分。贺龙骧收集了以前出版的材料，其书的连贯性和成熟性使其成为女丹历史上的一个里程碑。该书附有一篇内容广泛的序言，在序言中，贺龙骧详细讨论了女丹的含义、女性应当采用女丹而非其他做法的原因以及男女之间的生理差异。他还介绍了该文集的历史、其目的和内容。

单行的女丹文本可以追溯到明末，而第一部女丹合集②可以追溯到1813年。1906年《女丹合编》的出版则标志着女丹发展史上的一个关键时刻，因为它定义了传统，并且有史以来第一次明确地阐释了早期关于女人和阴性的想法与态度。③ 这主要是由于该书的内容结构和内在连贯性，以及贺龙骧有意识地尝试“解释”女丹这一传统，并在此过程中更清楚地定义了它。通过描述这部合集及其内容和编纂者，笔者希望反过来进一步阐明中国女丹的现象，并以此来加深我们对帝制晚期中国关于女性身体和女性社会行为的概念以及当时宗教和文化领域中不断变化的性别动态的理解。笔者将首先讨论编纂者、序言和其中提出的主要议题，然后在文章的最后转而分析整部合集的结构。

## 《女丹合编》编纂者：贺龙骧

贺龙骧，字静轩，四川井研人。清末时，贺家已经在当地生活了十二代。④ 光绪辛卯科（1891）举人。⑤ 他有着典型的文人旨趣，对儒道文化都有着浓厚的兴趣。井研的地方志中罗列了他的一些著作，包括：①《帖括度针》，是与文人好友

① （清）贺龙骧纂辑：《女丹合编》，清光绪三十二年（1906）刻本，《女丹合编通俗序》页1a。

② 即傅金铨（活跃于1820年前后）所编的《女金丹法要》。

③ 《女丹合编》编成于1906年，其所收录的文本早至1683年、晚至1903年，大部分则初刊于19世纪中期。

④ （清）高承瀛主修：《光绪井研志》，清光绪二十六年（1900）刻本，卷廿三《表七　氏族》页14a。

⑤ 《光绪井研志》，卷十五《艺文五》页22a。

就诗文所进行的非正式讨论的杂记;②《西国近事录》,即西方世界近期大事的记录;③《廖氏经学丛书百种解题》,是对四川当地文人廖平的著作全集之解题。[①]但地方志中没有提到贺龙骧与《道藏辑要》的关系。《道藏辑要》是于19世纪初首次出版的大型道教丛书,[②]而贺龙骧是《道藏辑要》一系列再版中最后一个版本的主要编辑。这一版本名为《重刊道藏辑要》,[③]由成都二仙庵住持阎永和倡议编修,获得了位于成都南面的新津县中颇具影响力的士绅彭瀚然的捐助支持。经贺龙骧修订和扩充后,该丛书于1906年在二仙庵出版。[④]

《女丹合编》的序言和目录附在《重刊道藏辑要》中,[⑤]这表明贺龙骧曾计划将之纳入其中,但由于不明原因而没有这样做。相反,《女丹合编》是单独出版的,尽管与《重刊道藏辑要》的刊行是在同一年、同一地点。虽然《重刊道藏辑要》和《女丹合编》是分别出版的,但它们在编辑上有密切的联系:资助和帮助编辑《重刊道藏辑要》的大檀越彭瀚然也是《女丹合编》的共同编辑,文本同样由二仙庵的住持阎永和参校。雕版也来自同一个作坊,因为这两部书展现了相同的风格特征,雕版至今还一起存放在二仙庵。

## 序言

本文开头引用的序言第一段描述了这样一个世界:女性几乎没有机会成仙,

---

① 以上这些信息,见《光绪井研志》,卷十三《艺文三》页30a-38b,卷十五《艺文五》页22a。

② 《道藏辑要》的早期编纂史非常复杂,可参 Fabrizio Pregadio,"*Daozang Jiyao* (*Essentials of the Daoist Canon*): *An Introduction and Catalogue*" (unpublished manuscript);森由利亚:《道藏辑要と蒋予蒲扶乩信仰》,《东方宗教》,2001年总第98期,第33—52页。

③ 《重刊道藏辑要》及其编纂团队的相关讨论,可参 Yuria Mori, "Reprinted Version of the *Daozang jiyao* and the Quanzhen Daoism in Sichuan: Through the Examination of the Lingbao Manual included in the *Chongkan daozang jiyao*", paper delivered at the conference "Quanzhen Daoism in Modern Chinese Society and Culture", Berkeley, University of California, Nov. 2-3, 2007;森由利亚:《重刊道藏辑要と清朝四川地域の宗教》,冈崎由美主编:《中国古籍流通学の确立:流通する古籍・流通する文化》,东京:雄山阁,2007年,第339—401页。

④ 参《重刊道藏辑要》,香港中文大学藏清光绪三十二年(1906)刻本,卷一《重刊道藏辑要序》。阎永和(字笙阶,道号雎雎子),四川崇宁人,于碧洞堂(四川地区主要的戒坛之一,位于二仙庵内)受戒,为龙门派第二十二代传人。他成为二仙庵的方丈后,就开始计划扩充和出版《道藏辑要》,但是缺乏资金支持。参《重刊道藏辑要序》,页1a-3b。来自邻县新津县的彭瀚然访问二仙庵后,提议为此事筹措资金,并成功地在家乡募到了善款。参《重刊道藏辑要缘起》,页15a。资金到位之后,贺龙骧便于1903年开始承担编校工作。

⑤ 《重刊道藏辑要》子目中的第五卷(亦是最后一卷)为《道藏辑要续编子目》。贺龙骧为《女丹合编》所写的序言及该书的目录就收录在这一卷的末尾。参《道藏辑要续编子目》,页57a-69a。

不是因为她们固有的本性，而是因为社会和文化层面的障碍。序言的其余部分描述了女性在不违反社会秩序的情况下如何避免或克服这些障碍。这篇内容丰富的序言反映了《女丹合编》思想的成熟性。它篇幅长达十四页，比以往大多数内丹作品的引言要长得多，而且是迄今为止内容最全面的。它清楚地——而且往往是有史以来第一次——定义了一些议题，如："女丹"的含义，以及在以往无性别区分的"内丹"传统中特别提出"女丹"这一概念的必要性。序言还从宇宙学和生理学的角度描述男性和女性的身体，以此解决性别差异的问题。虽然这最后一个问题在更早期的内丹作品中是若隐若现的，但只有在贺龙骧的序言中才被明确指出。这篇序言还涉及了一些大家比较熟悉的内容，包括帝制晚期关于女性在社会中的角色和女性贞洁的观念，以及社会对女性在公共场所活动所产生的经常性焦虑。① 最后，《女丹合编》的序言也介绍了贺龙骧复原、选择和编纂这些文本的历程。

序言可分为五个主要部分：(1)一个开场白，解释了编纂这样一部合集的必要性；(2)一长串警告，反对那些异于本书内容的旁门左道；(3)从宇宙学、心理学和生理学的角度详尽描述了男性和女性身体的差异；(4)讲述了这部合集是如何以及为何成书的；(5)结语部分描述了本书对女性的益处。以下笔者将详细分析这五个部分。首先是第四部分，这将有助于我们认识到这部书在历史中的定位，并更全面地了解贺龙骧收集出版这些文木的个人原因。

## 文本的历史

贺龙骧描述了他对女丹产生兴趣的主要动机，从中我们可以明显看出它具有非常个人化的因素：

---

① 最近的许多研究都以不同方式探讨了清代女性在公共领域活动的增长以及由此引发的大量关注和焦虑。女丹文本中对女性离经叛道行为的显著焦虑就是对这类趋势的反应，并进一步引发雍乾年间清政府努力通过推动女性贞洁崇拜来规范社会准则。正如戴真兰(Janet Theiss)所详细描述的那样，朝廷坚持的性别隔离往往会被地方团体协调、吸收和适应，以满足其自身的需要。女丹的出现可以说就是这种协调的结果之一。其他可能的结果还包括对女性的规范性著作与日俱增，在宗教领域，则涌现了大量的宝卷和善书，这类文献也常常直接针对女性。参 Janet Theiss, *Disgraceful Matters: The Politics of Chastity in Eighteenth Century China*, Berkeley: University of California Press, 2004。但是，《女丹合集》中大部分文本成书于18世纪，其中显示了对特定的旁门左道修行方法的焦虑和正确行为的关注，而贺龙骧则在1906年的序言中明确指出，通过女丹修炼就可以实现发展女性潜能并使得男女信众人数相当的目标，从而减少上述焦虑。

……吾始亦不知女修有此利弊也。吾父兄俱好佛老，[1]曾忆先君尝语家慈曰："女修一事，少女行之可以化气，老妇行之可以却病，孀妇行之而守节之心更见坚固。若成仙成佛，又在女流功德之大小工夫之浅深，不可同年而语也。"此家慈所以乐此，几三十年不倦也。厥后吾嫂、吾侄女、吾妾、吾女、吾族亲诸姑伯姊，相继乐此者，甚不乏人。言戒言定，亦有进境。而叩其命工则茫然。家慈忧之，命吾放下身心，凡遇三教修行人，即觅女丹经、询女诀窍。参访数年，均未如愿，嗣由雪岑上人得《摩尼烛坤集》[2]一部，约七十余种，大抵言性则详，言命则隐，非钝根人所能梦见也。吾惧无以报家慈之命，中心如焚。庚子年，僻处峨山，因不舍昼夜，旁搜道典，凡有言女丹者，辄摘抄之。汇集成帙，有十余种，[3]颜曰"女丹合编"，质诸家慈，甚喜，命珍藏之，以为吾家女修秘本。[4]

这段话揭示了很多重要信息。首先，我们注意到，贺龙骧将其编辑工作的灵感归功于家中的女性，尤其是他的母亲。虽然他家的女性完全熟悉道德禁令（"戒""定"），但她们缺乏更具体的生理指导（"命工"）来进行修炼。虽然贺龙骧的女性亲属肯定知道有女丹文本的存在，而且他的母亲至少已经从事了三十年的修炼，但他在序言中指出，她们没有接触到任何关于女丹的书面文本。在开始寻找文本时，贺龙骧发现了《摩尼烛坤集》，该书集成了约七十种关于佛教女尼和女性居士道德行为的文本。然而，这并不是他想要找寻的信息，因此他于1900年前往峨眉山，在那里他花了三年时间收集文本，并在那里遇到了女修行者颜泽寰，她不仅为贺龙骧所编的文集起了最后的标题，而且还撰写了《女丹合编》中的第一部女丹文本。贺龙骧回到成都后，说服当时正在编纂《重刊道藏辑要》的阎永和与彭瀚然出版该书：

癸卯冬，赴成都二仙庵校勘道藏。见阎、彭二公所刻《坤缘觉路》，仅《坤元》《坤宁》二经，[5]与吾家抄存秘本同。夫坤维不乏道器，女丹少刻专书，阎、

① "佛老会"一词常常被用于指代扶乩活动的相关聚会。

② 该书凡十三册，收录了七十一种文本，都是从佛教的角度探讨女性行为的规范。不过，没有一个文本被收录进《女丹合编》。颜泽寰在《男女丹功异同辨》——《女丹合编》中唯一一个由女性编纂的文本——的序言中也提到了这部书。颜泽寰在序言中称，她是在寓居峨眉山期间从一位女尼那里获得了这部书。(清)释善一辑集：《摩尼烛坤集要》，京都大学图书馆藏微缩胶卷。

③ 具体而言是十四种。

④ 《女丹合编·女丹合编通俗序》，页6a-b。

⑤ 这两部经也见收于更早的一部女丹合集，即傅金铨于1821年编纂的《女金丹法要》。

彭二公真先得我心也。知己难逢，故呈《女丹合编》，敬求参订。阎、彭二公果称善，怂恿付梓，以公同好。吾不敢吝，然一隅之见，愧何如之。惟愿另有善本者，转示鄙人，以满家慈之愿。抛砖得玉，尤幸甚也。[1]

阎、彭二人似乎已经选好了一些关于女丹的文本，准备收入《重刊道藏辑要》，但正如贺龙骧本人在上文中所描述的那样，他说服他们出版一部自成一体的合集，从而实现了他母亲的夙愿。1906 年，即贺龙骧离开峨眉山，加入了二仙庵的编辑团队后的第三年，《重刊道藏辑要》和《女丹合编》在那里一并刊行。

## 针砭时弊

尽管贺龙骧把自己的任务说成是自己家庭中女性的慈善行为，但他编纂《女丹合编》的动机既有慈善的一面，同时也具有意识形态的一面。他的作品也不仅仅是面向他的家人，他还有意识地想扩大影响。序言的第二部分是一份富有启发性的清单，其中列举了一长串错误的行为和做法，据说修炼的女性如果不修炼女丹的丹法，就很容易倒向这些旁门左道。这些行为包括对道教经文的错误理解和对佛教实践的错误依赖。此外，"有笼统乾坤，不知与男丹[2]有别者；有知男丹经，而不知有女丹经者"[3]。贺龙骧认为，这些被误导的信仰和修炼方法不仅对女性个人有害，而且对整个社会都会产生可怕的影响：

有误入旁门，不知正道者。……或诱入淫室者。有暗引良女，作人炉鼎[4]，己作黄婆[5]，因而自败名节者。有良女为御女家所惑，甘作炉鼎以求成仙，继而败名节者。有朝山入庙，乱投僧道或善门男师，种下情根者。[6]

在这段文字中，有几个问题需要特别指出。一个是对佛教实践的批判，它没有为那些想要追求自我修炼技术的女性提供足够的支持和解释。这一批评也在颜泽寰为《男女丹功异同辨》所作的序言中得到响应，她在序言中抱怨说，她和她

① 《女丹合编·女丹合编通俗序》，页 6b-7a。

② 就笔者目力所及，这是内丹文献史上第一次用"男丹"一词来和专属于女性修炼者的"女丹"做出区分。

③ 《女丹合编·女丹合编通俗序》，页 1b。

④ 在道教房中术传统中，女性的身体被视作为转化气的炉鼎，能够帮助男性修炼成仙。

⑤ "黄婆"一词有多重含义。此处是指监督房中术修炼的助手，目的是通过将女性体内的阳气过渡给男性来产生纯阳。

⑥ 《女丹合编·女丹合编通俗序》，页 3a。

母亲所读的佛经既不完整又不令人满意。虽然佛教文本可以提供灵感，但却没有提供足够的实践指导，因此可能导致女性走上错误的修炼道路。

这一议题与对修炼的误解问题有关。女性不以正确方式进行修炼的原因是她们并不知道有一个为她们量身设计的正确方式。这一论断很重要，因为它为下述说法提供了坚实的基础：女性确实需要一种与男性截然不同的修炼方法，而内丹在历史上没有性别之分，实际上（而且一直是）针对男性的。早在宋代，就已经有内丹文本提及女性身体的特殊性，[①]但直到17世纪末开始出现第一批女丹文本——尤其是18世纪末出现了第一批女丹文集——我们才能发现关于女性修行者需要一条完全独立的道路之类的描述。因此，这也是对内丹历史的改造，传统内丹新的范畴（但据称是旧的）现在被称为“男丹”。至此，女丹传统已经在更广泛的内丹传统中获得了一个明确的、不可或缺的地位。生理学用语的特殊性，非常清晰地指出了女性身体的部位和生理过程，使得女丹的这一发展更具分量。

误解男女修炼区别的问题也关乎修炼中道德层面的错误和身体层面的危险。相关的文本声称，在不了解女丹的女性中，一些人在各自修炼的道路上毫无进益，因为她们遵循的是不适合女性身体的做法。然而，另一些人则招致了更大的危险，因为她们遵循的是旁门左道，例如成为他人修炼的“炉鼎”，即成为男性自我修炼道路上的性工具。在明末的内丹小圈子里，修炼房中术并非常态，但肯定存在，而且被相当广泛地接受，作为灵性修行的工具。[②] 清朝更保守的氛围，加诸内丹受众的扩大，以及国家推行的女性贞洁崇拜的发展，这类房中术的受众显著减少。这种不断变化的社会氛围加固了一种无须涉及男性的女性独立的修炼

① 这方面的经典出处是薛式（卒于1191年）在《悟真篇三注》中所作的《悟真篇记》。正是在这一文本中，女性的乳房首次被确定为其修炼的主要部位，也是气的聚集之处。也是在这篇文章中，“形”第一次被称为女性体质中需要最关注的方面。这两点都被女丹文本视作核心元素。

② 当代学者刘迅（Xun Liu）详细描述过这些明末内丹家的实践。虽然这些修炼者参与双修，并为此“雇用”年轻女性，这些都是不争的事实。但是刘迅声称，男性修炼者更感兴趣的是重现宇宙论的结合过程，而非沉溺于性爱的快乐。他也声称，这些女性并没有受到剥削，而是受到了尊重，并且他将这些修炼方法与早期的更具有剥削性的房中术区分开来。参 Xun Liu，“Numinous Father and Holy Mother：The Ethos of Late Ming Duo-Cultivation Practice”，in Livia Kohn，ed.，*Internal Alchemy：Self，Society，and the Quest for Immortality*，Boston：Three Pine Press，2009，pp.122-141。然而，我们仍然很难理解这种习俗如何避免对女性的剥削，尤其是考虑到这种性结合是在婚外发生的，况且女性被定义为“炉鼎”，成为男性宗教修行的工具，并且只有男性才能够通过这种修炼方法来成仙。

方法,笔者相信这也是产生女丹的部分推动力量。[①]

女丹文本的创作者们认为内丹修炼团体中存在着非常危险的趋势,贺龙骧就在他的序言中直接攻击了这些现象。为了更好地理解这些现象,我们将转向贺龙骧收录进《女丹合编》的《旁门录》。该书最初降示于四川东部的一个乩坛,该坛的宗教领袖为傅金铨,书中包括题名诸佛和天尊的诗,并由各种神明仙真作了注释。这些诗被认为是正确修炼的指南,它们提到了诸多问题,例如难以辨别真伪之道、旁门左道的流行以及邪伪对真传的误解等。贺龙骧在《女丹合编》的跋文中说,他把《旁门录》收入他的文集,就是为了警告女性修炼者不要误入歧途。[②]《旁门录》中的一些内容反映了他担心她们会遭遇的问题:

> 错认彼我当作真,谁知阴阳在本身?[③]
>
> 买妾宿娼行采战,欲夺元气[④]补精神。
>
> 岂有蓬莱仙家客,反类浪子贪淫行?
>
> 夫曰[⑤]:……旁门则谓"我"为男子、"彼"为女子,于是有买美女以豢养之,使外黄婆[⑥]探其壬癸,将至,行采战以夺元气者;有买美妾、宿娼妓,行采战以夺元气者。是皆错认"彼""我"二字,犯了首恶,天律、王法、冥刑俱不能逃,安望成仙哉?[⑦]

以上两段话对涵养元气结成圣胎的做法提出了不同意见。那些房中术的修炼者认为他们可以采补另一个人(女人)的元气;然而,《旁门录》的作者坚持认为,只有涵养自己的元气才能成仙。该文本的后面一段话中进一步解释了这一点(字体加粗为笔者所加):

---

① 如上文所述,《女丹合编》所收文本的成书时间跨度为1683至1903年,而贺龙骧的序言撰写于1906年。在这段时间内,人们对于女性参与公共宗教活动的普遍看法发生了改变,虽然贺龙骧批评了一些做法,但是他确实鼓励女性走上修炼女丹的道路。

② 《女丹合编》,页16a-b。

③ "彼我"一词在明清时期的内丹文本中非常常见。在带有明显房中术色彩的文本中,"我"表示男性而"彼"表示女性,两者在文中常常是指通过性行为将气从女性那里过渡给男性。在没有房中术色彩的文本中,"彼我"仍然指涉男性和女性,但通常是指在个体修炼者身体内的阴阳。此处引文中的"彼我"被用作房中术的隐喻,因此被批评为旁门左道且徒劳无功。

④ 元气是指人出生时从父母那里秉承的先天之气,这代表着他们原初的生命力。那些试图通过房中术修仙之人则认为,他们可以从与他们交接的女性身上"夺"到她们的元气。此文警告说,这种做法不仅在道德上是错误的,而且也并不能帮助成仙。

⑤ 以下部分是对上述七言诗的批注。

⑥ 参第157页脚注5。

⑦ 《旁门录》,收入《女丹合编》,页1a。

身中元气，即是仙丹。不意旁门野道，竟于身外寻求奇方。或炼金石服之，自速其死；……男女交媾后，自舔败精，此与牛马狗彘何殊？谓食败精而可成仙，则牛马狗彘不亦尽上天堂乎？此由丹书“服食”二字误之也。看书固要明理，寻师尤要有识。[①]

贺龙骧在《女丹合编》中加入了《旁门录》，表明他对当时的异端做法持反对态度，同时也向可能被这些做法诱惑的女性以及他的内丹同行发出了信号。他显然认为房中术是误导和危险的，对女性、对道教界和对整个社会都是如此。在他的批评中，他对双修和清修做了区分。前者涉及两个人，即一个男人和一个女人（尽管最终对男性修炼者有利）；后者涉及一个修炼者身中的阴阳元素，而修炼者可以是男性或者女性。贺龙骧显然是把自己放在清修阵营中，并严厉批评那些从事和书写双修的修炼者，以及从房中术的角度来释读经典的做法。[②] 通过收录《旁门录》之类的文本，贺龙骧从而能够将女丹视作为对房中术的一种回应，甚至是某种解药，毕竟任何一种房中术对于女性修炼者而言都更为危险。简而言之，一方面，他可以说是缩小了女性修炼的可能性，另一方面，他可能也在努力保护女性不被利用。[③] 正如他所说：“身外无道……道在自心……尤不可不为女流明辨之。”[④]

贺龙骧关注的另一个问题是，在朝圣或宗教仪式施演期间，女性在公共宗教场所的出现越来越普遍。女性在无人陪伴的情况下前往寺观，被认为是对社会习俗的蔑视、对社会秩序的威胁和冶容诲淫：“有朝山入庙，乱投僧道或善门男师，种下情根者。”[⑤]贺龙骧所针对的文化即是许多女性实际上正在尝试房中术，而有些还不受约束地前往寺院。还有一种普遍的社会批评针对加入宗教团体的

① 《旁门录》，页 4b。

② 明末清初许多内丹文本的作者都支持涉及性行为的双修实践，其中包括陆西星（1520—1601 或 1606）、孙汝忠（生于 1574 年）和赵良弼等。有趣的是，我们今天能够看到他们的作品，主要是通过四川地区的宗教领袖兼出版商傅金铨的收集整理及重刊工作，他也编纂了上文提及的《女金丹法要》。换言之，虽然傅金铨在描述女丹时确确实实对性欲以及不道德的修炼方式提出了警告，但他同时也选择收集和出版支持双修的作品。

③ 陆西星在论述内丹修炼时，提到了利用女性来完成修炼的必要性：“金丹之道，必资阴阳相合而成。阴阳者，一男一女也，一离一坎也，一铅一汞也，此大丹之药物也。”“先天之精积于我，先天之气取于彼。”“彼，坎也……其于人也为女。我，离也……其于人也为男。”（明）陆西星：《金丹就正篇》，胡道静等主编：《藏外道书》，成都：巴蜀书社，1992 年，第 5 册，第 368 页。

④ 《女丹合编·女丹合编通俗序》，页 4a。

⑤ 《女丹合编·女丹合编通俗序》，页 3a。

女性，这通常被视为对社会秩序的蔑视，[1]也适用于在斋堂组织起来的女性居士团体。[2] 这些对社会秩序的假定威胁既出现在当时的文学作品中，也受到学者和官员的批评。[3] 管佩达（Beata Grant）和王安（Ann Waltner）在讨论清朝参与宗教活动的女性的生活时明确指出，只要宗教活动是在家中进行的，就不会被视为对社会和礼仪秩序的威胁。[4] 但是，一旦女性走出家门从事这些活动，她们就会受到强烈的谴责。周轶群（Yiqun Zhou）称，对女性在公共空间进行宗教活动的焦虑，与其说是与性的可获得性有关，不如说是关乎对女性在家庭中应扮演的儒家礼仪角色的威胁。[5] 无论我们如何诠释，在许多不同的领域中——文学、法律、宗教——都可以找到蛛丝马迹指向这种威胁。在谈到女丹时，傅金铨在他为《女金丹法要》撰写的序言中（写于贺龙骧《女丹合编》刊行的八十年前），将责任归咎于

---

① 《金瓶梅》中的这首诗将尼姑描述为诡计多端的骗子，且这种不光彩的描述非常常见："最有缁流不可言，深宫大院哄婵娟。此辈若皆成佛道，西方依旧黑漫漫。"这与基督教修女的情况有着有趣的相似之处。鄢华阳（Robert Entenmann）研究了四川的"基督教处女"（Christian virgins）现象，即与家人住在一起，选择过独身生活并献身于宗教信仰的女性平信徒。她们最终在 1744 年被传教士们组织成一个修会，但这些修女也遭到了排斥。参 Robert Entenmann, "Christian Virgins in Eighteenth Century Sichuan", in Daniel H. Bays, ed., *Christianity in China: From the Eighteenth Century to the Present*, Stanford, Stanford University Press, 1996, pp.180-193。

② 有关 19 世纪和 20 世纪中国南方地区斋堂的研究，可参 Marjorie Topley, "Chinese Women's Vegetarian Houses in Singapore", *Journal of the Malayan Branch of the Royal Asiatic Society*, 1954, 27.1, pp. 51-67; Marjorie Topley, "Marriage Resistance in Rural Kwangtung", in Margery Wolf and Roxane Witke, eds., *Women in Chinese Society*, Stanford: Stanford University Press, 1975, pp.67-88; Suzann Prazniak, "Weavers and Sorceresses of Chuansha: The Social Origins of Political Activism among Rural Chinese Women", *Modern China*, 1986, 12.2, pp.202-229; Andrea Sankar, "The Evolution of the Sisterhood in Traditional Chinese Society: from Village Girls' houses to Chai T'angs in Hong Kong", Ph.D. diss., University of Michigan, 1978.

③ 例如，在小说《醒世姻缘传》中，主人公薛素姐身着盛装去泰山进香，令自己和家人蒙羞。她的家人反对她进香的原因很多，其中之一就是她会给旁观者和香客们留下风骚招摇的印象。关于这部小说和女性进香活动，可参 Glen Dudbridge, "A Pilgrimage in Seventeenth-Century Fiction: T'ai Shan and the *Hsing-shih yin-yüan chuan*", *T'oung Pao*, 1991, 77, pp.226-252; "Women Pilgrims to T'ai Shan: Some Pages from a Seventeenth-Century Novel", in Susan Naquin and Chun-fang Yu, eds., *Pilgrims and Sacred Sites in China*, Berkeley: University of California Press, 1992, pp.39-64。Daria Berg 也在文章中讨论过女性进香所带来的威胁，参 Daria Berg, "Reformer, Saint and Savior: Visions of the Great Mother in the Novel *Xingshi yinyuanzhuan* and its Seventeenth-Century Chinese context", *Nan Nü: Men, Women and Gender in Early and Imperial China*, 1999, 2 pp.237-267。

④ 参 Beata Grant, "Patterns of Female Religious Experience in Qing Dynasty Popular Literature", *Journal of Chinese Religions*, 1995, 23, pp.29-58; Ann Waltner, "The Grand Secretary's Family: Three Generations of Women in the Family of Wang Hsi-Chüeh", in *Family Process and Political Process in Modern Chinese History*, Taibei: Institute of Modern History, Academia Sinica, 1992, 1, pp.543-577。

⑤ Yiqun Zhou, "The Hearth and the Temple: Mapping Female Religiosity in Late Imperial China, 1550-1900", *Late Imperial China*, 2003, 24.2, pp.109-155.

女性无法控制自己无节制的欲望，而不是她们对空间界限的越雷池一步：

> 修身是修真之始，必德行无亏，方仙阶有分。苟妇德怀惭，节孝有忝，大本已失，虽刻志勤修，终成妄想。故敬录全经。[①]

被认为是极其危险并且破坏了社会秩序的，是女性欲望的力量，加上这种欲望的暴露？[②] 还是对家庭内礼仪秩序的威胁？女性是如何在实现她们的灵性需求和避免冶容诲淫之间取得微妙平衡的？无论是什么情况，在上述所有的例子中，很明显，那些带着自己的信仰、实践和欲望走出家门并将之公开化的女性被认为有必要进行遏制和控制。

这种对涉及女性（无论与性行为是否有关）的宗教活动以及她们还将其带出家庭的焦虑，在清朝时期变得更加明显，伴随着的则是清朝重新强调了女德和贞洁崇拜。其他道教人士也感到这种焦虑。越来越多的道教知识分子——其中包括刘一明（1734—1821）和闵一得（1758—1836），他们都是龙门派的宗师——主张清修，反对男女双修。[③] 女丹为女性提供了一种替代方案，可以自己单独修炼，刘一明和闵一得也在他们的集子中都收录了女丹文本。后来《女丹合编》中也提到了他们关于女丹的作品。因此，贺龙骧出版《女丹合编》，不仅仅是为了满足家庭中女性的愿望。他还坚定地将自己定位在道教界和非道教界的道德家传统中，致力于为女性提供正确的实践和态度，以取代他和其他人认为在道德上危险的做法。

## 身体

在探讨了出版《女丹合编》的多层次动机以及它的历史和社会背景之后，现在是时候谈谈贺龙骧序言的第三部分了，这部分的主题是男性和女性的身体。在这一部分的内容中，贺龙骧讨论了两性之间的宇宙学和生理学差异。他非常

---

① （清）傅金铨汇集：《女金丹法要》，萧天石主编：《道藏精华》第五集之五，《仙佛合宗女金丹法要序》，页 1a。

② 艾梅兰（Maram Epstein）也在她的著作（尤其是第三章）中讨论了女性的正统行为和无节制欲望之危险等议题。参 Maram Epstein，*Competing Discourses：Orthodoxy，Authenticity，and Engendered Meanings in Late Imperial Chinese Fiction*，Cambridge，Mass.：Harvard University Asia Center，2001。

③ 崇尚清修是龙门派在清朝兴盛并超越正一派的原因之一，后者是在家的，他们的修炼有时也会涉及到双修。高万桑（Vincent Goossaert）在他的文章中详细描述了清政府从支持正一转向支持龙门的过程，参 Vincent Goossaert，"Counting the Monks：The 1736-1739 Census of Chinese Clergy"，*Late Imperial China*，2000，21.2，pp.40-85。

有意识地从多个来源汲取资料，以充分证实所有先前存在的女丹文献的基本主张（尽管这些主张之前并未被明确提出），即由于女性身体与男性身体之间的差异，女性需要不同的修炼方法。如上文所述，这是首次如此明确地阐述这种差异。贺龙骧不仅仅是在描述，甚至还在积极地塑造这种差异，并为之创造了一套新的范畴。在他的介绍中，他明确指出了女性身体中最重要的部位和女丹话语中的要素，值得全文引用如下：

> 男属阳，阳则清；女属阴，阴则浊。男性刚，女性柔。男情急，女情缓。男念杂，女念纯。男主动，动则气易泄；女主静，静则气易敛。男为离，如日，一年一周天；女为坎，如月，一月一周天。男气难伏，女气易伏。此秉性之不同也。
>
> 男喉有结，女喉无结。男乳无汁，小；女乳有汁，大。男基凸，女基凹。男曰精室，女曰子宫。男命在炁穴中，女命在乳房中。男以腰为肾，女以血为肾。[①] 男为精，其色白，名白虎；女为血，其色赤，名赤龙。男精阳中有阴，女血阴中有阳。男精之炁充足，女血之炁些微。此形体之不同也。
>
> 男先炼本元，后炼形质；女先炼形质，后炼本元。男阳从下泄，女阳从上升。男修成，不漏精，谓之降白虎；女修成，不漏经，谓之斩赤龙。男精逆行而成仙，女血直腾归心窍。男七莲难放易收，女七莲易放易收。男修曰太阳炼气，女修曰太阴炼形[②]。男曰胎，女曰息。[③] 男白虎降则茎缩如童体，女赤龙斩则乳缩如男体。男出神迟，成道亦迟；女出神速，成道亦速。男可自升，女必待度。男必面壁，[④]女少还虚。男成，为真人；女成，为元君。此工法之不同也。
>
> 若性命之理，则无不同。吾告女流，必先于不同处求其同，又于同处求其不同。要之凡不同者，皆在赤龙未斩之先；凡同者，皆在赤龙已斩之后。此万古不易之定论也。[⑤]

我们可以看到，贺龙骧区分了三个基本层次，在这三个层次上需要考虑到男

---

① 在中医观念中，"肾"的系统包括生殖器，因此也被视为生殖能力之所在。

② 《女丹合编》中的多个文本，都包含了关于这种方法的详细描述，包括吐纳的练习、定期按摩乳房、存想身中光芒、结成圣胎和出神等。参《樵阳经女功修炼》，页 1a；《女金丹》卷下，页 23a；《女丹撮要》，页 2b。序言综合了这三个文本中的信息，三者几乎完全相同。

③ 男性必须专注于存想圣胎在体内成形，而女性则必须专注于呼吸（因为存想圣胎在她体内成形对她来说并没有任何困难）。

④ "面壁"指涉的是禅宗初祖菩提达摩在河南少林寺面壁九年的传说。

⑤ 《女丹合编·女丹合编通俗序》，页 4a-5b。

女之间的差异。虽然在谈论内丹和女丹修炼的更早文本中也曾使用过此类范畴,但这是首次发现它们被如此有条不紊地放置进这个特殊的三层结构中。第一类范畴是"秉性",这一类都指向宇宙和基本层面的区别:阴与阳、柔与刚、静与动、坎与离、月与日、浊与清。第二类范畴是"形体",这一类属于区分身体特征、性特征、血液和精液等体液以及不同种类的气。第三类范畴是"功法":这一类属于修炼方法的差异,主要是由前两类所述的宇宙和结构性的差异而产生的。

换句话说,男人和女人在宇宙学上是不同的。在宇宙学层面上,男性由乾卦(☰)代表,该卦由三条阳爻组成,而女性由坤卦(☷)代表,该卦由三条阴爻组成。这个概念并不新鲜,事实上,早在《易经》中就已经存在,女丹(和内丹)从《易经》中大量借用了这个概念:"乾道成男,坤道成女。"[①]上文提到的颜泽寰的《男女丹功异同辨》就这样描述了乾和坤:"乾曰大生,可以道成正觉;坤曰广生,亦能果证元君。"[②]该书中也提道:"男子体刚,女子体柔。"[③]《易经》中乾坤代表了先天的、绝对的男女符号,坎和离则代表了后天的男女。男性的结构被比喻为离卦(☲),外阳内阴;女性的结构被比喻为坎卦(☵),外阴内阳。坎离与乾坤密切相关,前者是后两者结合的结果。一旦乾坤相合,它们的内爻就会交换,纯阳和纯阴就会混合,产生坎和离。无论在女丹还是在内丹中,修炼都是为了重建纯阳,即取坎填离,将坎卦中的阳爻重新填入离卦中阴爻的位置,从而重新形成乾卦,即重新建立起天的原始宇宙秩序,从而结成金丹。这一目标是通过将坎和离都转化为乾来实现的。

男性和女性之间的宇宙观层面的区别又导致了男性和女性身体在外形、体液和气方面的差异。这最终导致男性和女性需要不同的修炼方法,特别是在修炼过程的第一阶段。坎卦的两条外爻为阴爻,代表一个女人的外在为阴,应该首先在炼"形"上下功夫。在生理学上,她的形式是由血液构成的。一旦这种形式得到改善,她将很容易炼成金丹,因为她在体内已经包含了纯阳——坎卦的内爻为阳爻。相反,对男人来说,内丹的第一阶段比较容易。由于男人的外在是阳——就像离卦中的外爻一样,他可以很容易地转化他的气,因为气是与乾阳之天存在联系的微妙物质。然而,由于男人的内部是阴,他很难炼成自己体内的阳神。

这种宇宙论的描述与对男女情感差异的描述相呼应:女人——由于其外部

---

① 出自《系辞上传》。

② 《男女丹功异同辨》,收入《女丹合编》,页28a。

③ 《男女丹功异同辨》,页18b。

为阴性的这一结构——具有灵活、柔和的性质;由于其内部为阳性的这一结构,她的感情是宁静的,思想是清晰的。她需要努力修炼的是她的外部结构,它是阴浊的,体现在其生理过程和性欲。另一方面,男人由于他结构的外部为阳为清,因此具有刚强的性质,由于他内部为阴性的这一结构,他的感情是兴奋的,他的思想是混乱的。他需要努力修炼的是他的阴性内核。这些性质和结构的差异清楚地表明,男性和女性必须经历不同的修炼,才能使其身体成为纯阳。

然而,一旦女性完成了外部的炼形,她们不同的结构使她们能够比男性更快成仙。这是因为其内核的性质是宁静的,女性可以更容易和迅速地引导阳神脱离躯壳;而对于男性,其内核的性质是混乱和兴奋的,在阳神离开凡体的艰难旅程中难以一心专注。不过,一旦男人成功出神,他就可以直接上升仙界,而女人则必须等待接引。

如果我们仔细研究关于女性阴浊的外部结构的描述,就会发现其阴浊的特性与体液有关,特别是蓄藏在乳房和全身的血液。血液是一种具有多重内涵的元素:它是女性的生殖力,但也是女性每个月通过月经损耗元气的媒介,在后者这种形式下,被称为"红龙"。《泥丸李祖师女宗双修宝筏》是闵一得所收集的一部女丹文本,《女丹合编》也经常引用该书。书中曾提道:

> 女以血为本者,其性偏阴。阴性喜凉,不假按摩,以微行气机,则易沦入纯阴。阴则凉,凉则冰如,不加之以动运,酿成痰凝血瘀等病,而功难行矣。[①]

在宋代以降的中国医书中,血液被认为是女性生理结构的主要成分,也是女性比男性更难治疗的主要原因。痰凝和血瘀是妇科医书中讨论的两个主要问题,女丹文本中的一些论述也反映了这些医学信念。[②] 然而,女丹文本对待血液问题的方式与医学文本不同。根据后者的说法,医治的目标是通过解除血瘀和痰凝来恢复女性身体的平衡。然而,根据女丹文本,其目的则是将被认为是"阴"的血液转化为"阳"的,因而也变为更纯粹的元素。为了消除"阴"——女性结构中有缺陷的、粗劣的元素,在修炼过程中,女性必须通过呼吸练习、自我按摩和内心的专注,集中精力完善她的外在形式(即"炼形"),这种外在形式则是由女性的血液为代表。外在形式的消解导致"断红龙",至阴之血完成了精炼,代表了一种

① 《泥丸李祖师女宗双修宝筏》,闵一得编:《古书隐楼藏书》卷十,清吴兴金盖纯阳宫藏板,页16a。

② 费侠莉(Charlotte Furth)指出:"女性身体的特点是边界不稳定……血液就是这种不稳定性的显性标志,有时涌出身体,有时又形成血瘀和阻塞……这种作为阴的血液是女性身体本质的整体形象。"参 Charlotte Furth, *A Flourishing Yin: Gender in China's Medical History*, 960-1665, Berkeley: University of California Press, 1999, p.72。

更接近太虚的气的形式。通俗地说，这表明月经的停止。在这个阶段，女性的乳房会缩回，变得像男性的乳房。从这一节点之后，女性比男性进步得更快，因为她们的核心是纯阳。男性内丹修炼者的身体也会经历重大的生理变化，其中最明显的是阴茎的萎缩。在这一点上，不仅男性和女性的身体看起来更加相似，而且两者之后的修炼方法也变得几乎相同。换句话说，斩红龙，消除血液的阴浊属性，代表了性别化和非性别化修炼之间的分水岭。

女丹文本中的术语不仅与医书中使用的术语相类似，还让我们想起了善书和药方中使用的语言，其中关于女性的论述充满了清净、宁静、念纯、柔顺等术语。主要的区别在于，在女丹文本中，这些术语被赋予了生理上的、有形的一面。对一位女性来说，通过女丹修炼对她的身体采取行动会影响她的思维和行为。一旦身体和行为都得到永久性的改变，她就可以开始遵循非性别的修炼方法。

现在我们开始理解贺龙骧坚持要解决和澄清修炼最初阶段的问题：正是在这些阶段，男性和女性的修炼方法差异最大，女性也最容易产生严重的误解并犯下重大的错误。笔者相信，贺龙骧在序言中如此详细描述的内容并不只是针对狭义上的女丹，它还让我们一窥帝制晚期中国社会对女性身体和女性社会角色的多层次、多方位的看法。仔细分析《女丹合编》的结构，可以从另一个角度了解贺龙骧如何实现其目标。

## 《女丹合编》的结构

《女丹合编》共收录了十四个文本，这些文本不仅来自不同的地区，而且是由不同的作者在不同的时间创作(或传播)的。[①]《女丹合编》收录的具体是哪些文本？它们来自哪里？贺龙骧的选择标准是什么？这部合集是否有任何显著的内部一致性？这些问题的答案将帮助我们更好地理解这部作品及其意义。

组成《女丹合编》的十四个文本的标题罗列如下：

(1)《男女丹功异同辨》

(2)《壶天性果女丹十则》

(3)《女金丹》

(4)《女丹汇解》

(5)《女丹诗集前后》

① 其中有几个文本直接出自上述傅金铨所编纂的《女金丹法要》。

(6)《西池集》

(7)《女真丹诀》

(8)《坤诀》

(9)《女功炼己还丹图说》

(10)《女丹要言》

(11)《女丹撮要》

(12)《旁门小术小引》

(13)《樵阳经女功修炼》

(14)《旁门录》

这些文本中有许多可以追溯到更早的来源。其中四篇来自《女金丹法要》,即前面讨论过的傅金铨于1813年在四川东部出版的收录了六种文本的女丹文集。还有四篇是傅金铨通过扶乩获授的,但由于不明原因,没有收录进他的《女金丹法要》中。剩下的六个文本有其他不同的来源。

虽然与傅金铨有关的文本相当简短,但将贺龙骧这部更丰富的《女丹合编》与傅金铨《女金丹法要》进行比较,有助于理解贺龙骧的编纂意图。构成《女金丹法要》的六个文本据说都是通过扶乩创制的,其中一些是傅金铨本人在川东的一个乩坛上从神明吕洞宾那里获授的。[①] 这些文本以诗歌和散文的形式写成,讨论了女性的灵性问题,如断绝欲望、培养纯净的内心、平静内心和保持适当的行为,所有这些都被认为是命功修炼的重要先决条件。例如,《坤宁妙经》是这套书中最长的文本,分为二十四章,每一章都侧重于女性灵性旅程中的不同阶段。其中一些章节的标题是“修善”“崇德”“诚孝”“节烈”“女教”“妇道”“心体”“说静”“坤基”等。[②] 另一个文本,即《群真诗诀》,通过六位女仙的传记,说明了适当的女性行为的概念。《观心斋纪闻》则讲述了一位女性挣脱因果轮回的故事,她通过修炼女丹,避免了前世因身为男人的不当性行为而造成的恶报。《清静元君坤元

---

① 即黔中积善堂。《女金丹法要》是女丹传统中文本创制方式的一个绝佳案例。与这些文本相关的神明主要有吕洞宾、西王母、孙不二和何仙姑。在《女金丹法要》和差不多时期的类似文集中,许多文本都包含了大量关于女性正确行为的内容以及女性和女仙的传记,令人不禁联想起当时兴起的宝卷和关乎女性规范的文学。虽然这些早期的女丹文本确实提到了特定的女性修炼技巧和男女身体的差异,但是它们很少对这些技巧和差异作出详尽的解释。

② 早在女丹传统出现之前,要求修炼者道德正直、诚信和诚心就已经成为内丹修炼的一个重要的起始部分。但是,《女金丹法要》中的文本明确地将这种道德正直和修炼者的性别联系在一起,讨论了“女教”和“妇道”。它们也将道德和女性身体的构造联系起来,讨论了“心体”,并认为“静”就是根源于心。而针对男性修炼者的文本中并没有出现如此的情况。

经》中包含了女仙孙不二的传记，随后劝告女性追求纯洁的心灵和思想。《西池集》则是题名西王母的一部诗集。《女金丹法要》中唯一描述男女身体之间的宇宙学和生理学差异的文本位于全书开篇。这篇文本没有标题，实际上不是一个降示的文本，而是从其他作者以前的文本中摘录的一个集合。简而言之，《女金丹法要》是一部女性可以直接拿来阅读的文集，也是贺龙骧家族中的女性惯常阅读的一类文本。

其中被贺龙骧选入《女丹合编》的文本包括：那篇没有标题的文本，在《女丹合编》中被命名为《女丹撮要》；《群真诗诀》（贺龙骧将其分为两个部分）和西王母的诗集《西池集》。他还收录了傅金铨在川东乩坛上获授的四部文本，尽管这些文本没有被收录在傅金铨所编的《女金丹法要》中。其中两个文本，即《旁门小术小引》和《旁门录》（上文曾提及），描述并批评了显然广泛存在的旁门左道，主要是同时涉及男性和女性的房中术。另外两本《女丹要言》和《樵阳经女功修炼》虽然篇幅极短，但却介绍了修炼的重要细节：前者提供了一个据说可以补益女性体内之气的丹方，后者则简要地列出了修炼的各个阶段。不过，贺龙骧在序言中并没有明确解释傅金铨为什么没有将这些获授的文本一同收录在其刊行的《女金丹法要》中，也没有解释他自己是如何得到这些文本的。

贺龙骧将《女金丹法要》中的文本按原文的样子收录进了《女丹合编》，没有删除它们的序言和作者信息。然而，他选择在《女丹合编》中收入哪些文本，则表明了他的编辑意图。特别值得注意的是，傅金铨《女金丹法要》中占据主要篇幅的文本是关乎适当的女性行为，但贺龙骧并没有选用这些文本。[①] 相反，他选择收录《女金丹法要》中专门讨论男女生理差异的文本，以及傅金铨通过扶乩获授但没有收录进书中的文本，这些文本包含了对内丹修炼中使用房中术的警告。换言之，贺龙骧显然并不像傅金铨那样对女性的明确道德指引感兴趣：他主要依赖仙传来提供正确行为的鼓励模式。他对描述男女之间的生理差异，以及警告女性要远离危险的旁门左道更感兴趣。

贺龙骧《女丹合编》中的其余文本来自不同的源头和地区。《女功炼己还丹图说》是由"二峨山人"所编纂的，而峨眉山正是贺龙骧最初为了《女丹合编》收集材料而去的地方。该文本非常重要，因为它包括了整部书中已知的唯一一幅图

① 事实上，贺龙骧在序言中描述了他如何和彭瀚然及阎永和（即上文提及的《重刊道藏辑要》项目中的合作者们）商榷，不要刊行他们原先计划收入《重刊道藏辑要》的两部女丹文本，而是采用贺龙骧自己所编的《女丹合编》。这两部书，就是《坤元经》和《坤宁妙经》，其主要内容涉及正确的行为、克服激情以及平静内心。

像,画面中是一位正在修炼女丹的女性。① 图像标示出了修炼相关的部位,后附的文本对每个部位以及该部位所发生的修炼阶段都予以解释。②

贺龙骧对修炼文本之具体性和明确性的关注则再次体现在他所收录的最长的两部文本中,即《壶天性果女丹十则》和《女金丹》。前者的篇幅稍短,没有确切的落款时间,其作者题名为一位"古佛",因此我们对其出处一无所知。它分为十个简单易懂的章节,其中列出了炼工的十个阶段,从"养真化气"开始,结束于"了道成真"。③

第二个文本《女金丹》,是《女丹合编》所收录的最长的文本,尽管标题类似,但与《女金丹法要》没有相似之处。它于 1892 年在玉带溪(可能在四川),由"用中贞一子"所传授,我们暂时对此人一无所知。该文本分为两卷;上卷包含了十二条戒律,指导女性如何征服自己的感受和情绪。下卷篇幅要长得多,它分二十四个阶段描述了修炼的功夫,是所有女丹文本中对女性修行阶段最详细的描述之一。这二十四个阶段分别是:(1)收心;(2)养性;(3)养气;(4)凝神;(5)三命;(6)气穴;(7)知时;(8)斩龙;(9)形隐;(10)求丹;(11)炼己;(12)顺逆;(13)丹生;(14)采药;(15)升元;(16)合丹;(17)火候;(18)温养;(19)胎息;(20)度数;(21)脱胎;(22)乳哺;(23)面壁;(24)冲举。

这二十四个阶段详细地描述了女丹修炼中的次第。首先,女性需要收敛她的感受,以平静和安详的心,专注于她的内在本质,然后涵养身体中的气与神。之后要深谙"三命",即产生女性生命力的三个部位。通过专注于气的产生部位,修炼者能够预测下一次月经的到来,并在它表现为血之前努力消除它(斩龙)。一旦做到这一点,修炼者外形中的女性特征开始变弱,转向雌雄同体,并且利用炼血化气,她可以全身心地投入到寻求金丹的过程中。这涉及内在自我的转变,以及逆转正常生命流向(包括生育)的决心,这将导向金丹的最初形成。通过连续的转变,修炼者涵养圣胎,并准备通过她的顶门来迎接它。这些最后的阶段要求她保持高度的专注和谨慎,以便结成圣胎,为其脱离身体做好准备,最后引导

---

① 参文末附图。

② 相关内容及英译,可参本人博士论文的第四章和后续发表。参 Elena Valussi,"Beheading the Red Dragon: A History of Female Alchemy in China", Ph. D. diss., University of London, 2003;"Blood, Tigers, Dragons. The Physiology of Transcendence for Women", *Journal of the International Association for the Study of Traditional Asian Medicine*, 2009, 4.1, pp.46-85;"Female Alchemy: Transformation of a Gendered Body", in Jinhua Jia, Xiaofei Kang and Ping Yao, eds., *Gendering Chinese Religion: Subject, Identity, and Body*, Albany, NY: SUNY, 2014, pp.201-224。

③ 这些阶段再现了标准的内丹修炼过程中精神的提升和身体的锤炼。

它完成冲举。[①]

在这部分概述的最后，笔者将探讨的是《女丹合编》中的第一个文本——《男女丹功异同辨》，该文由颜泽寰于1903年在峨眉山编撰而成。该文本的组成部分包括：摘自《女丹合编》中一些其他文本（尤其是《女丹汇解》和《女丹撮要》）的简短段落；引用其他著名内丹文本中提到女丹的相关内容，如刘一明的《修真辩难》[②]；其他著名的女丹文本的段落，如闵一得在《古书隐楼藏书》中所收录的《西王母女修正途十则》。[③]《男女丹功异同辨》这部作品的重要性主要在于，它是所有女丹文本中唯一一部明确由历史上的真实女性撰序和撰写的作品。[④] 在我们研究《女丹合编》的语境下，颜泽寰也很重要，因为如上所述，贺龙骧称她是为这套合集拟出最终标题的人。我们所能掌握的关于颜泽寰的少量生平信息来自她自己为《男女丹功异同辨》所作的序言。根据这篇自序，她大约于1880年出生在竹阳（四川东部），是三个姐妹中的老大。她的父亲去世后，她的母亲失去了依靠，这种情况由于一个妹妹的死亡和另一个妹妹的字人待嫁而变得更加糟糕。颜泽寰于是决定守贞奉母，打理母女二人的生活起居和精神上的净化。她和她的母亲都守斋，并致力于阅读善书和遵守佛教戒律。1900年，母女二人逃到了峨眉山，希望躲避义和团造成的动荡。[⑤] 在那里，颜泽寰第一次了解到有关女性修行的文献。她在序言中介绍了她所研究的第一批文本的名称，所有这些文本都

---

① 其他文本同样侧重解释修炼过程中的技巧和生理变化，《女真丹诀》就是其中一例。该书题名为浙中蒲阳陈永清所作，篇幅仅三个筒子页，但对女性修炼时可以使用的三种命功技巧提供了明确的指导。《太阴炼形秘诀》简述了男女结构上的差异，并指导女性如何炼形，使得经血可以转化为气，然后聚集于乳房，以结成圣胎。《三斩赤龙秘诀》则详细论述经血（赤龙）转化为气的过程。《女子修真秘诀》讨论了修炼过程中可能出现的问题，这些问题不仅可能影响修炼效果，甚至会影响修炼者的身体健康。例如，如果修炼过程中欲望仍然残留在心中，或者炼血化气的做法不正确，就会导致严重的疾病。

② 该文本由刘一明出版于1798年，被收于《道书十二种》。参《藏外道书》第8册，第467—492页。

③ 该文本降示于江苏的一个地方乩坛，收录进丛书《道藏续编》，于1834年在吴兴出版。丁福保（1874—1952）曾重印过该书，之后也有多个当代影印本。

④ 《女金丹法要》收录了《坤宁妙经》的序言，其作者也是一位女性。但是序言中并没有提及她的名字，以及她创作这部女丹文本的缘由。

⑤ 尽管义和团运动主要发生在中国北方，但是运动背后的反洋情绪却在包括四川在内的中国各地浮现出来。各种记录显示，四川曾经发生过和义和团运动有关的骚乱，矛头直指外国人和华人天主教徒。这些纷争大多源于民间教派之间的冲突，而这些教派在更早的几十年中一度活跃于四川。参 Kristin Stapleton, "County Administration in Late Qing Sichuan: Conflicting Models of Rural Policing", *Late Imperial China*, 1997, 18.1, pp.100-132; Victor Purcell, *The Boxer Uprising*, Cambridge: Cambridge University Press, 1963, p.122; Judith Wyman, "The Ambiguities of Chinese Anti-foreignism: Chongqing, 1870-1900", *Late Imperial China* 1997, 18.2, pp.86-122。

是由女性书写的或者是为女性书写的，而且大部分都是佛教方面的。[①] 这些文本包括《摩耶夫人经》[②]、《摩登伽女经》[③]、《比丘尼传》[④]、《善女人传》[⑤]等。但是，颜泽寰在序言中告诉我们，她不仅发现这些佛教文献太难理解，而且也没有为命功修炼提供任何指导，她认为后者对于实证至关重要。颜泽寰和贺龙骧一样，主要是想为女性提供清晰而直接的指导，因此她希望自己简单明了的文章能够消除任何困惑。[⑥]

颜泽寰和贺龙骧大约在同一时期寓居于峨眉山，两人都阅读了同一部为女性读者编写的佛教文本《摩尼烛坤集》，并受到启发。他们也从同一批女丹材料中汲取灵感，编撰了自己的作品。颜泽寰的作品收录在贺龙骧《女丹合编》中的第一篇，由一位贺姓的女性参校，她很可能与贺龙骧有关系。《男女丹功异同辨》的这位女性参校——贺为烈——不仅与贺龙骧同姓，而且来自仙井，仙井位于四川仁寿和井研两县之间，后者是贺龙骧的故乡。这不禁令人怀疑贺为烈与贺龙骧有亲缘关系，而且可能是敦促他编纂女丹文集的女性之一。颜泽寰和贺龙骧有着一个共同的使命，那就是用自己的作品来礼敬他们的母亲，并使女性信众的修炼更容易和更安全。颜泽寰参与进贺龙骧的工作，使得他的这部合集更具价值和原创性。

《女丹合编》的原创性还在于它是第一部将不同地方的女丹传统汇集在一起的合集，这些文本大多是中国不同区域的地方道坛和乩坛的产物。从这个意义上说，贺龙骧的意图绝对不同于他的前辈；他有意识地广撒网，不局限于一人、一坛、一神或单一的地方宗教团体。就这样，他汇编了一部女丹合集，它囊括了来

---

① 所有这些文本都收录在贺龙骧在其序言中提到的《摩尼烛坤集》中(《女丹合编·女丹合编通俗序》，页 6a)。见脚注 13。颜泽寰在她的序言中也重点提到这部合集，声称自己是获自一位住在峨眉山的女居士。

② 有一部类似名字的经叫作《摩耶经》，这部以佛母摩耶为主角的经典在北齐期间由梵文译成汉文，参《大正新修大藏经》，第十二册，第 1005 页。

③ 摩登伽是一位印度的低种姓女性。有一部类似名字的经叫《摩登伽经》，有多个早期的汉文译本，参《大正新修大藏经》，第二十一册，第 399 页。

④ 这部著名的 6 世纪文本汇集了佛教女尼的典范，由僧人宝唱(活跃于约 516 年)所撰。英译本可参 Kathryn A. Tsai, tr., *Lives of the Nuns: Biographies of Chinese Buddhist Nuns from the Fourth to the Sixth Centuries*, Honolulu: University of Hawai'i Press, 1994。

⑤ 这部作品收录了佛教女性居士的传记，作者是佛教居士彭绍升(1740—1796)，该书也收录于《续藏经》，台北：新文丰出版社，1983 年，第 150 册，第 106—126 页。

⑥ 不过颜泽寰只提到疾病是错误修炼方法的危险后果。下文将会进一步详述，贺龙骧不仅关注那些可能造成身体伤害的修炼方法，也关注不道德的修炼方法。

自不同地区的文本,并且在风格和内容上存在差异,但整部合集对女丹修炼过程的描述非常相似。这是编者有意识地将整个传统同质化的结果,还是因为这项修炼技术本身已经相当相似?这些问题我们可能永远都无法回答,因为我们对贺龙骧所取材的大量文本源头所知甚少。然而,值得注意的是,尽管贺龙骧有机会接触到许多不同类型的文本,但他明确选择了那些涉及修炼的初级阶段的文本。① 他指出,那些成功达到更高级次第的女性,会有足够的经验来寻找她们需要的信息。尤其是那些已经转化了"红龙",并且已经处理完女性身体特殊性的修炼者,可以遵循"男丹"文本所提供的指示。② 不过,贺龙骧所说的"男丹"实际上就是标准的内丹文本,例如伍守阳(1565—1644)的《天仙正理》和《仙佛合宗》以及柳华阳(1735—1799)的《金仙证论》和《慧命经》。③

最后,由于没有声称全书归功于任何一位被认为创制了这些文本的具体神明,这部合集淡化了扶乩降笔的作用,同时也扩大和提升了编纂者本人的作用。贺龙骧在他详尽的序言中权威地定义了女丹的意义,以及它的修炼方法和最终功效,并借此担当了一个重要的角色,而在早期女丹文本,这一角色往往由相关神明担任。④

## 结论

笔者希望上述讨论可以揭示出,《女丹合编》不仅标志着女丹和内丹历史上的一个里程碑,而且还揭示了帝制晚期中国社会中女性角色和地位的变化。女丹文献是相互竞争但又相互关联的文化和社会现象的产物:越来越多的女性成为日益增多的文学作品、自助手册和宗教文本的读者;内丹思想和修炼方法的进一步扩散;以及女性越来越多地出现在公共宗教的场域中。这些反过来又引发

① 《女丹合编》,页 16a-b。

② 《女丹合编》,页 16a-b。

③ 伍守阳和柳华阳是如今被称为"伍柳派"的内丹道派的创始人,该派在清代初期有着极大的影响力。上述四部书构成了清代内丹修炼的标准核心文本。

④ 之后的女丹合集——例如陈撄宁(1880—1969)出版于 1936 年的《女子道学小丛书》——重印了《女金丹法要》和《女丹合编》中的相同文献,并且继续淡化了扶乩的作用,干脆直接省略了降示文本的起源信息。陈撄宁在他的这部合集中为其中的文本撰写了新的序言,使用科学语言详细地解释了女性身体和女性修炼的具体情况。与此同时,这些文本存在的理由也发生了根本的变化,原先是指导和训练女性的行为并净化她们的身体,此时则变成了促进女性社会解放的一种方式。刘迅详细描述了这一发展过程,参 Xun Liu, *Daoist Modern: Innovation, Lay Practice and the Community of Inner Alchemy in Republican Shanghai*, Cambridge, M.A.: Harvard University Asia Center, 2009。

了人们对界定和保全女性礼节和贞洁的重新关注，并在必要时控制不为社会所接受的女性宗教活动。女丹不仅响应了这种对女性行为日益增长的焦虑，而且也响应了女性自己所表达的需要，即进行自己的宗教实践和实现自己的灵性目标。女丹为女性提供了一个传统、一条谱系、一套文本以及一种对女性身体和特定命功修炼技术的共同理解，也伴随着对女性适当行为规范的共同理解。

贺龙骧了解他所生活和写作的历史和社会处境。无论是主要出自他家庭中女性成员的要求，还是因为有必要纠正流行的旁门左道，或者是为了响应他所看到的日益开放的女性内丹修炼方法的宗教市场，最终贺龙骧的这部合集——《女丹合编》——响应了所有这些需求，甚至更多。

同时，贺龙骧有意识地改变了女丹传统的性质和作用。他将自己和女丹传统定位在了房中术及其支持者的对立面，并将女丹从扶乩降笔的环境氛围中转移到一个不同的、更高的层次。通过将女丹拔高，超越每个文本各自的地方来源，并将其与特定的神明分离，贺龙骧不仅创造了一个更加统一的信息，而且还赋予了这则信息更大的权威。他淡化了对道德行为的关注，而专注于命功上的修炼，尤其是在女丹修炼的最初几个阶段，他强调了性别间的差异。同时，他也承认女性所面临的挑战，并提供了一套直截了当的修炼技术。通过认可女性在全书编纂过程每个阶段的参与和投入，贺龙骧也因此能够创造出一套强有力的修辞，与他的读者(主要是女性)产生共鸣。最后，通过为他的这部合集提供清晰而权威的介绍，贺龙骧创造了一个全新的标准，并被后来的女丹作者和合集所利用。

贺龙骧在序言中表示，他希望女性有更多机会接触女丹文本，希望更多的女性能够阅读和理解这些文本，希望更多的女性能够离开家庭，寻找真师，最终成道。颜泽寰提供了一个他心目中的女性修行者的形象典范，一个在家庭之外寻求精神满足的女性，她的角色不仅是读者和修行者，同时也是作者。她也是一位阅读过并理解各种女性宗教修行文本之人，最终还编撰了自己的文本。贺龙骧不仅将颜泽寰的文本收录进《女丹合编》，而且将其放在首位，给予特别突出的地位。他还明确承认，是颜泽寰负责为他的这部合集选择了书名。这似乎表明，他确实愿意承认女性积极参与了女丹的修炼和传播。但是，贺龙骧心目中《女丹合编》的读者到底是哪些女性呢？

根据我们的判断，贺龙骧的读者并不是由出家女性和佛教女尼等构成，而是来自富裕家庭的已婚女性，但她们仍有兴趣将自己的生命投入到宗教追求中去。

这就引出了一个西方和中国学者都提出的问题：女丹是女性逃避生育义务的手段，因而也是反抗社会习俗的手段？还是它实际上是一种加强传统道德期望和社会习俗的工具？换言之，女丹修炼最终是为了让女性准备好离开家庭去寻找真师和教诲？还是为“游方访道”提供了一个简单而安全的替代方案，而“游方访道”正是在男性内丹修行者的修辞中如此根深蒂固？

笔者想说，《女丹合编》（以及整体的女丹文献）不仅仅是某种反动的规定性文化的产物。相反，它对女性大有裨益，为她们提供了追求成真的工具，并使她们摆脱了日常的职责。笔者认为，把女丹仅仅看作是着眼于女性贞洁和控制的产物，或者看作是女性在宗教实践中自由选择的证据，都是徒劳的。相反，《女丹合编》再次提醒我们，在女性的实际行为和被接受的行为之间，在女性的欲望、她们的表达以及这些欲望被整个社会满足的方式之间，正在进行着个人和文化的协调过程。它不仅是一种协调，也是一种合作，就像贺龙骧和颜泽寰之间的合作一样，它对宗教女性的一些实际需求作出了回应，同时也试图安抚儒教精英的一些焦虑。[①] 贺龙骧是一位兼奉儒道的士人，同时对于那些在《女丹合编》的成书过程中起到重要作用的女性们而言，他也是一位儿子、丈夫、父亲、叔叔和朋友。贺龙骧这个人物很好地说明了在界定和制定社会规范——此处主要是性别规范——的过程中所需要的持续不断的协调。然而，作为这种调停努力的结果，贺龙骧不仅为女性提供了一本最为方便的女丹修炼手册，还为我们提供了关于性别差异在宇宙学、生理学和修炼层面的最详细的描述，而且不仅仅是立足于当时的道教传统，还着眼于整个帝制晚期中国宗教的环境。《女丹合编》一书的目的既是使女性受益，也有助于维护社会、礼仪和宇宙的秩序。不过，贺龙骧在其序言的最后明确指出了其最终的目标：“吾想蟠桃会上，当不让男仙，独出其右，女流勉之，予日望之。”[②]

---

① 正如张孙康宜（Kang-I Sun Chang）所指出的，如果存在压迫言论，那么这些言论是由男性和女性共同建立和维护的。参 Kang-I Sun Chang，“Ming-Qing Women Poets and the Notions of ‘Talent’ and ‘Morality’”, in Theodore Huters，R. Bin Wong and Pauline Yu，eds.，*Culture and State in Chinese History*，*Conventions*，*Accommodations and Critiques*，Stanford：Stanford University Press，1997，pp. 236-258。

② 《女丹合编·女丹合编通俗序》，页 7a。

附《女功炼已还丹图说》,页 1a

[笔者在此感谢惠康基金会(Wellcome Foundation)为笔者完成博士论文所提供的资助,本文主要内容均来源于此]

# 近代罗浮山与岭南道教*

志贺市子　著
胡常春　译

**作者简介**：志贺市子，日本茨城基督教大学文学部教授，文学博士。长期从事中国华南地区及东南亚地区的道教与民间信仰的研究。

**译者简介**：胡常春，山东即墨人，名古屋大学文学博士，现任教于山东齐鲁师范学院。

## 前言

汉代时便以适宜炼丹而为方术家们所知晓的罗浮山，自东晋时神仙家葛洪(283—343)为探求炼丹和成仙之道、与妻子鲍姑一同入山开始，成为驰名全国的道教圣地。葛洪在罗浮山仙化之后，其炼丹的东西南北四处遗迹分别有道观，后发展成道教圣地，被记载为第七洞天、第三十四福地。南朝梁时又有禅宗传入，唐代达到最盛期，数量据说有九观十八寺之多。正如王承文所指出的，唐代的罗浮山，由岭南地区的地方文化与中原文化，甚至来自印度等地的外来文化接触、交流融合而产生的丰富的文化资源，成为岭南地区宗教、文化的一大中心。①

到了宋代，从苏东坡开始，很多的著名文人墨客从远方前来探访，赋诗赞咏其景色之美。随着宋明理学的兴盛，山中建立了书院、精舍等，作为岭南地区的学术中心，一直繁荣至明朝末年。此中与王阳明并称的明代理学家湛若水(1466—1560)，以90岁的高龄探访罗浮山，讲学于朱明洞，成为一段佳话。②

那么，清代以后的罗浮山，是一种怎样的状况，有哪些人士探访过呢？从罗浮山的历史来说，古代神仙家的活跃、寺观的兴盛，宋明时期来访的著名文人们

---

* 志賀市子.近代の羅浮山と嶺南道教.洞天福地研究.第4号.2013. pp.10-26.

① 王承文：《唐代罗浮山地区文化发展论略》，《中山大学学报》1992年第3期，第74—81页。

② 奈良行博：《道教圣地——中国大陆踏查记录》，东京：平河出版社，1998年，第223页。

引人注目的学术交流是必不可少的话题,而另一方面,从清代到近代四、五百年间的历史,迄今尚未有人提及。因此本文拟对清代的罗浮山道教进行一个概览,进而聚焦于清代末至近代以罗浮山为据点进行活动的道教人士。他们为何将罗浮山作为据点,在罗浮山进行了什么样的活动?通过他们的活动,尝试考察罗浮山在近代岭南道教史上所起到的作用。

## 一、清代的罗浮山与道教

不仅是罗浮山,一直以来中国道教史的研究有一种很强烈的倾向,使用停滞、衰退、世俗化(民间化)等词语来叙述清代和近代道教。但是,近年来对于近代地方道教史的关注高涨,积累了一些实证性的研究。[①] 在以广东地区为研究对象的道教史研究中,香港道教研究者黎志添,利用碑刻资料、明清时期编纂的地方志等历史资料和探访罗浮山的文人游记、诗文等资料,对清代罗浮山道教教派的变迁、道观的兴盛等历史作了细致考察,取得了相当大的成果。[②]

根据黎志添的研究,作为罗浮山道教中心的冲虚观,虽然从明永乐年间至万历年间持续繁荣,但从那时便一路凋落,清初时已陷入"荒凉零落"的境况。康熙三十七年(1698),出身于山东的全真教龙门派道士杜阳栋成为住持之后,冲虚观的建筑得到修葺,道士们开始回归。其后同为山东出身的龙门派第十一代道士曾一贯,复兴了葛洪炼丹之地北山庵的酥醪洞。进而山东出身的崂山派道士在传为罗浮四庵之一的西山庵的黄龙洞开辟道场,此处后来成为黄龙观。如此看来,可知清代康熙年间是罗浮山道教发展的一个转折时期。[③]

清代后期,受道光末年至同治初年间鸦片战争、太平天国、第二次鸦片战争等持续不断的动乱的影响,罗浮山再次荒废。但随着动乱的结束、和平的回归,荒废的罗浮山重新恢复了活力。下面一节,将列举同治年间至光绪末年以罗浮山为根据地进行活动的道教人士。

① 关于近年来近代道教史的研究动向,请参照志贺市子:《近代中國道教史研究の最前線— 2009 年に開催された二つのシンポジウムより》,《东方宗教》,2010 年第 116 号 s,第 109—118 页。

② 黎志添:《广东地方道教研究——道观、道士及科仪》,香港:香港中文大学出版社,2007 年。

③ 黎志添:《广东地方道教研究——道观、道士及科仪》,第 57—78 页。

## 二、酥醪观与陈铭珪——广东道教界全真教身份认同的确立

酥醪观在罗浮山北麓，是位于葛洪炼丹之地北山庵酥醪洞的道观。康熙五十五年(1716)，在酥醪洞建立道场的曾一贯成为约束罗浮五观的总管住持，福建晋江出身的道士柯阳桂为其继任者，雍正五年(1127)正式建立道观。此后不久从柯阳桂开始，由继承龙门派道统的道士担任住持维持道观。然而，咸丰四年(1854)罗浮山麓的东莞县石龙何六率领的天地会蜂起，酥醪观周边山贼横行，出现了占据道观、侵占资产的不逞之徒，信徒、道士离观而去。此后约十年，同治四年(1865)，荒废的酥醪观邀请了新的住持，渐渐呈现出复兴的气象。新住持名陈铭珪(1824—1881，道号教友)，人所周知，是对全真教龙门派道统进行精心考证的《长春道教研究》一书的作者。①

现在的酥醪观山门

### 陈铭珪与全真教龙门派

陈铭珪生于与罗浮山所在的博罗县相邻的东莞县的名门，咸丰二年(1852)成为副贡生。咸丰四年天地会蜂起之际，他率领东莞的乡绅组织团练，与县令华

① 黎志添:《广东地方道教研究——道观、道士及科仪》，第 84—89 页。(此处书名原文作《长春道教研究》，似应为《长春道教源流》。——译注)

廷杰一起参与镇压叛乱的战斗。[①] 此后有志学道,[②]入山于罗浮山中的梅花村建立别庄梅花仙院。据1942年出版的《广东年鉴》,为了可以自由出入罗浮山的道观,允许富有者在山中自行建立别庄居住。[③] 陈铭珪应该是在镇压了天地会的叛乱之后,产生了在风光明媚的山中度过余生的愿望,因而在罗浮山构建了别庄。

陈铭珪不久即作为全真教龙门派第十七代道士被授予"教友"的道号。原本计划远离尘世、专心修养,同治四年陈铭珪42岁时,在同乡方瑚洲的请求下担任了酥醪观的住持。光绪四年(1878)开始与方瑚洲之弟子熊养真(道号教如)等一起募捐,着手修复酥醪观。又,陈铭珪对罗浮山、全真教龙门派的历史极为关注,在涉猎各时代的史书和《道藏》等众多文献的同时,探寻居住于罗浮山道观的道士们的谱系,撰成《长春道教源流》《浮山志》等著作。[④]

现在,《长春道教源流》是全真教龙门派研究的基本资料之一,但笔者对此书的关注,说到底是因为其是想要了解陈铭珪这一人物为数不多的线索。笔者持有这样的疑问,从全真教祖庭所在的北京看来,相当于边境的广东罗浮山,以及像酥醪观这种无名道观的住持,有何必要撰写《长春道教源流》呢?

阅读《长春道教源流》给人留下的强烈印象是,陈铭珪作为全真道士的自豪,以及对龙门派祖师丘长春的思想与实践的强烈思考。陈铭珪《长春道教源流》序文中这样说道:

> 余中年感异兆,学道于罗浮酥醪观中。观为全真之龙门派,源出于邱长春。暇因考史册,并取《道藏》诸书核之,知长春之学深有得于《道德》要言,而无炼养、服食、符箓、禳禬末流之弊。[⑤]

陈铭珪引用收录于《道藏》中的《甘水仙源录》、虞集的《道园学古录》,慨叹尽管道家流派的源头为老子、庄子,但后世之人迷失其本旨,而沦为方术、符箓、炼丹、章醮之流。而创立于金代的全真教,以"识心见性、除情去欲、忍耻含垢、苦己利人"为宗旨,这一点被评为是向老子《道德经》中所说的"清静无为"的回归。

而且陈铭珪之所以称赞丘长春"斯非古之博大真人者乎"[⑥],是因为认为丘长

① 杨宝霖:《自力斋文史·农史论文选集》,广州:广东高等教育出版社,1993年,第185页。

② 赖际熙:《罗浮酥醪洞主先生像赞》,《长春道教源流》,台北:广文书局,道一赞第1页。

③ 广东省政府广东年鉴编纂委员会编:《广东年鉴》,广东:广东省秘书处,(润)第166—167页。

④ 黎志添:《广东地方道教研究——道观、道士及科仪》,第88页。

⑤ 陈铭珪:《序》,《长春道教源流》,道一序2页。

⑥ 陈铭珪:《序》,《长春道教源流》,道一序2页。

春不仅仅是隔绝世俗、独善其身，还有“首以治国保民为本”[①]的思想与行动。陈铭珪详细引用了丘长春弟子李志常《长春西游记》[②]所记应成吉思汗之征召，以70岁高龄与蒙古大军同行去往西域之旅，并加以考证。又对丘长春谒见成吉思汗，晓谕“敬天爱民、治国之本”、说以止杀等逸闻的可靠性进行了讨论。对于陈铭珪来说，这一逸闻是撰写《长春道教源流》的一大动机，开头的《全真教总论》中，陈铭珪很明确地叙述如下。

> 至邱长春子，当杀运方炽之时，以七十余岁之老翁，行万数千里之绝域，龂龂然以止杀劝其主，使之回车。此则几于禹稷之己溺己饥[③]，而同符于孔席不暇暖、墨突不得黔之义，盖仁之大者也。予故辑此书，名曰《长春道教源流》，而并采当时论全真之说先揭之，使后之学道者知所趋向焉。[④]

陈铭珪对于丘长春使成吉思汗终止杀戮的行为特别地有感于心，或许是因为他有亲自率领团练与天地会叛军交战——以弟子之语来说——“杀敌无算”[⑤]的经验之故。所杀者虽然可以说是贼，手染杀戮仍是巨大的创伤吧。陈铭珪所感，不正是丘长春所用的不是武器而是其信念来制止杀戮这一点吗？

此外，陈铭珪撰写《长春道教源流》是出于将其宗教实践与认为自身正统的道教传统联系在一起、在谱系中取得一席之地的想法，应该是可以确定的。

广东各道观，虽然在清朝初期归属全真教龙门派，但作为全真教龙门派在广东的据点，其与全真教祖庭北京白云观是怎样一种关系？相关资料很匮乏，有很多不明之处。甚至从日本寺院制度可见到的本末关系——每个宗派本山统辖分寺的结构——是否存在也是一个疑问。可以确知的是，吉冈义丰1940年代在北京白云观见到的全国全真教道观十方丛林的列表中，包含有广东省的六座道观，即罗浮山的冲虚观、黄龙观、白鹤观，广州的三元宫、应元宫，及惠州的元妙观。[⑥]通常属于十方丛林的道教宫观，会定期开设戒坛、举行认定正式道士身份的“传戒”仪式。根据黎志添引用的法国道教学者高万桑(Vincent Goossaert)的论文

---

① 原文为“治国保民を本旨となすべきである”，并加以引号，但《长春道教源流》序文中未见与日文完全符合的句子，以此句最为接近。——译注

② 原文如此，一般通称为《长春真人西游记》。——译注

③ 意为天下有饥饿溺死者，为政者自身之责任。

④ 陈铭珪：《全真教总论》，《长春道教源流》卷一，第3页。

⑤ 赖际熙：《罗浮酥醪洞主先生像赞》，《长春道教源流》，台北：广文书局，道一赞第1页。

⑥ 原文注(吉冈1989:181)，但文末“引用文献”中未见吉冈义丰相关文献。——译注

中所列举的北京第一档案馆所藏的记录，在清代北京白云观受戒的道士，大部分出身于吉林、山东、满洲等北方省市，南方省市出身的道士在北京白云观受戒的情况几乎没有。如此来说，多数的广东道士，是在最近的广东十方丛林道观中受戒的。然而如黎志添所指出的，这六座道观开设戒坛、举行传戒仪式的记录，迄今为止一份也没有发现。① 由此推测陈铭珪虽被授予作为龙门派第十七代道士的道号“教友”，但他恐怕未曾临坛受戒。

陈铭珪作为全真教龙门派道士的自豪，与其说是因为根据龙门派字谱授予道号、传戒仪式上受戒这样自然养成，不如说是通过撰写《长春道教源流》、以己意解释全真教教义、记录广东龙门派道士的事迹，有意识地构建起来的。换句话说，即是从酥醪观开始，丘长春以来全真教龙门派谱系上首次有了广东道观的位置，基于对王重阳所说的全真教北宗的根本精神的理解，我辈的道教实践与“炼养、服食、符箓、禳禬末流”之类不同，是对正统道教本源回归的再认识。

陈铭珪特别强调其道教实践“无炼养、服食、符箓、禳禬末流之弊”的背景，应当与流行于广东地方社会的对道士的根深蒂固的偏见有关。不属于道观、悬挂着“某某道馆”或“某某道院”的堂号，除丧事外，也从事庙会、盂兰盛会等的斋醮仪式、祓除、招魂，甚至风水、算命等事务的火居道士，广东称为“喃呒先生”或“喃呒佬”，一直是受到蔑视的对象。1942 年的《广东年鉴》道教条记载如下。

> （广东道教）比较俚俗者是道馆。散处于各市镇乡间，世人称此种教徒为“喃呒佬”。意即专门从事唱经、捉鬼、祓除灾厄等。民间信之颇笃，广为普及。大体上一切婚丧生育相关，乃至祭祀、择日、建筑、疾病，愚弄民众，困惑知识，无有进步，害处多多。罗浮山之正宗道教徒对此极端排斥，认为是教徒之耻，非正宗道教徒。②

作为地方名士的陈铭珪，无法忍受将龙门道士与喃呒佬等同看待。他撰写《长春道教源流》也是出于敦促广东道观的道士作为龙门派的自觉性。

### 酥醪观的再兴

陈铭珪作为酥醪观的住持，于道观的经营也竭尽心力。美国长老派教会传

---

① 黎志添：《广东地方道教研究——道观、道士及科仪》，第 82 页。

② 广东省政府广东年鉴编纂委员编：《广东年鉴》，广东：广东省秘书处，（润）第 167 页。［此段文字未见原文，据日文回译。——译注］

教士旅居广州的Benjamin Couch Henry(1850—1901)在1884—1885年间探访罗浮山，落脚酥醪观，这样记道：

> 这座道观(指酥醪观)在这片土地上最为丰美。香港或其他地方的富商多所资助，他们以隐遁或精进洁斋的名义，在此居留两、三个月或两、三周。许多建筑的装饰都非常精美。修道院长(原文为abbot，引用者注)被评价为文人，数名年轻道士出身于名家。[①]

陈铭珪于1886年去世，此处所说的修道院长当是后来继任的住持。[②] Henry对酥醪观的建筑与装饰之美非常赞赏，陈铭珪参与的光绪四年酥醪观重修，仅就当时货币价值白银一万两来说，也是花费颇高。[③] 重修的费用，募自道士和一般信徒。现在的酥醪观，还保留有刻着重修时捐助者名单的《重修酥醪观芳名勒石》。其中涉及教、永、圆、明、至、理字辈六代龙门派道号的道士姓名及金额，此外还排列有多个某某店、某某记、某某行、某某堂、某某斋、某某书屋(书店)、某某押(当铺)等商号。这大概是出入酥醪观的商人、与道士交好的商铺，或者罗浮山麓市镇上商人们的捐款。名录记载了许多商店名，表明酥醪观是一处与邻近的地方社会保持相当密切关系的道观。

生活在酥醪观中的道士也有着曾为商人、归国华侨等各种各样的经历。1894年进入罗浮山参访酥醪观的广东英国副领事Frederick Bourne，受到了两位讲英语的人的接待。一人是名李平、道号至平的老人，曾在旧金山市的法国餐馆做厨师多年。另一人虽然已基本忘记英语，但系曾在美国生活多年的商人，因健康状况归国，决定在酥醪观过疗养、隐居的生活。[④]

---

① Benjamin Couch Henry, *Ling Nam or Interior Views of Southern China*, S. W. Partridge, London, 1886, p.320.

② 从陈铭珪去世至1898年，酥醪观住持由王至贤、吕教忠、张教恕担任。见黎志添:《广东地方道教研究——道观、道士及科仪》，第93页。

③ 《重修酥醪观碑记》，谭棣华、曹胜騑、冼剑民编:《广东碑刻集》，广州:广东教育出版社，2001年，第805—806页。

④ Fredrick S. A. Bourne, *The Lo-Fou Moutains: An Excursion*, Hong Kong: Kelly & Walsh, Limited, 1895, pp.20-21.

光绪四年重修酥醪观芳名勒石

民国以降，假托入道而在酥醪观隐居生活的清朝遗臣似乎不在少数。民国二十二年(1933)四月，与友人结伴探访罗浮山的民俗学者容肇祖说："罗浮山的道观是中国式的养老院。交纳一百元入道以后可以长期居住，也能够葬在这里，也可以往来自由。"①

顺便说一下，Henry 与 Bourne 探访罗浮山最大的目的之一是采集罗浮山原产的植物。为寻找新种类的植物而在世界中旅行的植物搜寻者和植物学者们，不仅采集罗浮山的植物，也没有忘记参访罗浮山景观重要组成部分之一的寺庙、道观，向生活在那里的人们表示敬意。

酥醪观兼有道学沙龙与高级隐居设施的性质，与同时代的始于西樵山、相继在广东的名胜地区建立的称为"仙馆"的道教类结社有共通之处。陈铭珪构建的"我辈全真教龙门派"的意识，不久向聚集于广东道观、仙馆中的慕道人士中慢慢渗透，成为广东乃至香港道教界共有的身份认同。陈铭珪住持酥醪观的时日并不长，但他与弟子们在酥醪观构筑起来的道教社团，此后给予香港道教界、广东道教界的影响却不小。

① 容肇祖：《罗浮山游记》，《民俗》第 115 期，1933 年，第 17—18 页。(此段文字未见原文，据日文回译。——译注)

## 三、朝元洞——先天道东初派的一大据点

陈铭珪住持酥醪观，为重修殿宇、执笔写作而奔走之时，有人探访了华首台西、酥醪观南侧的山中，并将其作为活动的据点。山中有一处名为“朝元洞”的地方，梁武帝时存在名为延祥寺的佛教寺院，唐代此处创建了称为南楼寺的佛教寺院。据说后来参与翻译《楞严经》《宝积经》等佛教经典的怀迪禅师曾在南楼寺生活，并在此与参访罗浮山的印度僧人结交。

### 先天道东初派与朝元洞

提倡三教合一的清代民间教派先天道领袖张廷芬（号东初）与其弟子沈性空在此处开凿朝元洞，建庵称一中精舍，是同治十二年（1873）之事。《博罗县文物志》“朝元洞”条：“咸丰年间，先天教徒林东初参访罗浮山，同治癸酉年（1873）与其弟子沈道文共开朝元洞，孔子、老子、释伽三教共祀之。以慈善修养为主旨。据闻，其党徒分布南洋各处。”[①]

先天道（先天大道），是以清雍正年间创始于江西的无为金丹道（后称青莲教）为前身的宗教教派，其源头可追溯到明代成立的罗教。作为先天道本源的青莲教的教义，是将无生老母（或瑶池金母）信仰、弥勒下生信仰和三期三佛说相结合，宣说包含了终末论、末劫之世残存的九十六亿（或九十二亿）人类依靠老母“还乡”（救济）的救济论。信徒们日常的修行是吃斋、进行称为“坐功运气”的内丹修炼，并以禁欲主义贯穿始终。

雍正以后，青莲教的宗教势力扩大至以江西、四川、贵州、云南等长江中上游为中心的中国各地。道光年间青莲教遭到官府相继镇压，教主被捕受刑而死。此后青莲教内部后继者相继分裂，产生先天道、一贯道、同善社、归根门、普度门等分支。东初祖张廷芬，是道光教案后继承教主之位的普度五老（火祖、土祖、水祖、金祖、木祖）中金祖林依秘（玉山老人）的弟子。林依秘同治十二年[②]去世后，张廷芬继承道统，成为后来称为“东初派”分支的祖师。

在广东，“东初派”以外，出自水祖彭依法（儒童老人）系统的分支也在传播。被称为岭南道派的水祖系统分支，从咸丰十年（1860）先天道教徒陈复始由湖北

---

① 黄观礼主编：《博罗县文物志》，广州：中山大学出版社，1988 年，第 67—68 页。（此段文字未见原文，据日文回译。——译注）

② 一说为同治四年去世。

进入粤北清远县开始传教以来，大约半个世纪的时间，自广东传播到香港、泰国、越南、马来西亚、新加坡，发展成为一个庞大的网络。[①]

关于东初派，不明之处甚多，关于其祖师张廷芬及其弟子沈性空(道号为道文)也知之不详。[②] 张廷芬道光乙未年(1835)生于浙江台州黄岩县，光绪己卯年(1879)去世。[③] 清末以降，东初派较之先天道其他分支率先进入南洋地区传教。越南、马来西亚、新加坡等地如今仍存在与东初派系统相关的先天道的佛堂、斋堂。其中之一的越南胡志明市光南佛堂，保存了在历代先师的诞辰、成道日宣读的表文汇编《庆祝表文》(光绪二十年镌，祐安氏重刊，朝元洞藏版)，文中这样记载东初祖师：

> 东初祖师，清河世族，浙水名家。童稚慕道，誓志修真。初开荒于东浙，复跋涉于南闽。化度三阳，道宏两粤。是以大道阐明，遐迩共沾教泽。壮谒金祖，奉命再度重洋，开暹域之道场，化各邦之原种。复承祖命，兼理近地各国重任。继荷额允，接掌天命五行统盘。辛苦备尝，艰难不避。宣演三教之宗源，流通四海之道脉。继往开来，光前裕后，功圆行满。……[④]

东初祖师受命金祖，在闽南、两粤地区传教。此后远渡海外，在暹域(泰国)等地开辟道场。张廷芬在南洋的工作成效显著，许多佛堂鳞次栉比。[⑤]

在朝元洞创建一中精舍的沈性空，出生于广东省东部客家聚居地之 的大埔县。[⑥] 沈性空的事迹几乎一无所知，但值得注意的是，笔者在汕头得到的潮阳县金瓯乡觉世堂刊行的鸾书《觉世新编》(1919年序)的序文开头，刊载了性空祖师降下的乩示，暗示了潮阳县的善堂与先天道东初派，特别是与沈性空的关联。

---

① 志贺市子：《先天道嶺南道派の展開——その理念と担い手を中心に》，《東方宗教》第99號，2002年，第18—42頁；志賀市子：《近代中國道教史研究の最前線——2009年に開催された二つのシンポジウムより》，《東方宗教》第116號s，2010年，第109—118頁。

② 关于东初派，请参考游子安：《20世紀、先天道の廣東・香港からベトナムへの傳播と變容》，仓田明子译，武内房司编著：《越境する近代東アジアの民衆宗教——中國・臺灣・香港・ベトナムそして日本》，东京：明石书店，2012年。

③ 依据越南胡志明市光南佛堂保存的《东初祖师玉照》所载的生卒年份。[原文为“ベトナム・ホーチミンの光”(胡志明之光)，从下文看，似应为胡志明市光南佛堂。——译注]

④ 断句略有调整。——译注

⑤ 游子安：《20世紀、先天道の廣东・香港からベトナムへの傳播と變容》，第70頁。

⑥ 据广东省潮阳县道观“海棠古观”编纂的《潮阳道教概述》记载，海棠古观创建于1625年，嘉庆十二年(1807)重修，历史悠久，日军侵占后荒废，为黄宗惜祖师(揭阳钱岗人)复兴。黄宗惜是江来云祖师(潮阳县关埠人)的弟子，于罗浮山受戒。江来云的师父许灿然祖师(潮阳县人)之师为沈性空祖师(广东大埔县人)，性空为东初祖师弟子。据这一资料，东初祖师为浙江人氏，属全真派。

笔者推测,沈性空生前以潮汕地区为据点进行活动,通过潮州人、客家人的人脉关系远渡南洋,进行传教活动。东初派能够较早地从泰国开始出入南洋地区,是因为有从潮州、客家地区远渡南洋的华侨人脉的力量这样的背景。又,东初祖师还有一位高弟李南山,出生于潮州揭阳,1884 年创建了新加坡的四马路观音堂(正式的堂号为天德堂),成为新加坡普度门的始祖。

那么,张廷芬、沈性空为何探访罗浮山,寻求在此设置祖庭呢?先天道的道统,第一祖为菩提达摩,配以神光二祖、普庵三祖、曹洞四祖、黄梅五祖、慧能六祖等中国禅宗的祖师。如王承文所述,罗浮山与中国禅宗的发展密切相关,普庵(僧璨)也曾以传教为目的探访罗浮山,作为先天道的信徒,罗浮山是其始祖曾经探访过、留有遗迹的纪念之地。又,先天道重视基于内丹的身体修炼,在葛洪炼丹、南宗金丹道道士白玉蟾也曾探访过的罗浮山结庵作为活动的据点,该是一种夙愿吧。笔者未能亲见,据说马来西亚槟城的东初派系大圆佛堂所藏的《无极传宗录》(光绪丁亥年,济一堂性空敬刊)中,有沈性空从东初祖"掌盘"(成为后继者)后,"筑精舍于罗浮,丹灶烟起""稚川之迹,远追达磨之来"[①]的记载。[②] 张廷芬与沈性空将据点定于罗浮山,很明显是对始于葛洪、达摩祖师等禅师的事迹系念在心。

1907 年马小进(1888—1951,名小进,号退之)探访罗浮山。在他的游记《罗浮游记》中,有关朝元洞及该处建立的一中精舍记载如下。马小进是广东台山人,曾参加同盟会,辛亥革命后为国民党众议院议员。如马氏后面所述,他与一中精舍的住持王裕安交往密切。

> (朝元洞)清为居民杨氏种茶荒地。沈性空游观至此,乐其清静,喜而购之,乃构一中精舍,仅得栋宇数椽,以崇佛祖。汩乎其徒鞠会通倡修葺扩充之,议躬亲下山捐未成而逝。及其徒王裕安黾勉任劳,玉成厥志。[③]

这里出现的鞠会通,《庆祝表文》中称为"鞠翁",香山县(今中山县)人。因缘巧合与沈性空结识,成为其弟子,作为沈祖师的助手,在国内外奔走传教。[④] 鞠会通又提倡扩建狭窄的一中精舍的房舍,下山募捐,心愿未遂而逝。后来,鞠会通

---

① 此处原有两句引文的日文译文,今略去。——译注

② 王琛发:《重新发现青莲教最早在南洋的流传(上)》,《孝恩杂志》(http://www.xiao-en.org/cultural/magazine.asp? cat=34&loc=zh&id=1795,2013 年 5 月 25 日阅览)。

③ 马小进(骏声):《罗浮游记》,出版地不详,奇雅引务局,1909 年。

④ 《庆祝表文》(朝元洞藏版,光绪二十年),第 49—50 页。

的弟子王裕安四方奔走，使其志愿得以实现。

位于罗浮山西南的朝元洞，如前所述离酥醪观并不远，那么陈铭珪是否对朝元洞一中精舍的事情有所了解？陈铭珪在《浮山志》中，全然未曾提及有关朝元洞、一中精舍之事。陈铭珪之子陈伯陶在《罗浮指南》中记道，"（华首）台之西有朝元洞。近代长斋者居之"，则朝元洞中有长期吃斋者居住生活应当是知道的。[①]但如此淡漠的记录，可知酥醪观与一中精舍之间几乎没有什么来往。

清末的一中精舍规模如何，定期举行哪些活动，我们几乎一无所知。比较清楚的一点是，这里刊刻发行了许多道书、善书之类。胡志明市光南佛堂收藏的许多朝元洞藏板的道书中，仅就笔者所见，有《原道正义论》《樵阳经》《玉露金盘》《玉皇洪慈经》等，包含了清末流通的与先天道关系密切的修炼、内丹类书籍。[②]

一中精舍也进行扶乩活动，定期或不定期尚不清楚。澳门名胜大三巴后面的福庆街中，与包公庙、医灵庙相邻有吕祖庙，此处曾经有供奉吕祖的道教结社称为"吕祖仙院"。庙内保存的光绪十九年（1893）的石碑碑文如此记载：

> ……（吕祖纯阳帝君）乃于光绪庚寅春元旦花宵，降坛于罗浮山朝元洞一中精舍，乩示要在澳建立仙院行台一所，普济众生，以收修士。时有吾师在侧，道号戴灵山，乐承其任，发簿金山外埠捐签，共得白金五百余员。至辛卯春，余承师命下山，来澳倡建。……粤西藤邑院中住持后学子嘉吴德靖敬撰。……[③]

碑文撰写者吴德靖是广西省藤县人。这一节碑文显示出，设立吕祖仙院的契机，是在光绪庚寅年（1890），吕祖降于罗浮山朝元洞一中精舍的乩坛，指示在澳门设立仙院，救度众生，接纳修士。在一中精舍与吴德靖一起接受乩示的是其师戴灵山，戴灵山从旧金山的华侨那里募集捐款白银五百余元。吴德靖奉师命（此处不清楚"师"是指吕祖还是戴灵山）下罗浮山，赴澳门设立并住持吕祖仙院。吕祖仙院的碑文显示出罗浮山的一中精舍聚集了岭南各地的信徒，不时扶乩向降临的神灵请求指示。

---

① 陈伯陶：《罗浮指南》（收入明陈琏撰、民国九龙真逸（陈伯陶）补之《罗浮志补》中），《中国道观志丛刊》第 36 册，南京：江苏古籍出版社，2000 年，第 7 页。

② 关于光南佛堂收藏的道教文献，最近以武内房司为代表的研究团队进行了调查。三竹内福志：《根植于越南的天道的诞生：论名士堂的建立》，《东南亚大陆宗教跨界现象研究（第 22251003 期）22 财年～24 财年研究补助金（A）结果报告》，2013 年，第 175—186 页。

③ 游子安：《澳门地区道堂侧记》，《台湾宗教研究通讯》第三期，2002 年，第 86—87 页。

光绪年间,担任一中精舍住持的是鞠会通的弟子王裕安。光南佛堂所藏《庆祝表文》中裕安祖师的表文,有如下一段文字:

裕安祖师表,十一月初九生辰,九月十三日成道。恭祝道行祖师,良辰寅维。祖师家传香积,心超五蕴之空,秀挹梅州,吕拔群伦之萃。故自暹邦居隐,东祖即授以真传,槟埠开荒,道宗益欣其竭力。顶任锡于沈祖,外洋调度咸宜。叶职赐自鞠翁,各埠之维持尤至。识高力定,扶鞠祖而道运遂亨,眼慧心空,舍身财而道场辟。续鞠翁之统任,作中外之梯航。朝元洞重新殿宇,道舍从此增辉。极乐洞开创基图,原文赖兹修隐。……[1]

根据以上记述,王裕安出生于梅州,生活在泰国,与东祖相遇,得授真传,在槟城活动传教,为先天教的扩大作出了贡献。不久之后,他接受沈性空祖师的任命,到海外从事传教,为维持各据点出尽全力。他也辅佐鞠会通祖师,投入私财开辟道场,继鞠翁之后联系中外,重修朝元洞殿宇,进而在香港创立极乐洞。[2] 推测极乐洞创建以后,王裕安当频繁往来于罗浮山与香港之间。

## 罗浮山之旅

王裕安于 1908 年 9 月在香港岛筲箕湾极乐洞去世。《罗浮游记》的作者马小进,在香港岛赤柱的寓所"梦奇楼"接到了讣告。王裕安的遗体将葬于罗浮山,因要用船运送遗体,极乐洞的道侣邀请马小进同行。马小进当时是 20 出头的年轻人,前一年秋天新婚妻子突然病逝,在失意中消遣时日。马氏希望能借罗浮山之行疗愈悲痛的心情,决定一同前往。[3]

20 世纪初,从香港至罗浮山是怎样的行程,需要几天时间呢?《南京条约》签订之后,香港岛被割让出去,广州是条约规定的开放港口,香港与广东相连的珠江、西江、东江上开始有欧美资本的航运公司用蒸汽船经营航运。19 世纪末,香港至广州间、香港至西江方面有大型的定期观光船在运航。

极乐洞道侣与马小进一行在农历十一月三日,于香港岛牛桥码头登上了为

---

① 《庆祝表文》(朝元洞藏版,光绪二十年),第 115 页。

② 据游子安,极乐洞于 1905 年由罗浮山朝元洞弟子吴道章(俗名锦泉)与其同仁创设。吴道章为广西北海人,1920 年与同仁王道深一起在越南胡志明市创设光南佛堂。见游子安:《20 世紀、先天道の廣東・香港からベトナムへの傳播と變容》,第 299 页。

③ 马小进:《罗浮游记》,出版地不详,奇雅引务局,第 1 页。

运送王裕安遗体特别租赁的“广利小汽船”公司的船舶。船出发不久穿过鲤鱼门进入珠江口，驶入南宋政治家文天祥诗中有名的零丁洋。船再溯珠江而上，穿过鸦片战争的舞台虎门，由珠江进入东江。当天晚上在东江左岸的新塘镇下锚，在船上度过一夜。四日清晨出发，船驶入支流，经过人所共知的水乡地带增城县大墩村，到达时正值潮末水浅，船无法前进。午后三时满潮，船再次进发，傍晚时总算到达增城县仙村。

五日黎明，到达东莞县石龙镇，一行人下了船。此后一行人乘轿向罗浮山下的市镇——博罗县福田镇前进。午后三时半，在义冈村某一庙前休息时，女孩们好奇地聚集到了身着英国风格旅行西装的马小进身边。下午四时半，到达福田镇。一行人受到了福田镇团防保安分局的两位绅士的接待，当天夜里在他们的劝说下宿于福田镇。

六日清晨，一行人由福田镇出发，渡过待仙桥，登山向朝元洞行进。午后到达朝元洞，通过悬挂着刻有“朝元洞”三个字门额的山门，然后进入悬挂着“一中精舍”门额的建筑，放下行李。有杨姓的道侣在此迎接，招待以茶和点心。①

午后在朝元洞周边漫步，当夜宿于一中精舍。七日早晨，马小进登上华首台，走访黄龙洞，然后以朱明洞的冲虚观为目的地。下午在冲虚观及其周边散步，虽有意去酥醪观，但因已到了下午四时，当日便在冲虚观住宿。八日早晨去向酥醪观，在那里住宿一晚，九日再次回到朝元洞。十日清晨，马氏从朝元洞下山到福田镇，在路上给予关照的绅士家休息。此后，骑马经过六里的路程向石龙转移，入夜时到达石龙。十一日黎明，由石龙镇乘坐到广州的渡船，在广州换乘汽船，夜间回到香港。②

## 现在的朝元洞(南楼寺)

2012 年 9 月 10 日，我们一行由福田镇向朝元洞前进。当然与马小进探访的时代不同，我们是乘车在铺设好的道路上前行。坡道的途中，可以看到利用山的斜坡建造的大规模的墓园。乘车不到一个小时，就到了朝元洞、现在为人所知的南楼寺用地的入口处。

说实话我们并没有太多期待，但是发现此处依然略微保留了一些表明一中

---

① 马小进:《罗浮游记》，第 2—5 页。

② 马小进:《罗浮游记》，第 5—20 页。

精舍曾经存在的痕迹，即嵌入大雄宝殿台基上的“一中精舍”石额（清光绪年间邓佐槐书）和嵌入台阶的石刻对联。对联已经风化，勉强可以读出“尘氛不到精修地，兰宇新开古洞氰”的文字。

关于寺的由来是否有什么碑文或简介呢？进入客堂，看到墙上贴着数张褪色的彩色照片。仔细看来，其中有一张南楼寺建立之前存在的建筑物和石门的照片，拍摄内容就是刚刚提到的“一中精舍”石额和对联。此外，还有一张一名僧人在刻着“朝元洞”的山门前的纪念照。

现在南楼寺残存的一中精舍石额

为了了解更多的详情，笔者向几位在外面的商店中一边折着纸钱一边聊天的妇女寻问南楼寺的历史。妇女们似乎是来寺里帮忙的志愿者，她们几乎不了解该寺的历史，但帮忙联系了正在午休的师父，等待的间歇带我到了紧临寺后的溪谷边。长满青苔的岩石间涌出的水很凉很清澈，妇女说用这个水泡的茶非常甘美。大概马小进等人也曾站立在这水边品茶吧。

过了一会儿终于到来的南楼寺住持，仅说了梁代的延祥寺、唐代的南楼寺和怀迪禅师等一般性的知识，而对一中精舍则一无所知。住持是浙江人，在天台山修行。问及照片的事情，他说在“朝元洞”山门前拍照的人正是自己，是 1995 年刚到这里之时所拍。1995 年的时候，一中精舍的建筑如同废墟，里面神像之类的也没有残留下来。大概是 1950 年代时一中精舍被视为“会道门”之一，所有的活动被迫停止，信徒逃去了香港或南洋地区。估计此后内部神像、经典破败，就被随意地拿出毁掉了。1995 年南楼寺重建时，仅剩下的建筑也被拆毁了。

嵌入台阶中的对联

朝元洞山门(1995年)

笔者又询问是否知道一中精舍的事情。住持说,听住在周边的老人讲,鸦片战争以后,朝元洞似乎成了英国人来探访避暑的地方。于是住持一边强调"终究是我的推测",一边说,"一中精舍可能是中国人或者英国人为了修行而聚集的某种教堂之类的地方"。①

鸦片战争之后,到沦为英国殖民地的香港岛及其腹地的广东等地探访的欧美商人、观光客、传教士等急剧增多。尤其是罗浮山,如前所述,是采集珍稀植物带回国的植物搜寻者和植物学家们之间广为人知的名胜之地,偶尔见到欧美旅行者的身姿绝不是不可思议的事情。他们不同容貌、服装的身姿很是稀奇,也吸引了当地人们的目光。如此来说,与身着英国风格旅行西装的马小进被小孩子围绕的事情综合起来考虑,身着洋装的旅行者不限于欧美人,其中也肯定混杂有香港人、外国归来的华侨等等。

朝元洞的一中精舍,与从西樵云泉仙馆开始的、当时广东各处名胜陆续出现的"仙馆"一样,不难想象兼具慕道人士聚集的道学沙龙与高级隐居设施的性质。只是稍微有些意外的是,在当地人们的回想中,还兼为奇装异服的外国人、从外国归来的中国人的集中避暑之地。残留在人们记忆中的朝元洞,不仅与先天道这样的民间宗教教派名联想出来的秘密结社的氛围、严格的戒律、深奥难懂②的宗教仪式全然不符,反而感受到的是现代的、开放的氛围。

笔者在以前的论文中,对聚集于先天道岭南道派最大的仙馆——清远县飞

① 基于2012年9月10日访问南楼寺期间的听闻。

② 原文为エソリテック,含意不明,疑为エソテリック(esoteric)之误。——译注

来峡的飞霞洞仙馆的信徒们作过如下分析：

> （飞霞洞的信徒们）属于具备儒家教养的地方精英层，对道教、佛教的教义、实践，特别是道教的内丹说有着强烈的兴趣，但同时也兼有积极地接受近代思想、新技术的灵活性。因为他们多数居住在香港、广州等现代城市，充分享受到了殖民地政府、民国政府推进的现代主义文化。[①]

较早就在南洋地区进行传教活动，频繁往来于香港、澳门等地的东初派信徒们，或者说不只是飞霞洞仙馆的信徒，可能接受了殖民地、沿海城市等现代城市文化，具有现代主义的一面。关于东初派的思想不明之处很多，但今后通过进一步阐释东初派的文献、信徒相关研究的进展，期待融传统与现代为一体的近代岭南道教思想的这一层面能够变得清晰明朗。

## 结语

本文列举了两例以近代罗浮山为根据地进行活动的道教人士的相关活动，即酥醪观与陈铭珪，以及朝元洞一中精舍与先天道东初派的信徒们。陈铭珪为酥醪观的复兴及广东—香港地区的全真教龙门派身份认同的确立作出了巨大贡献，先天道东初派以朝元洞一中精舍为据点，确立了联结香港、澳门、广东与南洋地区的世界性的网络。在对历史积累下来的罗浮山丰富的宗教文化资源的重新认识、复兴，进而赋予其新的意义这一点上，这二者是共通的。在罗浮山新开发的据点，不仅成为从广东省、围绕广东省的周边地区，乃至从海外地区，将人员、资本、信息等聚集起来的场所，从而产生了新的道教社区，新的人才、知识层出不穷。罗浮山在近代岭南道教史中所起的作用，应该重新加以研究。

① 志贺市子：《先天道岭南道脉的思想和实践——以广东清远飞霞洞为例》，《民俗曲艺》（财团法人施合郑民俗文化基金会），第173期，2011年，第50页。[原文注为（志贺 2012：50），但文末参考文献中无发表于2012年者，从内容相关性推测，2012当为2011之误。——译注]

# 遇见天师*

裴凝(Benjamin Penny)　著

朱明川　译

**作者简介**:裴凝(Benjamin Penny),澳大利亚国立大学(The Australian National University)文化、历史与语言学系教授。

**译者简介**:朱明川,澳大利亚国立大学文化、历史与语言学系博士研究生。

清光绪六年(1880),英国驻广州领馆的外交官庄延龄(Edward Harper Parker,1849—1926)见到了张仁晸(1820—1882)天师。据说自祖天师张道陵始创正一盟威大道,天师之位在张氏家族内部代代相传从未断绝,传到张仁晸时已是第六十一代。[①] 庄延龄在二十年后回顾起这次见面:

> 大约在耶稣基督受难升天的那两年,有一个名叫张道陵的人,是老子之后道教的又一先知。据说他在江西龙虎山"升天"(我在1884年2月从福州到温州的旅途中经过江西时几乎可以眺望到龙虎山)。张道陵的后人在历朝历代时显时卑,据说他们的魂魄会通过一种类似于转世的方式代代相传,就像西藏的喇嘛们的灵魂一样。清王朝对他们并不重视。在1742年,当时的天师甚至被剥夺了官阶品级;直到1747年,乾隆皇帝考虑到张天师家族的宗教地位,才复授予天师五品官阶以示尊重。
>
> 在1880年,这位世袭的"教宗"张仁晸正式出访广州,我前去参观了他的行船。中国官员完全忽视了他,他们看待张天师就像我们看待吉卜赛人和江湖郎中一样。张仁晸天师的着装和其他汉人官员并无差别,但他有一种宁静祥和、超然物外的神情,且举止得体。他看起来大约四十岁,自称是第六十一代天师。人们通常称他为"张天师";但他的官方头衔是"正一大真

* Benjamin Penny, "Meeting the Celestial Master", *East Asian History*, 1999(15/16), pp.53-65.

① 关于道教内部视角下的张仁晸生平,见傅勤家:《中国道教史》,上海:商务印书馆,1937年,第93—94页,其中收录了六十二代天师张元旭所著的《补汉天师世家》,内有张仁晸传记。另可参李叔还:《道教要义问答集成》,高雄:同文印书馆,1970年,第153—154页。

人”，这是1739年时清廷赐予张天师的封号。他友善地与我交谈，并说他认识新教传教士艾约瑟牧师（Joseph Edkins，1823—1905）。艾约瑟不仅是传教士，同时也是一位卓越的汉学家，现在仍健在。在我的请求下，张天师为我书符一张。我把符装裱起来，之后带到了重庆，并在仆人张儿的建议下挂在我家中辟邪。此后我们完全忘了这事；但是，在后来的一次暴乱中我幸免于难。我的中国仆人惊叹：“幸好我有先见之明！多亏了这张道教神符救了我们的命！”①

…a certain Chang Tao-ling, born about the time Jesus Christ died, was a later prophet of Taoism [compared with Laozi], and he is supposed to have "ascended into Heaven" upon or from a mountain called Lung-hu Shan [龍虎山] in Kiangsi 江西 (a place of which I was almost in sight on my inland journey from Foochow to Wenchow 温州 in February 1884). His descendants have been alternately honoured and ignored by successive dynasties, and their souls are supposed to pass from one generation to another by a sort of metempsychosis, like the souls of the Lamas in Tibet. The Manchu dynasty has consistently ignored them at court, and in 1742 even deprived them of court rank; but in 1747 Kienlung [乾隆] accorded them buttons (local) of the fifth grade, in consideration of their ecclesiastical status.

Well, in 1880 the hereditary "Pope" Chang Jen-cheng visited Canton in state, and I went to see him in his travelling barge. The Chinese officials ignored him utterly, regarding him much as we regard a gypsy or a

① E. H. Parker, *John Chinaman and a few others* (London: John Murray, 1901), pp.68-69. 庄延龄在1868年到中国供职于英国在华的各个使领馆。1894年，他由于身体健康原因离任回到英国。之后，欧文斯学院（Owens College）为他专门设立了一个讲席，他开始在此担任汉学教授。关于庄延龄的详细生平，见 P. D. Coates, *The China Consuls: British Consular Officers*, 1843-1943 (Hong Kong: Oxford University Press, 1988) 和 T. H. Barrett, *Singular Listlessness: A Short History of Chinese Books and British Scholars* (London: Wellsweep Press, 1989), pp.79-80。不过，T. H. Barrett 认为，庄延龄是一位“高产但绝对平庸的学者（a prolific but resolutely mediocre scholar）”。仆人张儿（Chang-erh）常年服侍庄延龄，事见 *John Chinaman and a few others*. pp.344-347；庄延龄记录的这场暴乱发生在1881年，见 *John Chinaman and a few others*. pp.100-107。

Dulcamara.[1] He was dressed very much like any other official Chinaman, but he had a quiet, passionless, and unworldly look about him, and was very well bred. He appeared to be a man of forty, and said he was the sixty-first in descent. His usual designation is Chang T'ien-shi (Celestial Teacher Chang); but his own official title is that given to him in 1739, *Cheng-yih Ta-chen-ren* [正一大真人] (*verus unus, magnus purus vir*). He spoke to me very kindly, and said he knew the Rev. Joseph Edkins, then a Protestant missionary; —still living, and a distinguished sinologue. At my request he wrote me a "charm," which I had framed. I took it with me to Chungking, and, at Chang-erh's suggestion, hung it in my private "court" to ward off danger. We forgot all about it; but, when I was not killed during the riot, the Chinese said: "Ah! how clever! It was the *Taoist* charm that saved him!"[2]

图 1　仆人张儿 Chang-erh 像

(采自庄延龄 *John Chinaman and a few others* 一书扉页)

---

① 在 19 世纪下半叶的俚语中,江湖郎中被称为"Dulcamara"。这个词来源于多尼采蒂(Domenico Gaetano Maria Donizetti,1797-1848)的歌剧《爱情灵药》(L'elisir d'amore)中的一个角色——招摇撞骗的江湖游医 Dulcamara。此外,他使用的药材苦甜草(bittersweet)也被称为 dulcamara。

② 为了更好地展现 19 世纪西方人描述道教时的用词,在此保留作者所引用的英文原文以及文中繁体汉字。——译注

庄延龄、艾约瑟和下文将要分析的赫斐秋(Virgil Chittenden Hart,1840—1904)之类的传教士,是首批见到六十一代张天师,甚至是历史上任何一代张天师的外国人;但他们显然不是第一批接触到宗教权威世袭传承这一道教概念的人。在1880年之前的至少五十年间,中国沿海口岸城市刊行的报刊以及欧洲人撰写的回忆录、游记中并不缺乏关于道教的记载,这期间在华传教士和使领馆人员很可能已经读到过它们。虽然这一批西方人关于道教的历史、哲学、教义、经典以及一些宫庙的记载中不乏误解与混淆,但是这些误解和混淆也正是一种文化的代表者与另一种对他们来说完全陌生的文化初次相遇时的典型特征。在这种情境下,观察者接触并理解一件新事物的历程,往往并不是用来体现他们所观察的事物的特征,反而更能反映观察者本身的心态。因此,就本文将要分析的这些记录而言,庄延龄、艾约瑟和赫斐秋等人的观察是否准确且符合历史事实并不重要。严格来说,本文并不是一篇关于中国宗教的研究;本文主要分析西人对天师世袭这一中国宗教特色制度,以及对当时在任的六十一代天师的记载,旨在对这些记载提供一些解释,这些解释将聚焦于记录者们的语言、他们使用的特定词汇,以及他们选择的体裁。这些语言、词汇和文体远比关于天师的记载本身更值得分析,前者更能体现出这些记载的受众的文化世界。

本文之所以选择英国人艾约瑟、庄延龄以及加拿大人赫斐秋来进行讨论,不仅是因为他们三人曾亲自见到张仁晸天师,更是由于他们的记录能够呈现他们对张仁晸天师的观感,甚至是对整个道教的认知。在这类话题上,著名的中国宗教研究者苏慧廉牧师(William Edward Soothill,1861—1935)的观点在英文世界颇具代表性,他在1912年写道:

> 无从知晓道教衰落的具体细节。道教没有限制神秘主义元素以追求理性化的探索之路,而是早早地将自己置身于中国哲学和实践的魔法层面。我们不能将这种法术化或巫术化归罪于老子,纵使老庄在道德和精神层面的崇高教诲并不亚于佛陀,但遗憾的是后世的道教徒们,显然无力承袭这般高深的智慧。
>
> 从张道陵的时代起,道士的主要职能就是施展法术创造神迹。张的后代至今仍在担任中国道教的"教宗"一类的角色……正是张道陵,而非其他

人，造成了道教的堕落！[1]

Time fails to tell in detail the downfall of Taoism. Instead of limiting itself to the mysticism of its master, and pursuing its reasonable speculations, it gave itself up, at an early date to the magical side of Chinese philosophy and practice... A charge of wizardry and magic cannot be laid at the door of Laocius [Laozi 老子], and it is a pity that the lofty moral and spiritual teachings of Laocius and Chuang-tzu [庄子], teachings equal if not superior to those of the Buddha, proved beyond the capacity of their successors...

From the days of Chang Tao Ling, whose descendant still rules as Taoist Pope in China, the principle occupation of the Taoist priest has been that of wonder-working... This man, more than any other, was the cause of the debacle of Taoism.

苏慧廉的这段文字清晰地表明，他先是构建出一个道教历史模型，之后基于这一模型来理解张天师家族。这个道教史叙事的模型大致轮廓为：道教的创始人老子是一个理性主义哲学家，他向一群忠实且热衷思辨的门徒传授纯粹的哲学性的教义；老子留下奥妙无穷的《道德经》五千言，之后西去；然而，此后他的徒子徒孙们却开始逐渐淡化他的教导；与此同时，流俗且迷信的种种元素渐渐渗入道教，并扭曲了老子时代原有的教义。按照这种叙事，后来中国民众所信奉的是堕落之后的道教，这与原初的道教几乎没有任何相似之处。因此，道教历史的一个关键转折点出现在东汉，张道陵声称他从已被神化的老子处获得启示。这是第一次有人声称得到老子的“启示”！从此刻起，老子“纯粹”的教义在世间的传承被中断；与此同时，张道陵成为首位能够联通世人与老子的中介。正如这个历史叙事模型所描述的，这位中介声称老子有新的教义，并通过诡计和迷信操弄着愚夫愚妇。这个中介的位置世代传承，统摄着道教教团，即为张天师家族。他们以扭曲过的教义统治者被愚弄的/受蛊惑的信众，却未曾遭受质疑。

---

① W. E. Soothill, *Three Religions of China* (London: Hodder & Stoughton, 1913), pp.80-82. 另见 E. H. Parker, *China and Religion* (London: John Murray, 1905), p.79。庄延龄写道：在公元 147 年登基的汉桓帝喜爱音乐，且热衷于佛道二教的奥秘。为了与佛教竞争，道教(从中国人的观点来看，道教在许多方面与佛教相似，例如，二者都蔑视财富、崇尚民主、谦逊、平和以及自我牺牲的精神)开始逐渐从严苛的旧模式中退化，道教不得不在第一任道教“教宗”的领导下以大众化的方式自我重塑。这类“教宗”制度存续至今。当下关于这段道教史的最佳总结性论著可参 Isabelle Robinet (trans. Phyllis Brooks), *Taoism: Growth of a Religion* (Stanford, Calif.: Stanford University Press, 1997)。学界对于老庄与道教的关系至今尚无定论。

早在 1735 年法国耶稣会士杜赫德(Jean-Baptiste Du Halde,1674—1743)所著的《中华帝国全志》(*Description Géographique, Historique, Chronologique, Politique, et Physique de L'Empire de la Chine et de La Tartarie Chinoise*)中有“道士的教派”(De la Secte des Tao sseë)一文,也存在同样的叙事:

> (老子)这位哲学家和他的弟子们的道德观与伊壁鸠鲁派的道德观并无不同:它包括避免强烈的欲望和激情,以免扰乱心灵的平静与安宁;根据他们的说法,每一个智者的注意力都应该放在无忧无虑地度过他的一生;为此目的,永远不要反思过去,也不要急于探索未来。①
>
> The Morality of this Philosopher and his Disciples is not unlike that of the *Epicureans*; it consists in avoiding vehement Desires and Passions capable of disturbing the Peace and Tranquillity of the Soul; and according to them, the Attention of every wise Man ought to be, to pass his Life free from Solicitude and Uneasiness, and to this end never to reflect on what is past, not to be anxious of searching into Futurity.

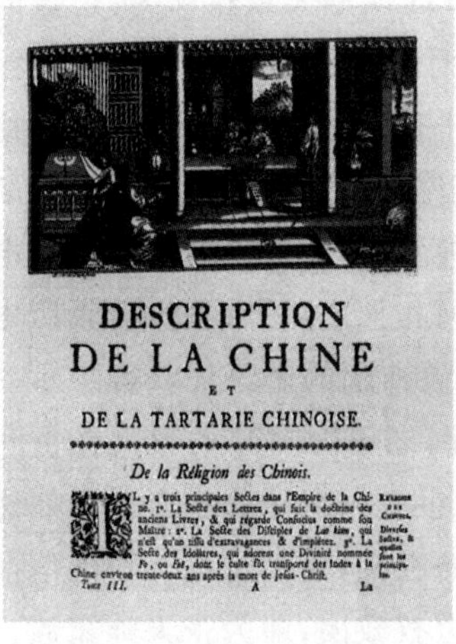


图 2　荷兰海牙 Henri Scheurleer 出版社 1736 年版《中华帝国全志》卷三中关于中国宗教的章节的首页

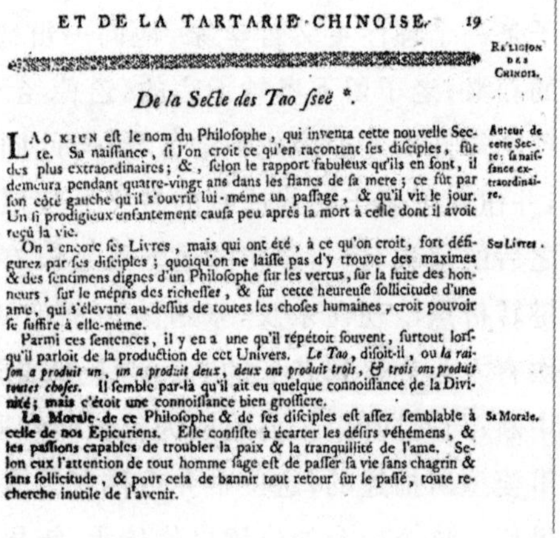

ET DE LA TARTARIE CHINOISE. 19

RELIGION DES CHINOIS.

*De la Secte des Tao ſseë *.*

LAO KIUN eſt le nom du Philoſophe, qui inventa cette nouvelle Secte. Sa naiſſance, ſi l'on croit ce qu'en racontent ſes diſciples, fût des plus extraordinaires; &, ſelon le rapport fabuleux qu'ils en font, il demeura pendant quatre-vingt ans dans les flancs de ſa mere; ce fût par ſon côté gauche qu'il s'ouvrit lui-même un paſſage, & qu'il vit le jour. Un ſi prodigieux enfantement cauſa peu aprés la mort à celle dont il avoit reçû la vie. Auteur de cette Secte: ſa naiſſance extraordinaire.

On a encore ſes Livres, mais qui ont été, à ce qu'on croit, fort défigurez par ſes diſciples; quoiqu'on ne laiſſe pas d'y trouver des maximes & des ſentimens dignes d'un Philoſophe ſur les vertus, ſur la fuite des honneurs, ſur le mépris des richeſſes, & ſur cette heureuſe ſollicitude d'une ame, qui s'élevant au-deſſus de toutes les choſes humaines, croit pouvoir ſe ſuffire à elle-même. Ses Livres.

Parmi ces ſentences, il y en a une qu'il répétoit ſouvent, ſurtout lorſqu'il parloit de la production de cet Univers. *Le Tao*, diſoit-il, ou *la raiſon a produit un, un a produit deux, deux ont produit trois, & trois ont produit toutes choſes.* Il ſemble par-là qu'il ait eu quelque connoiſſance de la Divinité; mais c'étoit une connoiſſance bien groſſiere.

La Morale de ce Philoſophe & de ſes diſciples eſt aſſez ſemblable à celle de nos Epicuriens. Elle conſiſte à écarter les déſirs véhémens, & les paſſions capables de troubler la paix & la tranquillité de l'ame. Selon eux l'attention de tout homme ſage eſt de paſſer ſa vie ſans chagrin & ſans ſollicitude, & pour cela de bannir tout retour ſur le paſſé, toute recherche inutile de l'avenir. Sa Morale.

图 3　De la Secte des Tao sseë 一文所在的第 19 页

① J-B. Du Halde, *The General History of China* (London: J. Watts, 1741), vol.3, p.30. 关于杜赫德和他基于法国耶稣会传教材料编辑的这一巨著,可参 Paul Rule, *K'ung-tzu or Confucius? The Jesuit Interpretation of Confucianism* (Sydney: Allen & Unwin, 1986), pp.185-187。关于《中华帝国全志》的编辑过程,可参 John West, *Western Books on China Published up to* 1850 (London: Bamboo Publishing, 1987), pp.3-5。

杜赫德认为，世人的困扰主要源自对死亡的恐惧，他写道“他们吹嘘发明了一种能够让人饮后永生的琼浆”[1]。而道教正是围绕这类追寻长生的做法发展起来的：

到唐代时，皇帝赐予这一教派的首领“天师”的尊号，“天师”即“天医”，历任掌教都拥有这一尊号。他们居于江西的一个小镇上，那里有一座宏伟的宫殿。人们从左近的省府州县涌向这里，为他们的疾病寻找适当的治疗方法，并试图了解他们的命运和未来。当他们收到天师赐予的神符时，便心满意足地离开，从不抱怨他们为这奇异的恩典付出了多少银子……

这些道士将当时本不为人所知的一众神灵引入帝国，道士们赋予这些神灵至高无上的神性，并以“上帝”命名他们；道士们甚至神化了一些古代君王，也将他们奉若神明。

随着时间的推移，这个可恶的教派一方面博取王公贵族的宠幸，另一方面又以惊奇或恐怖的印象恐吓民众。

他们的掌教与恶魔签订的契约、他们的占卜数术、以及他们法术令人惊讶的成效都让大众着迷。道士们极度偏爱这些伪神，常召请这些伪神用于治病驱邪。

道士们向这类黑暗的邪灵献祭了三种受害者：猪、鱼和鸟；他们把插在地上的木桩作为护符，在纸上画出奇怪的图案，在画的过程中还伴随着痛苦扭曲的表情和惊悚的叫喊声。[2]

until, under the Emperors of the Dynasty of *Tang*, they gave the Ministers of this Sect the honourable Title of *Tien sseë*, that is *heavenly Doctors*... The Successors of the Head of this Sect are always honoured with the Dignity of Chief Mandarins, and they reside in a Town of the Province of Kiangsi where they have a magnificent Palace. A great Concource of People flock thither from the neighbouring Provinces to get proper Remedies for their diseases, and to learn their Destiny, and what is to happen in the remainder of their Lives, when they receive of the *Tien sseë* a Billett filled with Magical Characters, and go away well satisfied without complaining of the Silver they pay for this singular favour...

---

① Du Halde, *General History*, p.31.

② Du Halde, *General History*, pp.32-33.

These *Tao sseë* were the Persons who introduced into the Empire the multitude of Spirits till then unknown, whom they revered as Deities independent of the Supreme Being, and to whom they gave the Name of *Chang ti* [上帝]; they even deify'd some of the ancient Kings and paid them divine Homage.

This abominable Sect in time became still more formidable by the Protection of the Princes, and by the Passions of the Grandees whom it flattered, and by the Impressions of Wonder or Terror that it made upon the Minds of the People.

The Compacts of their Ministers with Demons, the Lots which they cast, the surprising Effects of their Magical Arts infatuated the Minds of the Multitude; and they are still extremely prejudiced in their Favour; these Imposters are generally called to heal Diseases, and drive away the Demons.

They sacrifice to this Spirit of Darkness three sorts of Victims, a Hog, a Fish, and a Bird; they drive a Stake in the Earth as a sort of a Charm, and trace upon Paper odd sort of Figures, accompanying the Stroke of their Pencil with frightful Grimaces and horrible Cries.

很难摆脱这样的印象:19 世纪初旅居中国的欧洲人每人带着一本杜赫德的《中华帝国全志》——该书是彼时西人或直接或间接地了解中国的几大基础读物之一①——所以杜赫德的观察常常被不加批判地重复。然而,随着更多、更成熟的观察者记录下他们的见闻(也许所闻比所见更重要,因为他们已能听得懂汉语了),他们对杜赫德的依赖变得不那么明显。他们不再被这过时的权威吸引,开始创造一种新的叙事模型。然而,尽管许多 19 世纪的西方观察家对中国宗教,特别是道教做了非常好的探究,但要形成一个关于道教的叙事模型并不容易。

一些最好的观察者是传教士。当然,对他们来说,解决中国人到底信仰的是什么的问题具有现实而紧迫的重要性。如果要拯救中国数以百万计的灵魂,就必须先努力探索他们原有的宗教信仰,以便更好地向他们传达基督教神的旨意。

① 这类书还有 B. G. A. Grosier, *A General Description of China* (London, 1788), W. Winterbotham, *An Historical, Geographical, and Philosophical View of the Chinese Empire* (London, J. Ridgway, 1795)和二卷本的 H. C. Sirr, *China and the Chinese* (London: Wm. S. Orr, 1849)等。

他们对所见的中国宗教了解不多，但同时又对自身的业务能力有绝对的把握。他们往往不仅对亚伯拉罕系的一神教十分了解，而且还对他们以前在书中遇到过的、用西方语言记录的亚洲宗教有深入探究。因此，当外国人，特别是传教士，遇到他们此前不知的宗教现象时，他们会优先求助于他们此前所知的术语、象征物和图像，这也是可以理解的。

因此，虽然从某种意义上说，庄延龄和他之前的其他人将张天师世系称作"道教教宗"的表述并不引人注目，但从另一种意义上讲，"道教教宗"这一术语远非中立。对于英国新教徒来说，罗马教宗是近在咫尺的代代传承的明显例子，但是对于这些作家及其目标读者来说，这类术语充满了宗派意义。当他们将天师和罗马教宗相提并论时，人们对天师之于道教的尊重程度与对教宗之于基督宗教的尊重程度都会被误导。①

老子的道教被认为是纯粹的、理性的、原汁原味的道教，就像新教一样；而后来的天师的道教则被认为是堕落的、迷信的、被稀释过的道教，就像罗马天主教一样。②

但在其他方面，"教宗"一词的使用情况却令人惊讶。在张仁晸的前任承袭天师之位的这一年，庄延龄在著作中展示了他对"正一天师"这一官方头衔的了解，并且隐约表示他知道天师的主要任务之一是画护身符。他还描述了祖天师张道陵故事的大概框架、张道陵升天的地点以及张天师家族与清廷关系的一些

---

① 19世纪的新教作家对佛教并不友好，经常谴责佛教是"偶像崇拜"，因此把佛教和罗马天主教归为一类。Murray 和 Crawfurd 等人更是直接地说："罗马传教士对这种(中国佛教的)仪轨与他们自己的礼仪之间的巨大相似性感到无比震惊。因此，这些人的宗教都只是很肤浅的，以至于几乎看不出任何区别。然而，值得注意的是，新教徒也会认为中国佛教和天主教的一些相似特征都是不可接受的，因为后者的这些行为并无《圣经》上的依据。例如，中国佛教和罗马天主教都要烧香，且崇拜神像，尤其是一种名为'宇宙之母'[universal mother(此处应当指的是观音。——译注)]的抱着孩子的女神，与圣母玛利亚十分相似；此外二者都有大量的修道院，男女神职人员需要出家，离世断俗；二者的教团首领也都佩戴念珠，穿着用绳子固定的粗布礼袍。" *An Historical and Descriptive Account of China*, vol 2 (Edinburgh: Oliver& Boyd, 1836). Henry Charles Sirr 也有类似的表述："我们对中国佛教徒和罗马天主教会采用的礼拜方式的相似性感到特别震惊；他们都在仪式中使用大众不能理解的语言，仪式中神职人员在祭坛前走来走去，以极快的速度说着含混不清的话(原文为 numbling，疑为 mumbling。——译注)，使用许多鞠躬和跪拜动作，每隔规定的时间便摇响手铃……无论是天主教的司铎还是佛教的和尚，都是一群放荡、堕落、无知的人。" *China and the Chinese*, vol 2, p.170.

② 某些罗马天主教作家完全不能接受用"教宗"一词来称呼天师。例如，何赖思(Charles de Harlez, 1832—1899)在"La Papaute et les Papes Tao'iste" [Science catholique (1891), pp.889-905]中明确反对使用"教宗"一词，禄是遒(Henri Doré, 1859—1931)在《中国迷信研究》(*Recherches sur les superstitions en Chine*, vol. 9, Shanghai: T'usewei Printing Press, 1915)中也表达了同样的立场。罗马天主教的回应将在下文中展开更详细的讨论。

细节。最后，在某些方面颇具启发性的是，庄延龄将张天师世系的传承与西藏喇嘛的转世等同起来。他在此表明，天师世系的传承特征其实根本就不像罗马教宗，但他仍然将张仁晸称作道教的“教宗”。

但是，庄延龄的表述又有些模棱两可。他将天师称作道教教宗时在“教宗”二字上加了引号。之所以使用引号，是因为他在使用这个词时是内心存疑或者不安的；显然，他仍然担忧道士（甚至可能是罗马教宗?）毕竟还是拥有一些他不可知的强大法力。庄延龄在这段话的开头强调了张仁晸和前任天师的无依无靠处境，并将之视为一个行政问题：清政府忽视了他们，“并于 1742 年剥夺了他们的官阶品级”；五年后，仅仅是出于“考虑到他们在教内的地位”，朝廷才又默默恢复了他们的官阶。现任的张仁晸天师被当地官员“完全”忽视，庄延龄认为地方官对待张仁晸的态度“就像我们对待吉卜赛人或江湖郎中一样”。然而，庄延龄又以一种介于严肃与调侃之间的语气暗示，张仁晸天师画的符似乎拯救了他的性命。如此转折的表述实在是有些出人意料，在庄延龄这个英国官员的语气中似乎有着隐含的深意：虽然张仁晸看上去着装平常，安静冷漠，不谙世事，却富有教养，好奇心强，但是仅凭一次官方场合的接触恐怕无法了解真实的张仁晸，他对张仁晸的解读是十分仓促的。

1879 年，即庄延龄在广州与张仁晸交谈的前一年，加拿大传教士赫斐秋在《教务杂志》(*The Chinese Recorder and Missionary Journal*)上发表了一篇题为“苍天的老师”(The Heavenly Teachers)的文章。赫斐秋在文中描述了他访问龙虎山的经历。期间他还见到了第六十一代天师张仁晸。

图 4　赫斐秋与峨眉山住持和尚的合影，

［采自 E. I. Hart, Virgil C. Hart, *Missionary Statesman* (New York: Hodder, 1917)］

该文的前半部分总结了祖天师张道陵的家世，出生前后的异象、生平，以及祖天师123岁"升天"之后的后代天师世系；后半部分描写他与张仁晸的会面情景，以及龙虎山的宫观。在前半部分行文即将结束时，赫斐秋开始描述龙虎山的地理位置以及他龙虎山之行的起点，从而引出下半部分的内容：

下午四点时，我们走进了那个美丽的小山谷，它长约二十一里，被周围低矮的群山环绕。山谷的窄处不过三百英尺宽，然后宽处则足有一千英尺。在野生的李子树和杨柳翠竹的簇拥下，一条小溪穿过山谷，此间景色最为怡人。我们离王(King)和他那无上的宫殿(supreme palace)只有二十九里地，这位老师(teacher)和他的衙门(Yamen)就在彼方。此间的一切情境都给我留下一种神秘感，周围的小丘山形奇异，映射在落日余晖下，呈现出古怪的形状，这让我们意识到，我们正在靠近那伟大魔法师(great sorcerers)势力的源头。我们经过一些装满了雕版印刷的卷轴的篮子。那些笔与印章具有魔力，蕴含着世间奥秘，掌控了中国各地万千贫富对不可知的命运的疑惧。毫无疑问，第一任老师曾带领着他的一大群门徒走过我们脚下的这条路。他们四处寻找一个合适的地方，在那里，自然万物之力会联合起来庇佑他们。对于此间的创设者(founder)而言，如果他的目的是让他们的技艺隐秘于世间，那恐怕再也找不到比这里更好的地方了。此外，如果艾赛尼派式(c33cnic)的观念主导了他们的选择，[1]那么这里有洞窟、山岩和几乎无法踏入的隐蔽处，都足以让这些半苦行者(semi-ascetics)忘忧于"尘世"，并于此精炼他们复杂的技艺(intricate arts)。在距离那宫殿尚有八里远时，我们走出原来的美丽小山谷，来到一处宽阔而肥沃的河谷，这里有一条宽阔而湍急的河流，河流源自福建的边缘地带，在这个河谷的下游，虎山的脚下，坐落着这个教团的第一座庙宇(temple)。这些宫殿(palaces)附近的景色非常壮美，远胜我此前在中国所见过的任何风景。难怪这个教团的第一任老师在此地放下了他的魔杖，立起了他的祭坛。在他动身去四川时，他把他的神秘文献隐藏于此，决心使这里成为他的追随者和后代家人永远的隐居地。

It was 4 p.m. when we entered the beautiful little vale, which winds, enclosed snugly by low mountains, a distance of 21 *li*. The valley in places is not more than three hundred feet wide, and widens again to a thousand.

---

① 埃森派(Essenes)是公元前2世纪至公元1世纪的一个犹太教派，以其严格的宗教观念和生活方式而著称。——译注

A tiny stream coursed its way from side to side, fringed by wild plum, willowd and bamboo, presenting a most charming appearance. We were but 29 *li* from the king, and his supreme palace; for the teacher and his Yamen[衙門] are thus designated in this quarter. All the circumstances of the occasion impressed me with a sense of mystery. The fantastic forms that many of the little mountains assumed, and the weird aspect that settled upon every object as the sun went down, brought to mind that we were near the fountain head of the great sorcerers [*sic*] power. Baskets, well laden with printed scrolls fresh from the blocks, passed us. These suggested the magic pen and seals, secreted from the world, but holding in bondage to suspicious fears thousands of rich and poor all over China. Over this road, without doubt, passed the first teacher with his great company of disciples, looking on every hand for a suitable site, where the powers of nature would combine to bless them. If the object of the founder was to keep the arts a mystery from the world he could not have found a better place. If, on the other hand, the essenic idea was dominant in the choice, here are grottoes, rocks and almost impenetrable retreats where those semi-ascetics could mature their intricate arts without annoyance from the "dusty world." Eight *li* from his residence, we exchanged our beautiful little valley for a wide and very fertile one, fed by a wide, swift running river, flowing from the boundaries of the Fookien [福建] province. At the lower end of this valley, was situated the first temple of the order, just at the foot of Tiger mountain. The scenery in the immediate vicinity of the palaces is grand in the extreme, not surpassed by anything that I have seen in China. No wonder the elder teacher here laid aside his staff and erected his altar, and upon his departure for Sz-chuen [四川] secreted his mysterious literature with the full determination of making this an everlasting retreat for his followers and family. ①

在赫斐秋的全文中，这段话把读者从过往历史带回到当下，从初代天师张道

---

① Revd V. C. Hart, "The Heavenly Teachers", *Chinese Recorder and Missionary Journal* 10(Nov.-Dec.1879), pp.445-453, 448-449. 赫斐秋在此将"天师"翻译成"Heavenly Teacher"，即"苍天的老师"。

陵带到第六十一代天师张仁晸。当赫斐秋一行人靠近时任的天师时，他们仿佛在重走祖天师之路，他写道："毫无疑问，第一任老师曾带领着他的一大群门徒走过我们脚下的这条路。"在这种期待的心情中，他又开始展望未来即将见到的人物，他写道："我们离王（King）和那无上的宫殿（supreme palace）只有二十九里地，这位老师（teacher）和他的衙门（Yamen）就在彼方。"这些行文中的用词和称谓值得分析。

在前文所引的段落中，天师被称为"王（King）"，住在他的"无上的宫殿（supreme palace）"里。天师也被称为"老师（teacher）"，有一个"衙门（Yamen）"。衙门是中华帝国晚期地方政府的办公地点，而这通常与老师无关。赫斐秋说他们正在接近"伟大魔法师（sorcerers）势力的源头"，在此后的几句引文中，张道陵被描述为只有《教务杂志》的读者才能联想到的另一位"带领门徒的第一任老师"。接下来，张道陵既被称为"创设者（founder）"，又被视作犹太教艾赛尼派式（essenic）的人物；而张道陵的追随者显然也是践行"复杂技艺（intricate arts）"的"半苦行僧（semi-ascetics）"。赫斐秋写到他和同行者们遇到的第一座建筑是"庙宇（temple）"，但在紧接着的下一句话中，"庙宇"就变成了"宫殿（palaces）"。[①] 与这些丰富且杂糅的用词相一致的是，张天师也成了"大魔法师（great sorcerer）"，他仿佛变成了莎士比亚剧作《暴风雨》中的普洛斯彼罗，"放下魔杖，立起祭坛。（laid aside his staff and erected his altar）"。[②]

在赫斐秋的原文中，"王""老师""衙门"的称谓，让人感到帝国的、教育的、官僚的三种形象相互竞争般地排列着。这种竞争在接下来的两句中继续进行。"魔法师（sorcerer）"和"第一任老师（first teacher）"，前者与魔法和巫术相关，后者则颇具弥赛亚色彩。这些相互推挤的用词似乎表明作者在这片神奇领地的经历含有颇多隐喻：诸如"神秘感（a sense of mystery）""奇异的山形（fantastic forms）""古怪的形状（weird aspect）""源头（fountain head）"等短语，显示龙虎山是一个远离尘世的地带，在那里可以看到神奇的事物，但也营造出一种幽闭的氛围。

因此，天师所居的龙虎山被刻意地想象成一个充满半苦行者的艾赛尼派社区，或是普洛斯彼罗修炼魔法的荒岛，或是一个普通的神秘学实践与魔法教学的僻静场所。但正如笔者希望证明的那样，这些明显不同的表述之间应当存在着

① 道教庙宇常以"宫"字命名，贺斐秋在这里应当是采取了"宫"字的直译。

② 普洛斯彼罗（Prospero）是莎士比亚剧作《暴风雨》中的主人公，他在流落到荒岛上之后用魔法降服众人。——译注

某种联系。

普洛斯彼罗和艾赛尼派看似风马牛不相及，但在19世纪后期的人们看来，二者之间的关系远比当下看来要近。艾赛尼派与法利赛派和撒都该派一样，是耶稣时代前后几个世纪的犹太教派之一。近几十年来，库姆兰的居民点以及该处发掘出的死海古卷让艾赛尼派备受瞩目。不过，在赫斐秋写就该文的时代，有关艾赛尼派的主要资料是约瑟夫斯（Flavious Josephus，37—100）和斐罗（Philo Judeaus，前30—40）的著作，早在19世纪20年代，就已有学者基于此类文献对艾赛尼派开展严肃的学术研究。[①]无论是将艾赛尼派作为一个独特的教派，还是如金斯伯格（Ginsburg）所认为的，艾赛尼派只是法利赛派中最严格的一个分支，禁欲苦行是艾赛尼派的公认特点。艾赛尼社区与世隔绝，严守摩西律法，他们保持一种纯洁、圣洁、并奉献上帝的生活，这被认为能使他们拥有预言和包括驱魔在内的魔法治疗的能力。换言之，艾赛尼派是犹太教的一个版本，但其目的在一定程度上呼应了天师的一些能力。正如金斯伯格所说："在耶稣基督降生时，整个犹太社区被分为三派——法利赛派、撒都该派和艾赛尼派，而每一个虔诚的犹太人都归属于这些教派之一。于是人们便很自然地认为，在所有事情上都遵守犹太律法的耶稣也是教内的兄弟。"[②]这并不是在说基督宗教也是艾赛尼派，只是按照这样的论述，对于耶稣来说，他早期的宗教生活必定会受艾赛尼派的影响。

莎士比亚的《暴风雨》中有一个知名桥段，主人公普洛斯彼罗，他的仆人卡利班（Caliban）口中的魔法师，[③]最终放弃了他所掌握的魔法：

> 但现在我要捐弃这种狂暴的魔术，仅仅再要求一些微妙的天乐，化导他们的心性，使我能得到我所希望的结果；以后我便将折断我的魔杖，把它埋在幽深的地底，把我的书投向不可测的海心。[④]

在针对莎士比亚作品的诸多后浪漫主义批评中，普洛斯彼罗无疑是最具"基督教式"的善良的。1886年，爱德华·道登（Edward Dowden，1843—1913）就表示，"普洛斯彼罗是最高的智慧和道德成就""普洛斯彼罗就像天意一样主宰着一切"，他"和解、宽恕的精神，协调了人们的纷争"。[⑤]在比道登更早的四十余年前，

---

① C. D. Ginsburg, "Essenes", in *The Dictionary of Christian Biography*, ed. W. Smith and H. Wace (1877-1887; reprintd., New York: AMS Press, 1967), pp.198-208.

② 同上，第203页。

③ *The Tempest*, Ill.ii (London: Arden Edition, 1975), p.80.

④ *The Tempest*, V.i (London: Arden Edition, 1975), p.116.（此段译文采用朱生豪译本。——译注）

⑤ E. Dowden, *Shakespeare* (London: Mac-Millan & Co, 1886), pp.150-151.

哈德森(Henry Norman Hudson，1814—1886)认为，普洛斯彼罗有“全人类头脑中最高尚、最宏伟的思想之一”，他“在道德上和智力上都是超自然的”，他的“巫术是知识的巫术，他的魔法是美德的魔法；一切事物都服从并辅助他明智的远见和正直的意志……他似乎确实是一个带有神性的人类，他的思想和目标与真理和正义如此一致，以至于人们可以全然地信服他”。[①]因此，对于这些文学批评家来说，简而言之，在《暴风雨》的世界里，普洛斯彼罗就是纯粹善良的化身，他用超自然的力量指导着那个世界上的一切，但最终，他选择放弃这种力量，回归到凡俗众生之中。

基于上述分析，赫斐秋在行文中认为初代天师像普洛斯彼罗，或像艾赛尼派，或直接称为“第一任老师(first teacher)”，甚至称之为“王”，虽然称谓多样，但它们的指向一致。当然，这种对初代天师的积极正面的解读，与此前提到的庄延龄和苏慧廉的观点是十分不同的。从赫斐秋的全文内容来看，他似乎抗拒使用“原本纯洁的道教走向堕落”这一叙事模型。他含蓄地讲述了另一段历史：“古代作家邵子在谈到老子及其著作时，用下面这句话来描述老子与张道陵的区别——老子得《易》之体，留侯得《易》之用。”[②]据说留侯张良是张道陵的先祖，因此，张道陵也可被视为“纯洁的道教”的继承者和践行者，而非使它堕落的人。

赫斐秋对时任天师的态度也更为复杂。虽然他刚刚写道，天师“掌控了中国各地万千贫富对不可知的命运的疑惧”，但按照他所记录的与张仁晸的会面经历，他遇到的这位天师可没有那般令人心生惧意：

> 在我看来，他身材中等偏上，有一种重要人物的气质，并不拘谨。按照他现在的享乐尺度，我认为他完全缺乏他祖上的那种禁欲清修的精神。他每说完一句话，便有侍童将烟枪递到他嘴边，他托着烟枪，悠长而满足地吞云吐雾。他身着高级官员的官服，和我们想象中的打扮完全不同。我们原以为，一个身居高位并自称能够控制所有邪灵之力的人，在这种公众场合，至少也该穿着一些与他的崇高身份相符的服饰吧。[③]
>
> In person he is more than medium size, with the air of a person of consequence, at ease with himself, and I should judge upon excellent terms with the good things of this life, and wholly destitute of the ascetic spirit

① H. N. Hudson, *Lectures on Shakspeare*, *II* (New York: Baker & Scribner, 1848), pp.7-9.

② Hart, “Heavenly Teachers”, p.445. 邵子即北宋学者邵雍(1011—1077)。

③ Hart, “Heavenly Teachers”, p.451.

many of his forefathers possessed. At the end of each sentence, the little man presented the pipe to his excellency's mouth, and he held it while he took long and gratifying whiffs. His dress was that of a high official, and not at all what we had fancied he would wear. We had thought, that one at the head of a great seat, and professing to have control over all evil powers, would, unless, upon parade occasions, honour his office by a dress in harmony therewith.

显然,张天师世系延续到晚清时已不再是原来的模样了:眼前这一任天师似乎已经沉迷于世俗享乐和鸦片,并在模仿尘世间的达官贵人。对于赫斐秋来说,这是一个令人失望的人,此前他还隐约担忧可能会被天师下咒,在见到天师之后,这种恐惧感很快就消失了。结果,他们的谈话涉及了天师最近的上海之行以及吴淞铁路等不太重要的话题。不过,令他感到欣慰的是,张仁晸向他索要了耶稣的图片。[①]在全文的最后一段,赫斐秋似乎试图为天师开脱,尽可能使他与任何新教徒视角中的异教污点撇清关系:"在我们的印象是,偶像崇拜在该教派中少之又少。"[②]当然,在新教徒看来,天主教也是搞"偶像崇拜"的。

在庄延龄和赫斐秋关于张天师世系的著述中,二者都将与张仁晸的会面作为全文的焦点。二人在文中都提到,张仁晸亲口说过他曾会见了艾约瑟牧师。[③]彼时艾约瑟正在撰写《中国佛教》(*Chinese Buddhism*)一书。在该书的"佛教与道教的大众化"(Buddhism and Tauism in their Popular Aspects)一章中,艾约瑟也探讨了天师制度。不过,与庄延龄和赫斐秋不同的是,艾约瑟根本没有提及他与天师相识。他写道:

据信,在闹鬼的房屋或地方驱除恶魔的能力主要属于道教的世袭领袖张天师,其次才是其他道教祭司。为了驱除恶魔,他挥舞着据说是祖上从汉

---

① Hart, "Heavenly Teachers", p.451.

② Hart, "Heavenly Teachers", p.453.

③ 作者注:艾约瑟(Joseph Edkins, 1823—1905)是知识渊博著作等身的知名汉学家,出版有许多学术书籍、文章,此外他还汉译了《圣经》以及大量近代西方科学著作。他在1866年参与翻译的《北京官话新约全书》(*New Testament in the Mandarin Dialect*)是近代中文圣经的先驱,是和合本圣经出现之前最为通行的译本。艾约瑟早年毕业于伦敦的Coward College,1847年,他在伦敦的Stepney Meeting House被按立为牧师,并在同年抵达上海传教。此后除了1858年至1859年间回英国结婚,以及1873年至1876年间在爱丁堡大学攻读神学博士学位,他余生中的大部分时光都在中国度过。关于艾约瑟的生平,见*A Register of Missionaries, Deputations, etc. from 1796 to 1923*, prepared by James Sibree, (Westminster: London Missionary Society, 1923), pp.62-63。

代传下来的无价传家宝剑。所有的恶魔都惧怕这把剑。剑的主人,这伟大的道教魔法师,可以捕获恶魔,并将它们关进罐子里。这些罐子上有符封印。我听说在江西龙虎山这位巫师领袖府上,有很多排这样的囚禁恶魔的罐子。人们相信他有独特的能量。他的符含有能量。他所挥舞的剑也含有能量。这个道教巫师会用他所谓的魔法天赋给符赋能,使得他的符更具功效。若想获得这个江西大巫师的服务,得付出非常高昂的代价。只有那些能花上千两白银都不带眨眼的富人,才能有这种奢侈的体验——在这个巫师的帮助下,困扰他们的恶魔将被彻底征服。这个巫师的住处叫"真人府"。他被称为"真人",意思是认为他在法力和德行上都已臻完美,他是完美的人。那些受情欲支配的人不能被叫作真人。道教授予人们控制自己和大自然的能力。具备这种能力的人,就被称为"真人"(true man)。"真"字在这里同时包含"真实 true""完美 prefect""理想 ideal"和"最高尚 most elevated"等英文词汇的含义。它比"仙"更高级,但尚不及"圣"。

The power of expelling demons from haunted houses and localities, is believed to belong chiefly to the hereditary chief of the Tauists, Chang T'ien-shi, and subordinately to any Tauist priest. To expel demons he wields the sword that is said to have come down, a priceless heirloom, from his ancestors of the Han dynasty. All demons fear this sword. He who wields it, the great Tauist magician, can catch demons and shut them up in jars. These jars are sealed with a "charm" (fu)[符]. I have heard that at the home of this chief of wizards on the Dragon and Tiger mountain in the province of Kiang-si, there are many rows of such jars, all of them supposed to hold demons in captivity. The wizard himself is believed to be a power. The charm is a power. The sword he wields is a power. The efficacy of a charm is increased by the supposed magical gifts of the Tauist wizard from whom it is obtained. To secure the services of the great Kiang-si wizard is very expensive. Only the wealthy who can expend a thousand taels of silver without being pinched can afford the luxury of feeling quite sure that, by the agency of this wizard, the demons who trouble them are completely subjugated. The residence of this wizard is called Chen-jen fu [真人府]. In giving him the title Chen-jen, the meaning is that he is regarded as having attained perfect power and virtue. He is the ideal man.

Men under the domination of the passions are not called Chen-jen. The Tauist discipline gives a man the rule over himself and over nature. He who possesses this is called a "True man." The word chen, "true," cannot be fully translated into English in such cases as this without embracing the ideas "real,""perfect,""ideal," and "most elevated." It is higher than sien [仙], "immortal," but not so high as sheng [聖], "holy."

……

这个人仿佛掌管了一个虚拟的帝国，他像皇帝一样给其他人封官加爵，有大约三十人组成他的朝臣和高级官员班底。此外，来自各地的不同宫庙的道教徒到他这里寻求晋升。天师授予他们某些头衔职位，并授予他们官印。他们拥有与天师相似的能量，可以如他一般，通过在门上贴符来阻止恶魔进入，从而制服恶魔。张天师以某种"属灵的皇帝"的身份，朝参天上的玉帝。或许这样解释更容易让人明白他所处的位置与职能——玉皇帝是天上的皇帝，而张天师是玉帝在人间的百官之首，他通过一种"表"上奏玉帝。他的职责是用符驱逐恶魔，并用魔剑消灭它们。

This personage assumes a state which mimics the imperial regime. He confers buttons like the emperor. He has about thirty persons constituting his courtiers and high officers. Tauists come to him from various cities and temples to receive promotion. He invests them with certain titles, and gives seals of office to those Tauists who are invested. They have similar powers to his, and can, for example like him, subdue demons by pasting charms on doors, which prevent them from entering. The Chang T'ien-shi, in his capacity as a sort of spiritual emperor, addresses memorials to Yu-ti [玉帝] in heaven. His position will be understood from this circumstance. He is chief official on earth of Yo-hwang-ti [玉皇帝] in heaven, and as such is in the habit of addressing to him "memorials" called piau [表]. His duty is defined as the driving away and expulsion of demons by charms, and their destruct ion by the magic sword. ①

这一段落中，艾约瑟在自己和研究对象之间划清界限。他没有透露他与天

① J. Edkins, *Chinese Buddhism: A Volume of Sketches, Historical, Descriptive and Critical* (London: Trübner & Co, 1880), pp.387-389.

师见过面，而是写道："我听说在江西龙虎山这位巫师领袖府上，有很多排这样的囚禁恶魔的罐子。"大多数读者在此会默认他没有什么特殊的门路去接触天师。如果说赫斐秋的论著属于第一人称叙事文学的写作方式，那么艾约瑟所写的看起来更像是民族志。此外，赫斐秋的行文有一种深入的个人参与感与故事徐徐展开的感觉，而艾约瑟的行文给人的感觉是他只是在鞠躬尽瘁地进行一种纯粹的学术研究，他本人并未出现在文中，这给人以一种相对客观的立场。由此，艾约瑟笔下的天师看起来真的具备令人敬畏的神威，即便他本人并不相信这一点。与赫斐秋相反，艾约瑟的这种行文方式将自己置身于一种相对安全的立场。

天师在艾约瑟的笔下完全被陌生化处理，天师不是"教宗"也不是"老师"，而是道教的首席巫师(chief wizard)。他带领着一群巫师，用他的魔剑和神符与地狱的恶魔作战，其中最强大的恶魔只有他才能击败。这样看来，艾约瑟文中的天师形象远比赫斐秋所写的更容易被当时西方的世俗世界接受。艾约瑟笔下的天师形象至少有一部分是19世纪英国的中世纪主义(Medievalism)的产物，彼时丁尼生(Alfred Tennyson，1809—1892)的《亚瑟王》长诗以及前拉斐尔派(pre-Raphaelites)的画作正大行其道。也是在这个时期，夏洛特·格斯特女勋爵(Lady Charlotte Guest)将威尔士手稿《马比诺吉昂》翻译成英文，[①]这也是许多亚瑟王传说的来源。这些文艺作品中的人物形象无疑影响了艾约瑟和他同时代的其他汉学家们，于是张天师的人物形象不可避免地掺杂了一些当时人们对中世纪巫师的想象。把天师描写得如同英国古时的巫师一般，也更容易让广大读者接受。这使得艾约瑟在行文中一方面可以更详细地陈述天师的种种权力与异能，另一方面又可对它们展开充分的驳斥与批判。此外，这也使得天师如同英国中世纪的神话人物一般，代表着迷信的过往，他是一个人们仍然可能被欺骗的愚昧时代的遗物；幸而如今已不是这类神话时代了。由此可见，如要讨论艾约瑟采用的这种陌生化叙事，需要将其置身于他所处的时代进程之中。维多利亚时代的中世纪主义是启蒙运动的延续，是一种怀旧式的创造：彼时铁路纵横，工业文明飞速发展，理性主义正当其道，中世纪主义则是在时代的夹缝中逆流而上，专情于描写魔法森林中的巫师。艾约瑟依此描写天师，一方面，或许是由于他相信这与中国人对天师的理解相去不远；同时，这也暗示了中国的天师和中世纪的巫师一样，都是旧时代的产物，终将走向消亡。

艾约瑟的这种叙事背后无疑隐藏着一种强调进步和启蒙的现代化史观，这

---

① 1849年英文译本面世，此后又有1877年再版。

类观念并不罕见。不过，艾约瑟也谈到天师在道教史中的地位问题。那么，道教在艾约瑟所处的时代与在其他时期有何不同呢？

老君和庄周的哲学到现在怎么样了？对于当下的道教来说，老庄哲学太过深奥了。当今的道教徒们并没有把注意力集中在对纯与真的高深思辨上。他们也不关注汉代的外丹黄白之术，停止了对长生不老之药的追寻与尝试。相反，他们忙于书符念咒驱魔出屋，念经拜忏祈愿消灾。当你遇到一个现今的道教徒时，你遇到的既不会是个炼金术士，更不会是个哲学家。然而，你遇到的这个人会声称他能够做一些超凡之事。他将致力于从疯子体内或鬼怪出祟的房屋中驱逐恶魔，用魔法治愈病人，并在干旱时通过祈祷带来降雨；他的符能使安分的民众和冒险的旅人都免遭凶险；他与那些佛教和尚无异，也会受雇于亡人家属，去亡人家中念经超度，用他的法力快速将亡魂拔度到极乐之地。

What has come now of the philosophy of Lau-kiun [老君] and Chwang Cheu [庄周]? It is much too abstruse for the modern Tauist mind. The Tauists of the present day do not occupy their attention with mysterious speculation on the pure and the true. Nor yet do they give attention to the alchemy of the Han dynasty. They have ceased to experiment on the elixir of life, or the transmutation of all metals into gold. Instead of this they occupy themselves with writing charms for driving demons out of houses, and with reading prayers for the removal of calamities. When you meet a Tauist of this generation, you do not meet with either an alchemist or a philosopher. The man you see claims, however, to be able to do very great things. He will undertake to drive a demon out of a madman, and from a haunted house, to cure the sick by magic, and to bring rain in time of drought by his prayers. He will protect by his charms the quiet citizen and the adventurous traveller from all sorts of dangers; and, when there is mourning in the house, he will, like the Buddhist monk, hire out his services to read passages from the liturgies of his religion, which shall, by their magic power, quickly transfer the soul of the dead to the land of happiness on high.①

---

① Edkins, *Chinese Buddhism*, pp.381-382.

这段话简短地描述了道教的历史变迁，我们既可以从中看到预想中的道教从崇高哲学到堕落迷信的叙事，也可以发现艾约瑟的另一种叙事模型。他将广义上的道教区分为几类：先是老子和庄子时代的作为哲学的道教，又有祖天师张道陵所处的汉代时作为炼金术的道教，此外是现今的天师所处的时代作为驱邪和治疗法术的道教。哲学与炼金术被相提并论，这一点值得关注，因为后者在其他人的叙事中通常也被视作道教堕落的象征。艾约瑟的分类法主要是基于精英与民众之间的区别，有非常高贵但仅针对个人的道教；也有迷信的道教，但是它非常实用，能服务于全社会的人们。从这个角度来看，将天师描述为民众的宗教的一部分并没有引起我们此前遇到的负面联想。

不过，对艾约瑟来说，将天师写成“民众的”需要面临一个难题，这与他前文中对天师的描述不符。一方面，“只有那些能花上千两白银都不带眨眼的富人”才能享受天师的服务，另一方面，他对张天师在道教中的地位的描述，显然也与“民众的”相悖。艾约瑟指出，张天师的官方头衔是“真人”（当代西方有许多道教研究者将之翻译为 Realised Man，即觉悟的人）。从宗教内部的角度来看，真人“在法力和德行上都已臻完美，他是完美的人。那些受情欲支配的人不能被叫作真人……它比‘仙’更高级，但尚不及‘圣’”。张天师还设定出一个模仿帝制政权的世界，在这个世界他有自己的官员和随从，他有授予他们官爵的能力。玉皇大帝是天界的至尊，张天师则能够以人间代表的身份向玉皇大帝上奏。他显然是地位崇高的。

因此，艾约瑟向读者呈现了一个既“民众”又“尊贵”的天师。在某些方面，张天师的“真人”头衔和与之相关的所谓不受情欲支配的超凡脱俗的能力，显然使他“尊贵”。但是另一方面，无论是以灵力来治病驱邪，还是以经忏来举办丧葬仪式，这都是现代化的传教士所憎恶的，必须被艾约瑟定义为“迷信”——然而，劳苦大众往往会求助于后者。最终，艾约瑟对道教的基本立场是十分明确的：

> 我们看到佛道二教的教义对当今中国人的影响。道教尤其要对那些颇具危险性质的迷信负责……每个人，无论是否是基督徒，都应该出于道德原因，并基于“最大幸福原则”本身（如果他认为这是一个更安全的基准），去试图消灭一个鼓励危险、谎言和妄想的宗教制度……因此，每一个基督徒都应该坚决地谴责这种民众的俗化的道教，甚至每一个启蒙的、开明的人都应该

这样做，无论他的信仰是什么。[①]

> We see the effect of Buddhist and Tauist teaching in the present race of Chinese. The Tauist religion especially is responsible for those superstitions which have a dangerous character... Every man, whether a Christian or not, ought on moral grounds, and on the greatest happiness principle itself, if he thinks that is a safer basis, to desire the extinction of a religious system which encourages dangerous and lying delusions... Popular Tauism then is worthy of decided condemnation, from every Christian and every enlightened lover of mankind, whatever be his belief.

艾约瑟在这里引用功利主义权威边沁(Jeremy Bentham,1748—1832)的"最大幸福原则",希望依此来根除包括道教在内的一些宗教体制。他对道教的谴责发生在他对道教进行了充分的研究之后,不过,他自己的学术研究却显示出他对中国宗教十分着迷,他对中国宗教的理解程度远远超出了他呼吁摒弃这些宗教的力度。在天师这个具体个案中,值得注意的是艾约瑟并不承认他与当时的天师曾有私交。在写作时,他在自己和天师之间刻意创造出的距离,似乎代表了一种对某一人物和机构的特殊回应方式,而这种方式不能完全包含在当时常见的"道教堕落"的叙事模型中。

从某些方面来说,人们对中国宗教的框架模型方面的认知是远远不够的。不过,这方面认知的进步并不困难,只需搞清楚这些宗教实际上是如何存在的;而相关知识的不断增加与人们理解的不断深化都会促成认知方面的进步。就道教研究的具体情况而言,这一进展是缓慢的,直到 1923 年涵芬楼影印的《道藏》面世之后,广大学界对道教经典本身进行全面研究才成为可能,关于道教形态的认知才得以改变。[②]直到那时,人们才开始仔细研读道教丰厚的文本遗产,并依此揭示这一宗教的历史。对于像庄延龄、赫斐秋和艾约瑟这样的学者和观察家来说,在道藏能够广泛为人所研读的五十多年前,他们与张天师世系这一鲜活的道教传统相遇,而这次邂逅似乎挑战了他们对该宗教的原有观念。

---

① Edkins, *Chinese Buddhism*, pp.381-382.

② 关于道藏的历史,见 Liu Ts'un-yan, "The Compilation and Historical Value of the Tao-tsang", in *Essays on the Sources for Chinese History*, ed. D. Leslie, C. Mackerras, and Wang Gungwu (Canberra: ANU Press, 1973), 和 P. van der Loon, *Taoist Books in the Libraries of the Sung Period, A Critical Study and Index* (London: Ithaca Press, 1984), pp.29-63。

# 天师、教宗庇护九世与意大利 1848 年革命*

裴凝(Benjamin Penny)　讲述
李裕晨　译　　朱明川　校

**译者简介**:李裕晨,加州大学圣巴巴拉分校(University of California Santa Barbara)博士候选人。

在本文的开头,我想说明,本文是一项研究 19 世纪西方人观察和理解中国宗教的方式的更广泛计划的一部分。这个计划潜在地涵盖了各种现象和活动,从翻译汉语宗教经籍到对中国神灵的本质的调研,从扶乩到自焚,从京城天坛举行的皇家祭仪,再到最普通的路边神祠的"拜拜"。我以研究西方人在 19 世纪 80 年代初与道教第六十一代天师会晤的三份记录开始了这一计划。本文讨论了这项计划中出现的一个议题,即使用"道教教宗(Taoist Pope)"一词来描述天师,现在一般译为"天师(Celestial Master)"的议题。

在概述本文将集中讨论的材料之前,我想简要地解释一下开展这一大型计划的动机,以及我认为它如何与其他学科的工作相配合。它的第一个背景是总体上对不同文化间交流的研究,在某些地方这被称为跨文化研究(cross-cultural research)。这涉及对接触话语(contact discourse)的研究,在人类学的学术史中,一般来说接触话语关注的是定居者社会、航行途中、殖民地和贸易前哨的文化交流动态。因此,其资料来源包括旅行叙事、日记、家信和殖民档案。大部分研究集中于西方人与过去被称为"原始"的民族之间的接触。事实上,这里所研究的许多记录在描述西方旅行者遇到的原住民时,都坚持使用"原始"这一分类。然而,在我看来,中国的情况有着本质的不同。中国人对许多西方人来说也许是"异教徒",肯定是"不可捉摸的",但绝不是"原始的"。事实上,一些作者认为中国是毋庸置疑的文明的典型。因此,研究一种被认为是,或者至少"一度(*have*)"

* "The Celestial Master, Pope Pius IX, and the Italy's 1848 Revolution", Presented to the Asian Studies Association of Australia conference, University of New South Wales, 1998.原文发表于新南威尔士大学于 1988 年举办的澳大利亚亚洲研究协会研讨会上。

是，与西方同等甚至更优越的文化，与西方的相遇，便显得与众不同且更有意义，我将有可能以有趣的方式重新构建欧洲/他者的二分法。

我想将本研究置于的第二个背景是一种最老派的研究——基督教在华传播史。我并不支持传教士的目标，而是有兴趣将他们的成果作为民族志来解读；我也有兴趣将传教士的经历重新纳入汉学史中。毕竟，对中国的学术研究多年来一直出自此前的传教士或领事官员。而当时许多汉学巨著的问世，至少隐含着这样一个目的，即告知传教士他们的潜在皈依者所信仰的是什么。这些来华传教士中的许多人固然都仰赖着中国线人的协助（如理雅各 James Legge 就是其中最著名的一位），但事实上，一些传教士的作品本身就是非凡的学术成就。特别是一些比较自由派的新教传教士认为，你确实需要了解中国人所信仰的是什么。我想正是出于这个原因，他们最出色的作品中有相当一部分是关于中国宗教和哲学。这类著作卷帙浩繁，我参阅了其中的一些，发现一个显著特点，那就是构成后来学术研究的基础的许多未经反思的假设和分析模型，在这些 19 世纪的传教士汉学著作中就已经出现了。其中最持久的模型之一是中国文化的堕落，尤其是中国本土宗教道教的堕落。

在这一时期西方人的作品中，几乎所有关于道教的描述都以堕落为共同主题。这些作者宣称，道教曾经是一种高尚、高雅和纯粹的哲学，可与古希腊哲学诸学派相媲美。但没过多久，道教就开始堕落了。迷信、魔法和炼丹术更符合庸俗大众的想象力，一种高尚的哲学被改造和损害，变成了用诡计骗取轻信的手段。这种分析不仅仅是 19 世纪的或西方人的产物。道教经常遭受焦虑的儒家或自视甚高的佛教徒的负面宣传，并在近代以来不同时期的反封建迷信旗号下遭受打压。

对新教批评家来说，以批评天师的位格而批评道教的一种含蓄方式在于将之与圣伯多禄的统绪相提并论，称他为“道教教宗”。对于这些作家来说，如我在其他地方所说的那样，宗教堕落的典型（locus classicus）是罗马教会，他们对罗马教会最激烈的攻击也是针对教宗制度的。因此，给一个宗教世系贴上“教宗”的标签（尽管它实际上与罗马教宗制度几乎没有什么相似之处——这是其中一些作家所承认的一点）就是在谴责它。

19 世纪 80 年代初，《厦门的年度节庆：关于中国民间宗教的研究》一书中关于天师世系的开创性章节，将“道教教宗”与罗马教宗的这种泛化对标刻画得相当具体。[1] 此书作者是高延(J. J. M. de Groot,1854—1921),这位荷兰学者因其巨著《中国宗教体系》(*Religious System of China*,1892—1910)而闻名于世。在这一章中,高延复述了当时中文资料中记载的第一位天师张道陵的生平,包括他出生前后的异象、非凡的相貌以及他得到的启示和符箓,并将其与耶稣和释迦牟尼的生平进行了比较。他还简要介绍了天师制度的历史,简短讨论了北魏天师寇谦之、唐宋时期对天师世系的认可及其在明末清初的重要性。高延随后简要介绍了天师驻地龙虎山。然后,他根据顾方济神父(Pere François-Xavier-Timothée Danicourt,1806—1860)提供的信息,联系了这一传承的现状。

顾方济神父说,以前,天师的权力比欧洲任何世俗或神职君主的权力都要大。人们争相触摸他的袍边,他脚下的泥土和灰尘被收集起来制成预防各种邪秽的药物。但在 18 世纪,天师被剥夺了出入紫禁城的特权,这不小地削弱了他的威望和影响力。顾方济神父还说,他在 1856 年见到的时任天师纳妾、赌博、吸鸦片,总之,他恶习缠身,被所有随从鄙视。

无论几个世纪以来道教教宗们的法术在对付超自然生物和恶魔时表现出怎样的功效,并不令人惊讶的是,这些法术在对付洪秀全(太平天国起义首领)的长毛恶魔时却无能为力。太平军也给教宗驻地所在地区带来了麻烦。就像庇护九世将敌方的军人革出教门一样,天师也对太平天国的军队施咒,但这和庇护九世的举措一样毫无用处。尽管有着一应法术加持,清军还是仓皇四散,当太平军逼近大上清宫时,天师别无他法,只能像庇护九世逃往盖塔一样逃入深山。传说中道教教宗制和基督教教宗制的创始人张道陵和圣伯多禄是同时代的人;而 19 世纪天师与罗马教宗的瞬息出逃,相隔也不到六年。现在,他们都在岌岌可危的宝座上统治着,但帷幕究竟会先在这两出神曲的哪一出上落下,还需等待历史来揭晓。

高延关于厦门年度节庆的作品出自当时的东印度群岛荷兰殖民政府的指示,1877 年,荷兰殖民政府派他前往福建,就其统辖下的华人的"语言、风俗和习惯"提出报告。他在这本书的序言中指出,他的研究是为了改善对爪哇华人的管理,而福建正是爪哇华人主要来自的省份。据我所知,没有证据表明高延见过天师或亲自去过龙虎山。他的消息来源顾方济是身在江西的一位遣使会

---

① *Les Fètes annuellement célébrées à Emoui: etude concernant la religion populaire des Chinois*, 1886. 由 Chavannes 翻译,最初以荷兰文出版,题为 *Jarrlijksche feesten en gebruiken van de Emoy-Chineezen: een vergelijkende bijdrage tot de kennis van onze Chineesche medeburgers op Java, met uitgebreide monographieen van gophedeu, die te Emoy Worden vereerd*, 1882。

(Congregatio Missionis)主教，后者1856年写给法国的一封信被摘录在《信仰传播年鉴》(*Annales de la Propagation de la Foi*，1858年)上，这是传信会(the Society for the Propagation of the Faith)的期刊。这封信的标题是《关于中国道士教派的起源、发展和衰落的报告》(Rapport sur l'Origine, les progrès et la décadance de la secte des Tao-sse, en Chine)，因此毫无疑问他也遵循了上文提到的堕落叙事模型。不用说，顾方济关于六十代天师堕落的报道显然不会出现在中国道教内部的记录中。同样不足为奇的是，顾方济没有将天师无用的魔法和他逃入深山的经历，与教宗庇护九世无人理睬的革出教门令，及他随后逃往盖塔之事相提并论。

我也许应在此处对意大利发生的事件略作介绍：庇护九世于1846—1878年在位，最初是作为温和的进步派当选的教宗。他被认为同情意大利民族主义的愿景，并赞成对教宗国[①]进行改革。在朝这个方向做出一些初步举动后，他不愿进一步改革的态度，随着他拒绝接受立宪国家而变得十分明显。1848年，他坚决反对梵蒂冈对入侵意大利的奥地利宣战。1848年11月15日，教宗的首相罗西被谋杀，随后，11月24日，教宗乔装逃往意大利西海岸的盖塔，盖塔位于罗马和那不勒斯大约半途之间。1849年2月，罗马共和国宣布成立，但1850年7月，在夺回罗马的法国军队的帮助下，庇护重新进入罗马。然而，到1860年，除罗马及其周边地区外，所有教宗领地都并入了新的意大利王国。庇护在法国驻军的保护下度过了十年，但随着1870年普法战争的爆发，驻军撤离，意大利军队占领了罗马。此后庇护再也没有离开过梵蒂冈。

庇护九世在位后期在新教界变得臭名昭著，甚至比一般的教皇还要臭名昭著，因为他宣布了"教宗无误论(Papal infallibility)"。因为书中有维吉尔·哈特牧师(Virgil Hart)写的一篇关于道教的精彩文章，我偶然发现了一本书名很讨人喜欢的书，题为《注定灭亡的宗教：关于世界伟大宗教的一系列论文》(Doomed Religions: a series of essays on great religions of the world, 1884)，其中有一章是傅罗牧师(C. H. Fowler)写的，题目是"基督教死气沉沉和腐败的诸种形式"

---

① 教宗国(papal states)为教宗统治的世俗领地，建立于8世纪，位于亚平宁半岛中部，以罗马为中心。1861年，教宗国的绝大部分领土被并入主导意大利统一运动的撒丁王国(Regno di Sardegna)，即后来的意大利王国(Regno d'Italia)；至1870年，罗马城也被并入意大利王国，教宗国领土退缩至仅剩梵蒂冈城。教宗庇护十一世时期，时任意大利首相墨索里尼在1929年与圣座国务卿加斯帕里(Pietro Gasparri)签订《拉特朗条约》(Patti Lateranensi)，教宗国正式灭亡，由新成立的梵蒂冈城国(Stato della Città del Vaticano)取而代之。——译注

(Lifeless and Corrupt forms of Christianity)。本书所有作者都是美以美会教徒。傅罗在关于他所谓的“罗马教”(Romanism)的章节中是这样开头的:“这个残忍、虚伪和腐败的庞大体系的特征很难在几行简短的文字中呈现出来,上帝历经这么多世纪,通过这么多民族,坚持不懈地试图揭露这个体系,在地球的每一码土地上书写和交叉书写这个恶魔般的荒废体系的可怕放荡和背信弃义。”(It is difficult to present, in a few brief lines, the character of this vast system of cruelty and hypocrisy and corruption which God has persistently tried to expose through so many centuries and by so many peoples, writing and cross-writing every yard of the earth the awful debaucheries and perfidies of this diabolical system of desolation.)(434)关于庇护九世在1870年召开的第一届梵蒂冈大公会议上提出的“教宗无误论”,傅罗宣称:“接受这一教义,世界上的一切自由都将消亡;所有国家都将沦为罗马的附属国;所有希望都将在绝望的普遍哀号中破灭。整个世界将只剩下一个人,而他,满口鲜血,将占据圣伯多禄的宝座。”(Accept this dogma and all liberty dies out of the world; all nations sink into dependencies of Rome; all hope expires amid the universal wailing of unbroken despair. There would remain but one man in all the earth, and he, gorged with blood, would occupy St Peter's chair.)(434-435)

我无法想象高延的批评会像这般尖刻,但这的确为他将道教教宗和罗马教宗相提并论提供了某种背景。高延显然不是这两种制度的捍卫者,但我认为,高延在攻击那个目标时投入的感情更多也是显而易见的。

退一步说,也许我们应该问一问,这种类比是否有任何严肃的依据?事实上,从19世纪后期未统一前的意大利和晚清中国的角度来看,两者并无特别不同。这两个国家都有辉煌的过去,都是曾经壮丽但彼时已被肢解的帝国,中央政府不起作用或根本不存在。中国的部分地区是外国租界或在其势力范围内,而意大利的大部分地区则在奥地利或法国的控制之下。此外,意大利出现了革命势力,意图将意大利统一在意大利人的统治之下;正如太平天国运动(至少在一些新教圈子里)被认为是出于民族主义、破除偶像和现代化的动机。庇护九世逃离这些革命者和六十世天师躲避太平军,一定在时人看来是相当有理有据的平行对照。

在此,我们也可以仔细研究一下这种平行对照的意涵。其基本前提是,欧洲和亚洲的文化构成(这里指宗教制度)具有可比性,可以使用同一套分析范畴来理解人类经验的这些多元表现形式。正如我所指出的那样,高延最初来到福建是基于殖民事业,他到那里去是为了更好地管理爪哇的华人。他的研究方法是民族志式的,他在引言中明确指出,只有通过第一手观察,才有可能了解研究对象的风俗习惯。他指出,只参考文本资料是决然不够的。因此,他的研究是在全球背景下本着理性探究的精神进行的。故而,他将天师与罗马教皇制度相提并论可被视为分析范畴的全球化,将所有人类文化现象置于同等地位。这也意味着欧洲与东方之间严格的二分法被打破,欧洲本身的统一理念也变得支离破碎。

高延的攻击并没有被忽视。何赖思(Charles de Harlez,1832—1899)是鲁汶大学的教授,也是研究中国宗教和哲学的多产作家,他于 1891 年在《天主教科学》杂志(*Science Catholique*)上发表了一篇名为《教宗制与道教教宗》(La Papauté et les Papes Taoistes)的文章。我无法在此详述他的复杂论证,只能重点谈谈他对高延的引用。何赖思的主要论证涉及用基督教术语来描述非基督教的宗教活动,这是被他称为"在泥泞中传授天主教"的人的一种倾向。因此,他说:"人们在谈论道教的弥撒、中国盂兰盆会的亡灵弥撒、佛教的主教、圣母观音的无垢受孕以及数以百计的同类事物时,都会像谈论真理一样有滋有味。但是,在这些同化中,有一种同化见证了其作者的高超品味和无可指责的历史敏感性,这就是本文题目所提到的(道教教宗制)。"何赖思的散文充满了讽刺意味,在引用我在上面摘录的高延章节的那部分内容之前,他继续这样写道:"在这本注定要被大肆宣传以产生巨大影响的重要著作中,我们认识了道教教宗陛下和该制度的圣伯多禄——道士张道陵,及其直至今日的继承者。我们甚至可以在这一页上读到我们无法拒绝呈现给读者的精甚细腻的文字,让他们领略到它的伟大尊严和恰当性,并让他们了解某些世人所使用的手段的性质,世上有一些事物,对所有拥有高尚心灵和高尚情操的人来说,无论他们属于哪种观点,都自得其乐地尊重它们,而这些手段却旨在令人厌恶这些事物。"

随后,何赖思结合一些历史实例讨论了道士的驱邪和法术活动,并从中得出以下结论:"看看这些关于道教教制的章节,其所谓的首领已被定性为教宗,就像天主教会的教宗一样,并与后者平起平坐。我让公正的读者或受过良好教育的读者来判断将天主教和道教这两个教派的首领置于同一地位是否合适,以及道教是否构成真正的教派,其首领是否有任何形式的最高司祭:……但即使是主张这种同化的作者也没有这种借口和托词。道士们并不构成任何等级制度,从任何层面来看都不是有组织的团体。相反,所有这些神职人员都是相互独立的,他们有妻子和孩子,从事各种职业,甚至是最低贱的职业。"

在何赖思文章的余下部分,绝大部分篇幅是对张道陵和天师的早期历史、八仙以及道教传说和历史的其他一些方面进行了相当详尽的描述。何赖思的结论是："……正如道教教宗制最热情的拥护者自己所承认的那样，张氏阶层的首脑及其继承者从未对任何类型的教会——一个从未存在过的教会——拥有过权威……我们不能找到(他们的)角色与罗马教宗在其存在的诸多世纪中所扮演的角色相提并论的证据。在我们看来，这么谈论两者是对它的伤害……总之，我们深信，那些使用道教教宗、张教宗陛下和其他类似术语的人只会在正确和公正的精神面前伤害自己。"[他还补充道："毫无疑问，他们很快就会告诉我们'布须曼人大法官'('the Grand Chancellor of the Bushmen')和'卡纳克人上议院'(Kanak House of Lords)的故事。"]

何赖思对高延的反驳有两个重点。第一，他认为将基督教术语——弥撒、主教、圣灵感孕——同化到其他宗教的习俗、制度和信仰中是不恰当的。第二，将张天师世系与圣伯多禄统绪相提并论是错误的，因为后者是等级教会的首领，而前者不是。事实上，第二个主张表明何赖思与高延一样具有理性和探究的立场，但他对证据的学术权衡却被反过来用来强化欧洲与中国之间的二元对立，而不是将它们置于相同的全球范畴内。他提出的第一个反对意见的意涵强化了这一点。当何赖思攻击使用基督教术语来描述非基督教现象时，他实际上是在争辩，在对它们进行分析时不能使用相同的语言。从语言学的角度，以及从可观察到的证据来看，何赖思认为中国的宗教与欧洲的宗教并不通约。

几十年后，耶稣会士禄是遒(Henri Doré)在他的《中国迷信研究》(*Recherches sur les superstitions en Chine*，1911 年 M. Kennelly 于 1914 年英译该书)中呼应了何赖思的许多观点，但没有何赖思独特而讽刺的声音。高延的文本显然仍在扰乱人心。

如果在结论中留下这样的印象，即高延一方与何赖思和禄是遒一方在分析张天师世袭嗣教制度时是对立的，那就大错特错了。实际上，他们对这一制度的评价非常一致。在他们看来，张天师世系是魔法与迷信的堕落结合体，为了中国自身的利益，应该将其从中国根除。同样，他们的分析都显示了理性探索的启蒙精神的力量。除了对罗马教宗的看法外，他们的不同之处在于是否愿意让中国宗教享有与欧洲宗教相同的地位。

## 参考文献

Kenneth Scott Latourette, *A History of Christian Missions in China* London：SPCK, 1929.

EEY Hales, *Pio Nono: A Study in European Politics and Religion in the Nineteenth Century*, London: Eyre & Spottiswoode, 1954.

Columba Cary-Elwes, *China and the Cross: A Survey of Mission History*, New York: PJ Kennedy & sons, 1956.

李书还,《道教要义问答集成》,高雄:同文印书馆,1970 年,第 152—153 页。另见周沐照、倪少才:《道教与龙虎山传说》,南昌:江西人民出版社,1986 年。

Owen Chadwick, *A History of the Popes*, 1830—1914, Oxford: Clarendon Press, 1998.

# 西方学界对道家出土文献的方法论探讨
## ——兼论对中国出土文献研究的启示

陈嘉礼　山东大学儒学高等研究院

**摘要**：中外学界随着中国上古的出土文献不断破土而出，对此的研究日渐成为显学，然而，就“方法论”(Methodology)的原则与做法，似乎只有西方学者较为关注。早于1998年，郭店楚简发布之后，在达慕思学院召开的国际研讨会上就有多位西方学者就方法论发表文章。有趣的是，很多讨论方法论的西方学者都是围绕《老子》或其相关文本展开讨论。至2012年，麦笛(Dirk Meyer)出版 *Philosophy on Bamboo*：*Text and the Production of Meaning in Early China*(《竹上之思：早期中国的文本及其意义生成》)[①]一书引起广泛回响，其中一章节乃对《太一生水》(下文简称为《太》)及《老子》的方法论进行检讨，具深刻意义。本文就麦笛之论入手，综合目前西方学界对麦说的意见，[②]以《太》及《老子》为例，提出当今中国学界应当借镜西方思考方法论的研究角度。

## 一、《竹上之思》与中国古文献分类

虽然麦笛这本著作题为《竹上之思》，但显然他更关注的是思想而非竹子，在这部著作封面的照片上，截取了五枚竹简，清晰可见其中“子曰”字体，而模糊其

---

① Dirk Meyer, *Philosophy on Bamboo*: *Text and the Production of Meaning in Early China* (Leiden, Brill, 2011). 该书中文版见麦笛著，刘倩译：《竹上之思：早期中国的文本及其意义生成》[香港：中华书局(香港)有限公司，2021年]。

② 就笔者所见，目前对麦氏此著作共有五篇书评：Michael Hunter, in *T'oung Pao*, 98 (2012): 557-607; Edward Shaughnessy, in *China Review International*, vol. 19, no. 2 (2012), pp.199-208; Shirley Chan, in *Journal of Chinese Studies*, no. 59 (July 2014), pp.247-253; Franklin Perkins, in *Dao*, 13 (2014), pp.133-136; Uffe Bergeton, in *Philosophy East & West*, vol. 65, no. 1 (2015), pp.352-254.

他的字,[1]在这一点上,我们可视这本书的目的,依然是集中揭示出土文献中的哲学思想问题,而非物质问题。

麦笛透过郭店的文献,提出"基于论证的文本"(argument-based texts)和"基于语境的文本"(context-dependent texts)两种不同的文本分类,前者是高度均衡、连贯,而且结构严密;后者则涵盖许多上古文献,这类的文献多数依据权威性出现,亦涉及由文本、意义中介、信息接受者组成的意义传达的三方关系。麦笛以《忠信之道》《穷达以时》《五行》《性自命出》《太一生水》归类到"基于论证的文本",而《老子甲》《老子乙》《老子丙》及《缁衣》则属"基于语境的文本"。而在麦笛看来,《太》是这两种文献的最佳测试个案。

"基于论证的文本"是能够看出作者的意图,属于真正的哲学著作;"基于语境的文本"是一种集体作品,主要在口述环境内发展出来,没有固定的文本或作者。除了他在书中举例的郭店《老子》及《缁衣》外,《论语》也属此类,对麦氏而言,这是并非哲学著作。

麦笛认为,《太》是基于论证的文本。它的内容与组织,与郭店《老子丙》很不同,因此麦笛不同意其他学者认为《太》与《老子丙》是同一组文献的观点。麦笛虽然承认《太》在简序上仍存争议,但《太》的内容,先建立在宇宙论的基础上,而转到"君子"之上,而这类的"君子",是那些领悟了宇宙论本质的人,因此是一连贯的文本。

笔者不打算在此讨论《太》《老子丙》是否有着关联,而关心麦笛从方法论上可为我们研究中国古文献带来什么的启示。尽管笔者不太同意麦氏对《太》的论点,但毫无疑问地,他将中国古文献分为"基于论证的文本"和"基于语境的文本"两大类实为此书最大贡献,亦因此得到不少学者以"雄心勃勃"(ambitious)形容此作。[2]我们应当思考的是,中国古文献,特别是出土文献是否有条件分门别类?

以《老子》为例,马王堆和郭店《老子》以及《太》都在西方引起广泛关注,[3]出

---

① Edward Shaughnessy, "Review of *Philosophy on Bamboo*: *Text and the Production of Meaning in Early China*", p.200.

② Edward Shaughnessy, "Review of *Philosophy on Bamboo*: *Text and the Production of Meaning in Early China*", p.206; Michael Hunter, "Review of *Philosophy on Bamboo*: *Text and the Production of Meaning in Early China*", p.557.

③ 见拙文 Ka-lai Chan, "Reading Excavated *Laozi*: The Lens of Western Scholarship", *Cultural and Religious Studies*, vol. 8, no. 2 (February, 2020), pp.102-108;此文中文译文见陈嘉礼著,王明琪译:《出土〈老子〉的研究:以西方学术的视角》,《中国古典学》第三辑,济南:山东大学出版社,2022 年,第37—47 页。

土《老子》之所以受西方所注视，很大程度与西方学术思潮有关。王博曾回忆何慕邪(Christoph Harbsmeier)的问题："为什么钱穆早已经证明《老子》晚于《庄子》，你们(西方汉学家)还要相信《老子》在《庄子》之前呢？[1] 一开始，我还以为这只是个别的想法，后来则知道它乃是汉学家的普遍意见。可以看出，产生于本世纪上半叶并发生重大影响的《古史辨》仍然构成西方汉学界的一个基础，而在当今的中国史学界，它几乎已经成为历史。"[2]事实上，西方汉学家大多接受疑古立场，并能在出土文献中找到相关证明，[3]但是随着 1970 年代各项重要考古发现破土而出，西方汉学家似乎不能把中国古文献留下的种种问题解决，反而出现如艾兰(Sarah Allan)所言的："有多少学者，就有多少观点"[4]的看法。

回顾麦笛提出的两大类文献，笔者看不出有必要把中国古文献作如此分类。所有文献应当有作者的意图，就算被麦氏归纳到"基于语境的文本"《老子》都有其抄手的意图，这也可视为抄手的"哲学"著作；而所有文献都有其语境，先不论中国上古社会是否口述社会，文献产生具背景因素是显而易见的。

麦笛在其《竹上之思》的第六章，开宗明义地说明以《太》及《老子》作"方法论的应用"(Applying the Methodology)。尽管很多学者都认为《太》的十四枚竹简因为其物理性质的缘故而认为应与《老子丙》整体连读，但麦笛刻意回避这争论，他认为《太》是"基于论证的文本"是因为《太》中的宇宙论是理解文本的"道"作为政治思想的核心，其内容与其他于同捆的文献比较，有完全不同的内容。麦笛花费很多篇幅，将《太》分成不同的模块(building block)，从论述及结构认为《太》是一个整体，各模块之间有关联，使《太》充满其本身的意义，《太》就有别于"基于语境的文本"，也不是《老子》的佚文。[5]

---

① 案：葛瑞汉(A. C. Graham)在没有提到钱穆的情况下，就主张《老子》晚于《庄子》内篇，并在西方发展此说。见其 *Disputers of the Tao* (La Salle: Open Court, 1989), p.216。

② 王博：《美国达慕思大学郭店(老子)国际学术讨论会纪要》，《道家文化研究》第 17 辑，北京：生活·读书·新知三联书店，1999 年，第 12 页。

③ Edward Shaughnessy, "The Guodian Manuscripts and their Place in Twentieth-Century Historiography on the *Laozi*", *Harvard Journal of Asiatic Studies*, 65.2 (December 2005), pp.433-436.

④ Sarah Allan, "Introduction", in Sarah Allan and Crispin Williams (eds.), *The Guodian Laozi: Proceedings of the International Conference, Dartmouth College, May* 1998 (Berkeley: Society for the Study of Early China and Institute of East Asian Studies, University of California, Berkeley, 2000), p.5.

⑤ Dirk Meyer, *Philosophy on Bamboo: Text and the Production of Meaning in Early China*, pp. 212-226.

## 二、中国古代文本方法论的讨论

我们固然对麦笛的方法论可以有很多讨论，其研究方法也突破了仅从释读文字或出土/传世文献互相比较这类传统的研究方法，麦笛在方法论上提醒了我们——特别是在中国受训练的学者：华文学界是否缺乏对方法论的研究？以麦笛这本著作，笔者提出几项想法，抛砖引玉，冀能引起学界关注中国古代文本方法论的讨论。

### （一）中国出土文献的异文与写本的形成

如李孟涛（Matthias Richter）考察马王堆《老子乙》中“主”字的两个异文，指出抄手“主”字有两个写法，一个上面是一点（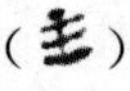），另一是上面有一个横（）。该写本开端时，两个写法都分得很清楚，但后段只有横的“主”出现。[1] 这让我们思考，同一写本的同一字（主），为何会出现两种不同的写法，是来自两个不同的抄手？还是抄手根本不知道这是“主”字，而单凭字形复制出另一写本？如果抄手根本不知道这是“主”字，亦即抄手对文本内容一无所知，他的专业只在于复制面前的文本，而不需要对《老子》有任何认识。抄手的专业只在尽责地把见到的文字（在抄手眼中可能只是符号或图画）复制到另一枚竹简之上，情况就等同今天一位研究生跑到大学的图文复印店复印毕业论文，复印店的店员完全不需对论文有专业认识一样。

### （二）口头还是书写传播

异文与写本的形成是基于类似今天复印店的情况一说若成立的话，那样，中国上古社会的知识传播就可能主要靠文本而并非口头。西方学界热烈地讨论中国上古是否口述社会，柯马丁（Martin Kern）以《缁衣》为例，有大量数据支持下说明文本流传的过程中语言或背诵起了重要作用，[2]柯氏又考察《诗经》文本或其引文的写本，发现引文中三成之多的汉字都与传世文献不同，异文多数都是同音

① Matthias Richter, “Towards a Profile of Graphic Variation: On the Distribution of Graphic Variants within the Mawangdui *Laozi* Manscripts”, *Asiatische Studien / Études Asiatiques*, 59.1 (2005), pp.177-178.

② Martin Kern, “Quotation and the Confucian Canon in Early Chinese Manuscripts: The Case of ‘Zi yi’ (Black Robes)”, *Asiatische Studien / Études Asiatiques*, 59.1 (2005), pp.293-332.

的，柯氏总结认为中国古代写本传抄是没有底本，而是有人朗读文本，抄手一边听，一边写；又或者抄手凭记忆写(麦笛也同意古代是口述社会)。① 不过，夏含夷(Edward Shaughnessy)的观点就完全不一样，夏氏同样以《缁衣》为例(包括传本及出土本)认为传本《缁衣》的不同次序不可能在口述流传中出现，而只能在一个编者重新编辑文本下造成，②夏氏对《诗经》的研究，也说明至少西周和春秋时期，社会精英完全有能力写出与传本《诗经》的诗歌非常类似的文本。③ 对中国学者而言，相信有底本的流传形式比口述传播较易接受，无论如何，两种观点在西方学界都有相当影响力，我们只能待更多证据出现时来判断其得失。④

### (三)中国古代文献的分类

中国的古代文献，尤其是出土文献，是否可以如麦笛一样作分类？2002 年，柯马丁就提出古代文献可以分为"具有历史的文本"(texts with a history)和"没有历史的文本"(texts without a history)，前者不一定是出土文献，所以是指传授的文献；后者是限定于某一时代或地点的文件，如墓葬遗册、行政命令或占卜纪录。"具有历史的文本"可以以书信或口传形式传授。柯氏则认为《太》与《老子丙》就是这类文献，说明当时《老子》还在构成过程中，还未形成一个定本。⑤ 柯氏的分类显然较麦笛明确及具说服力。问题是，除此之外，还有何种分类有助我们更好认识早期中国文献？

几年前，柯马丁、麦笛及毕鹗(Wolfgang Behr)就开始编纂一本有关早期中

① Martin Kern, "Methodological Reflections on the Analysis of Textual Variants and the Modes of Manuscript Production in Early China", *Journal of East Asian Archaeology*, 4 (2002), pp.167, 171. 中文译版见《方法论反思：早期中国文本异文之分析和写本文献之产生模式》，陈致编：《当代西方汉学研究集萃：上古史卷》(上海：上海古籍出版社，2012 年)，第 349—385 页。需要指出的是，这篇中文译文广为中国学界所知，但柯马丁就曾言此中文版"有些严重误译"(见氏著《早期中国文献研究方法之反思》，刘笑敢等编：《简帛思想文献研究个案与方法》，北京：东方出版社，2019 年，第 132 页)。

② Edward Shaughnessy, *Rewriting Early Chinese Texts* (Albany: State University of New York Press, 2006), pp.63-93.

③ Edward Shaughnessy, "Unearthed Documents and the Question of the Oral Versus Written Nature of the *Classic of Poetry*", *Harvard Journal of Asiatic Studies*, 75.2 (December 2015), pp.331-375.

④ 有关中国古代是否口述社会的问题显然超出本文的范围，有关著作汗牛充栋，也非一个注释可以解决。在 2011 年，李峰(Li Feng)及林德威(David Prager Branner)就合编一本讨论与此相关的中国早期书写和读写能力的著作极具代表性，见 *Writing & Literacy in Early China: Studies from the Columbia Early China Seminar* (Seattle: University of Washington Press, 2011)。

⑤ Martin Kern, "Methodological Reflections on the Analysis of Textual Variants and the Modes of Manuscript Production in Early China", *Journal of East Asian Archaeology*, 4 (2002), pp.143-181.

国文献的手册，题为 *Early Chinese Manuscripts：Texts，Contexts，Methods*（早期中国手抄文献：文本、语境及方法），[①]其目录尤为启发：

第一部分：材料、历史及比较语境

· 现有早期中国手抄文献之分类研究

· 考古学语境及方法之相关性

· 古文明墓葬里的文本

第二部分：抄写及书写、文本和抄本的制作过程

· 手稿学：书写的物质及技术层面和抄本之制作

· 句读

· 古文字学：传统及现代之发展

· 书吏之手

· 字形异体

· 文本批评

· 古文字学和地区化的字体

第三部分：早期中国手抄文献及语言史

· 语言学的角色

· 语言交流及多样性

第四部分：文本及抄本产生的社会及思想语境

· 阅读和书写的社会学

· 文本、哲学及抄本文化的诞生

· 引文、被标记的言辞、作者身份及文本共同体

· 书写、口述性及文本的传承

很明显，这部同样野心勃勃的著作与中日，甚至北美学术圈惯常提出的问题相比，涵盖的范围要广泛得多。其微观的角度如句读、抄写差异，手抄本的制作过程以及物质技术等问题，至少在中国学界都不是热话。

## 三、结语

回顾最初带领我们进入讨论的麦笛著作，《太》与《老子丙》是否属于完全不

① 笔者在与麦笛的电子邮件通信中得知（2019 年 10 月 18 日），此书共有十五位作者贡献文章，除柯马丁及李孟涛任职美国的大学外，其他作者均为欧洲人（柯、李二人也是在德国取得学位后才于美国任职）。这让笔者思考到对早期手抄文献的研究（不论中国或欧洲文献）一直都由欧洲主导。

同的文本，可能各家有各家的说法，但麦笛强调的方法论实在为中国学者所忽略，本文由此而带出的种种关系到中国古代文献的讨论，也许揭示了我们目前对古代中国社会的认识是多么贫乏，纵使自 20 世纪 70 年代以来，出土文献不断破土而出，我们也未能就这些问题得出令人满意的答案，甚至有些问题根本未被中国学者所关注。“道可道，非常道”，西方学界对中国文献的方法论研究虽然或有不足，但其方法确应为中国学者所关注和重视。这“道”不管意义为何，借用域外角度或观点，可能会为中国古代之“道”带来新的启示。

# 何谓制度？制度何为？

## ——《明代藩王与道教：王朝精英的制度化护教》译后

秦国帅　康复大学社会发展学院

2012年，英国牛津大学出版社（Oxford University Press）出版了美国华裔学者王岗（Richard Wang）教授的著作 *The Ming Prince and Daoism: Institutional Patronage of an Elite*。该书出版后，随即引起学术界的关注，并获得鲁大维（David Robinson）、高万桑（Vincent Goossaert）、柯素芝（Suzanne Cahill）等学者以及《中国宗教研究集刊》（*Journal of Chinese Religions*）、《哈佛亚洲研究学报》（*Harvard Journal of Asiatic Studies*）等海外汉学研究权威杂志高度评价。①

承蒙著者青睐，笔者有幸担任该书中文版的译者，并在留法学习期间最终完成了翻译工作。2019年9月，上海古籍出版社出版了该书的中文版，定名为《明代藩王与道教：王朝精英的制度化护教》，王岗教授亲自修订了译文，在"绪论"当中部分回应了该书英文版自出版以来读者所提出的问题，并增加了"结论"部分，更加简洁、清晰地总结了该书的核心问题及学术贡献。

关于本书的学术价值，无论外语学界，还是汉语学界，均已有了公允的讨论和评价，不再赘言。接下来，笔者拟将翻译过程中所遇到的困惑诉诸笔端，以期说明对该著作的看法，供方家批评指正。

事实上，起初在草拟中文译名时，笔者遇到的最大不解即关于如何确定"institutional"的翻译。线上剑桥英汉辞典（Cambridge Dictionary）关于"institution"一词的解释有四条：

1. a large and important organization, such as a university or bank.（大学、银行等机构，团体）

2. a building where people are sent to be cared for, especially a hospital or

① 参见 https://www.amazon.com/Ming-Prince-Daoism-Institutional-Patronage/dp/0199767688，登陆日期：2020年12月24日。

prison.（社会收容机构，尤指医院或监狱）

3. a custom or tradition that has existed for a long time and is accepted as an important part of a particular society.（制度；习俗）

4. an occasion when a law，system，etc. begins or is introduced.（开创；制定；设立）[①]

按照用词语境，英文“institution”所对应的中文含义应为第三条，即“制度；习俗”。另据线上汉语词典，“制度”一词的解释有两条：

1.要求大家共同遵守的办事规程或行动准则：工作～|财政～。

2.在一定历史条件下形成的政治、经济、文化等方面的体系：社会主义～|封建宗法～。[②]

正是由于对“institution”以及“制度”一词本身含义的正确理解，以及对明代制度史的有限了解，笔者对是否应使用“制度化护教”来翻译“institutional patronage”产生了疑问。

正如著者以及学术界已有的研究成果表明的那样，道教在明代产生了巨大的影响，上至王公贵胄，下至平民百姓，我们几乎在所有的社会生活轨迹当中都可以看到道教的身影。然而，颇为吊诡的是，无论是明王朝的开创者朱元璋，还是大明王朝的律例、会典，对于道教的态度都并不友好。在《资世通训·僧道章》中，朱元璋采用一问一答的形式，表达了他自身对于僧道的看法：

> 朕谓谒者曰：“尧舜时，民业果几？”曰：“民业有四，所谓四者，士农工商。”曰：“何无僧道焉？”曰：“当尧舜时，僧道无，今之时有加此二流，民业以六，所以士农工商释与道。”曰：“僧道终身之后，果仙佛欤？罪愆欤？”曰：“皆有之。”曰：“何为而达佛与仙？何为而受罪与愆？”曰：“去贪嗔而不妄想，闭真阳而密灵神，其为僧也佛、道也仙，如务贪嗔妄想，放真阳，张灵神，虽为僧道，其堕弥深，永劫未离苦趣，有稽不谬。”曰：“彼僧道纵不入佛仙之境，但能穷居独处，岂有罪深者耶？”曰：“知本性之不悟，久处其中，甚有污于俗者，不成其家，罪之一也；家贫，亲老终无人养而不归养，罪之二也；道不成而绝后嗣者，罪之三也；身为僧道，酒色是从，有伤二教，罪之四也。”曰：“如此者，纵使达斯道，僧道之学，不过独善其身，游食于民，使无之可乎？”曰：“不可。”

---

① https://dictionary. cambridge. org/dictionary/english-chinese-simplified/institution，登陆日期：2021年1月27日。

② http://www.hydcd.com/cd/htm_a/42280.htm，登陆日期2021年1月27日。

曰:“何故?”曰:“天道使然耳。”曰:“其理果何?”曰:“益王纲而利良善,凶顽是化,世所不知其功,以其理道之幽微。王臣无憎爱其教,或憎或爱,皆非王臣之所为,若蒸民乐从者,世道昌,王仁矣。”①

应该说,朱元璋这种僧道有四罪但却仍需存世看法,与他在《御制玄教斋醮仪文序》中“特为孝子慈亲之设,益人伦,厚风俗”②的公开表态是互为表里的。不仅如此,在同样是出自朱元璋之手的《御制大诰》中,僧道不务祖风被视为是可以弃市的严重罪行:“僧尼、道士、女冠,敢有不务祖风,混同世俗,交结官吏,为人受寄生放,有乖释道训愚之理,若非本面家风,犯者弃市。”③至于《大明律》以及《明会典》当中有关僧道的规定,也无一不是遵循着朱元璋所秉持的态度和设立的原则而来。④

然而,与这样一种国家性宗教政策相悖行的是,如前所说,道教在明代却获得了极大的繁荣,不仅“大真人”“真人”“高士”层出不穷,甚至道士出身而跻身六部大员者亦不在少数,⑤更有甚者,明世宗朱厚熜还成了中国历史上有名的道士天子。那么,这样一种自相矛盾状况的出现,又该如何解释呢?清初成书的《明史》在讲述僧道职官时曾如此说:

洪武元年,立善世、玄教二院。四年革。五年,给僧道度牒。十一年,建神乐观于郊祀坛西,设提点、知观。初,提点从六品,知观从九品。洪武十五年升提点正六品,知观从八品。凡遇朝会,提点列于僧录司左善世之下,道录司左正一之上。十五年,始置僧录司、道录司。各设官如前所列。僧凡三等:曰禅,曰讲,曰教。道凡二等:曰全真,曰正一。设官不给俸,隶礼部。二十四年,清理释、道二教,限僧三年一度给牒。凡各府州县寺观,但存宽大者一所,并居之。凡僧道,府不得过四十人,州三十人,县二十人。民年非四十以上、女年非五十以上者,不得出家。二十八年,令天下僧道赴京考试给牒,不通经典者黜之。其后,释氏有法王、佛子、大国师等封号,道士有大真人、高士等封号,赐银印蟒玉,加太常卿、礼部尚书及宫保衔,至有封伯爵者,皆

---

① 朱元璋:《资世通训》,中国国家图书馆南区善本阅览室藏,明洪武八年刻本,第6—7页。

② 宋宗真等编:《大明玄教立成斋醮仪范》,《道藏》第9册,北京:文物出版社、上海:上海书店、天津:天津古籍出版社,1998年,第1页。

③ 转引自杨一凡:《明大诰研究》,南京:江苏人民出版社,1988年,第221页。

④ 赵轶峰:《明代国家宗教管理制度与政策研究》,北京:中国社会科学出版社,2008年。

⑤ 终明一朝,道士出身的礼部尚书共有六人,分别是蒋守约、李希安、崔志端、邵元节、陶仲文、徐可成。不过,据笔者初步考察,他们兼领的尚书衔实为荣誉性的虚职,而非本职。参见张广保:《明代的国家宫观与国家祀典》,赵卫东主编:《全真道研究》第二辑,济南:齐鲁书社,2011年,第16页。

一时宠幸，非制也。①

“非制”一词给笔者的印象极为深刻，当时依据有限的历史知识和道教知识，认为明代国家政策对道教的不友好为常态，至于大真人、高士以及加太常卿、礼部尚书及宫保等衔，皆为皇帝个人出于自身喜好而产生的非常态宠爱，是不符合制度的。换句话说，从明代国家的设官制度以及管理政策角度来说，将明代藩王之于道教的关系界定为“制度化护教”，在笔者接触到藩王制度和藩禁政策之前，实为难以理解。

王岗教授以明代藩王与道教关系为研究主体的研究著作的出现，刷新了笔者之于“制度”一词的偏颇理解。作为皇室当中一群特殊的成员，明代藩王受到了严格的限制，无论出藩、之国，还是居边、来朝，都有明确的规定以及违反后相应的处罚，而由朱元璋首创雏形的藩王制度和藩禁政策，事实上却给藩王们带来了巨大的现实性困难和精神性困扰，如骨肉分离永不相见、名为皇室实同幽禁等。准此，明代藩王与以修炼心性为目的的佛、道二教发生关联实为再正常不过的事情了。

具体到明代藩王与道教关系而言，在《皇明宝训》中，朱元璋明确规定藩王不许私下结交外人：

凡王国内，除额设诸职事外，并不许延揽交结奔竞佞巧知谋之士，亦不许接受上书陈言者，如有此等之人，王虽容之，朝廷必正之以法，然不可使王警疑，或有知谋之士，献于朝廷勿留。②

尽管朱元璋未再进一步说明何为“佞巧知谋之士”，但联系同样是肇端于朱元璋之《大明律》“亵渎神明”中对僧道的规定，兼之历代道士之能事，毫无疑问，明代的藩王们与道士之间发生联系应该不在被许可的范围之内。无独有偶，明万历年间，申时行、赵用贤等奉旨再修《大明会典》，在涉及藩王政策时，首先重述了上述朱元璋在《皇明宝训》中关于藩王的规定，然后又援引了正德四年两条规定，可以视为对藩王与道士之间禁令的明确化：

正德四年，议准王府如有无籍之徒，假以烧丹炼药等项为由，往来诳惑以致坏事者，镇巡等官，从重问发。又令王府不许僧尼女冠出入宫禁，及私

① 张廷玉等：《明史》第6册，北京：中华书局，1974年，第1818页。

② 朱元璋：《皇明祖训》，中国国家图书馆南区善本阅览室藏明刻本，第27页。

自建立寺观。[1]

值得注意的是,《大明会典》刊行于万历十五年,已为明代晚期。这一状况的出现,恰如王岗教授所说,一方面表明藩王与道士之间的联系已为由来已久之事,且频繁程度足以引起朝廷的重视,另一方面反证了无论是《皇明宝训》还是明朝的国家政策,事实上在藩王内部并没有得到认真执行。

藩王是明代皇室当中极为重要而又极为特殊的一类群体,而藩禁又是明朝自朱元璋以来所明确要求但在某些方面实际执行力度极为有限的一项政策。从历史上来看,藩王制度是明朝的一项特殊政治制度,尽管朱元璋在制定此制度时借鉴了历史经验并有其现实考虑,但对比明代之前的元朝以及明代之后的清朝,就其具体内容以及由此而引发的后果来说,又具有极为明显的独特性,且正是这一特殊制度的存在,导致了明代藩王与道士之间多样态的关联,一如王岗教授在著作中以类型化的方式所展示的那样。因而,若从此一角度出发,则将明代藩王与道教之间的关系界定为“制度化护教”,就变得极为合理且可以理解了。

颇为欣喜的是,在中文版新增加的“结论”部分中,王岗教授在总结了自己明代藩王与道教的研究之后,特意重提了制度研究在道教研究中的重要性:

> 在对近代以前道教的研究中,主流方法论聚焦于道教的经典、派系、仪式以及历史。然而,制度性的互动具有同样的重要性。尽管皇帝与国家是已被承认的重要参与者,不过,对于道教与其他社会/世俗制度(或者本研究中的藩王制度)之间的关系研究,同样可以揭示出道教在明代地方社会中扮演的角色。[2]

就此而言,或许能够为当前道教的学术研究提供一条新的思路。

---

① 申时行等修、赵用贤等纂:《大明会典》,《续修四库全书》第790册,上海:上海古籍出版社,2002年,第182页。

② 王岗:《明代藩王与道教:王朝精英的制度化护教》,秦国帅译,上海:上海古籍出版社,2019年,第262页。

# 2020—2023 年域外道学著作简目

## 西文部分①

### 2020 年

Chai, David. *Dao Companion to Xuanxue 玄学 (Neo-Daoism)*. Dao Companions to Chinese Philosophy (DCCP, volume 14). Springer. 2020.

Graham, Fabian. *Voices from the Underworld: Chinese Hell Deity Worship in Contemporary Singapore and Malaysia*. Manchester University Press. 2020.

Heng, Terence. *Of Gods, Gifts and Ghosts: Spiritual Places in Urban Spaces*. Routledge. 2020.

Menheere, Yves. *The Way and Its Powers: An Ethnographic Account of Taoist Practice and Religious Authority in Northern Taiwan*. Abhandlungen für die Kunde des Morgenlandes 119. Harrassowitz Verlag. 2020.

### 2021 年

Assandri, Friederike. *The Daode jing Commentary of Cheng Xuanying: Daoism, Buddhism, and the Laozi in the Tang Dynasty*. Oxford University Press. 2021.

Boutonnet, Olivier. *Le Char de nuages : Érémitisme et randonnées célestes*

① 同年著作按照作者姓氏字母排序。

*chez Wu Yun, taoïste du VIIIe siècle*. Paris : Les Belles Lettres / essais. 2021.

Cheng, Hsiao-wen. *Divine, Demonic, and Disordered: Women Without Men in Song Dynasty China*. University of Washington Press. 2021.

Fryklund, Kristin Ingrid. *The Lady of Linshui Pacifies Demons: A Seventeenth-Century Nover*. Introduction by Mark Edward Lewis and Brigitte Baptandier. University of Washington Press. 2021.

Goossaert, Vincent & Liu Xun (ed). *Daoism in Modern China: Clerics and Temples in Urban*. Routledge. 2021.

Goossaert, Vincent. H*eavenly Masters: Two Thousand Years of the Daoist State*. University of Hawaii Press. 2021.

Goossaert, Vincent. *Vies des saints exorcistes : Hagiographies taoïstes, XIe-XVIe siècles* (宋明世代法师神传十三种). Paris : Les Belles Lettres. 2021.

Hsing-Chuen Schmuziger-Chen Kalligraphie, Übers. und Komm, Schmuziger, Marc Einl. und dt. Bearb. *Das Buch der Klarheit und Ruhe: Qingjing Jing*. Reclam, Philipp, jun. GmbH, Verlag. 2021.

Hu, Baozhu. *Believing in Ghosts and Spirits: The Concept of Gui in Ancient China*. Monumenta Serica Monograph Series, 71. Sankt Augustin: Institut Monumenta Serica. 2021.

Katz, Paul R. & Goossaert, Vincent. *The ifty Years that Changed Chinese Religion*, 1898-1948. Ann Arbor: AAS, 2021.

Katz, Paul. *Religion, Ethnicity, and Gender in Western Hunan during the Modern Era: The Dao among the Miao*?. Routledge. 2021.

Kipnis, Andrew Kipnis. *The Funeral of Mr. Wang: Life, Death, and Ghosts in Urbanizing China*. Berkeley, CA: University of California Press. 2021.

Kohn, Livia. *Coming to Terms with Timelessness: Daoist Time in Comparative Perspective*. Three Pines Press. 2021.

Kohn, Livia. *Taming Time: Daoist Ways of Working with Multiple Temporalities*. Three Pines Press. 2021.

Matthews, William. *Cosmic Coherence: A Cognitive Anthropology Through Chinese Divination*. Asian Anthropologies 13. Berghahn Books. 2021.

Michael, Thomas. *Philosophical Enactment and Bodily Cultivation in*

*Early Daoism*：*In the Matrix of the Daodejing*. Bloomsbury Academic. 2021.

Mozina，David J.. *Knotting the Banner*：*ritual and relationship in Daoist practice*. University of Hawaii Press. 2021.

Ng，Wai-ming（ed）. *The Making of the Global Yijing in the Modern World*：*Cross-cultural Interpretations and Interactions*. Springer，2021.

Poo，Mu-Chou. *Ghosts and Religious Life in Early China*. Cambridge University Press. 2021.

Verellen，Franciscus. *Conjurer la destinée* ：*Rétribution et délivrance dans le taoïsme médiéval*. Traduit par ：Grégoire Espesset. Paris：Les Belles Lettres. 2021.

**2022 年**

Goossaert，Vincent. *Making the Gods Speak*：*The Ritual Production of Revelation in Chinese History*. Cambridge：Harvard University Asia Center，2022.

Goossaert，Vincent& Masaaki Tsuchiya 土屋 昌明（eds）. *Lieux saints et pèlerinages* ：*la tradition taoïste vivante*，Brepols Publishers，2022.

Jülch，Thomas（ed）. *Buddhism and Daoism on the Holy Mountains of China*. Peeters，2022.

Komjathy，Louis. *Primer for Translating Daoist Literature*. Puple Cloud Institute，2022.

Lackner，Michael & Zhao Lu. *Handbook of Divination and Prognostication in China*. *Part One*：*Introduction to the Field*. Brill. 2022.

*Laozi-Gesamttext und Materialien*. Vollständige Neuausgabe. 2022.

Leffman，David. *Paper Horses*：*Traditional Woodblock Prints of Gods from Northern China*. Blacksmithbook. 2022.

Pflug，Laura. *Chroniken des Blütenberges-Ordnung*，*Moral und Staatskunst in qingzeitlichen Beschreibungen des Huashan* 华山. Harrassowitz Verlag. 2022.

Schulz，Larry. *Number Names*：*The Magic Square Divination of Cai Chen* 蔡沈（1167-1230）. Peter Lang Inc.，International Academic Publishers. 2022.

Wang, Richard G. *Lineages Embedded in Temple Networks: Daoism and Local Society in Ming China*. Harvard-Yenching Institute Monograph Series, 132. Harvard University Press. 2022.

Wu Baolin & Wulf, Brent Christopher. *Dog Mother: World Culture and Dog Qigong*. Three Pines Press. 2022.

**2023 年**

Campany, Robert Ford. *Dreaming and Self-Cultivation in China*: 300 *Bce*-800 *Ce*. Harvard-Yenching Institute Monograph 138. Harvard University Press. 2023.

Johnson, David. *The Stage in the Temple discusses a number of old village scripts. China Research Monographs*. Berkeley: University of California. 2023.

Kohn, Livia. *The Yellow Court Scripture: To unsubscribe, please reply "unsubscribe"*. Three Pines Press. 2023.

Li, Guoping. *Spirit-Writing Cults in the Chaozhou Region Between* 1860 *and* 1949: *Local Religion and Translocal Religious Movements*. Abhandlungen für die Kunde des Morgenlandes. Harrassowitz Verlag. 2023.

Raz, Gil & Shields, Anna (ed.). *Religion and Poetry in Medieval China: The Way and the Words*. Amsterdam University Press. 2023.

Reiter, Florian. *Exorcism in Heavenly Master Taoism and in the School of Complete Integrity, in the Epochs Sung and Yüan* 道教法术. Asien-und Afrikastudien der Humboldt-Universität zu Berlin 30. Harrassovitz Verlag. 2023.

## 日文部分

神塚淑子，道教思想 10 講，岩波書店，2020 年。

吉元昭治，道教と医学 論文集 全 3 巻，たにぐち書店，2020 年。

姜生著，三浦國雄，田訪監訳，漢帝国の遺産：道教の勃興，東方学術翻訳叢書，東方書店，2020 年。

趙益，王楚著；青山優太郎訳；劉偉監訳，よくわかる中国道教文化，グローバル科学文化出版，2020 年。

大形徹,不老不死：仙人の誕生と神仙術,志学社,2021 年。

吉川忠夫，麥谷邦夫編,眞誥,臨川書店,2021 年。

山田俊,金朝道家道教の諸相,汲古書院,2022 年。

蜂屋邦夫,中国の水の思想,法蔵館,2022 年。

天理大学附属天理参考館海外民族室編集,館蔵資料から見る神仙思想と道教,天理大学出版部,2022 年。

菊地章太,儒教・仏教・道教 ：東アジアの思想空間,講談社,2022 年。

李龢書,晉唐道教の展開と三教交渉,汲古書院,2022 年。

小俣喜久雄,鄭成功信仰と伝承,新典社,2022 年。

毛利美穂,日本書紀の知と道教医療思想,万葉書房,2023 年。

大谷亨,中国の死神,青弓社,2023 年。

小柳司気太（著），宗教図書部（編集）,道教の一斑 日本に於けるイスラム教 日本宗教講座：昭和十年・識別番号一〇二六六二八,宗教図書部,2023 年。